Grand Army of the Republic. Dept. of Colorado

Complete Roster of Members of the Grand Army of the Republic

Department of Colorado and Wyoming

Grand Army of the Republic. Dept. of Colorado

Complete Roster of Members of the Grand Army of the Republic
Department of Colorado and Wyoming

ISBN/EAN: 9783744793100

Printed in Europe, USA, Canada, Australia, Japan

Cover: Foto ©ninafisch / pixelio.de

More available books at **www.hansebooks.com**

Complete Roster

OF MEMBERS OF THE

Grand Army of the Republic,

DEPARTMENT OF

COLORADO AND WYOMING,

CONTAINING THE

NAMES OF EVERY COMRADE WHO HAS EVER JOINED
THE G. A. R. IN THIS DEPARTMENT SINCE ITS
ORGANIZATION UP TO JANUARY 1, 1895.

COMPILED BY

Authority of the Department Commander.

DENVER, COLORADO:
PRESS OF ROCKY MOUNTAIN HERALD,
1633 CHAMPA ST.

Take the
Chicago & Alton R·R·
Short Line,

BETWEEN
ST. LOUIS,
CHICAGO,
AND
DENVER.

H. H. SHEPPERD,
T. P. Agent.

837 17th St.   DENVER, COLO.

THE
Baltimore and Ohio

Is the Favorite and Scenic Route

BETWEEN

Chicago and Washington

It is the Only Line Passing Through the
Historical Town of HARPER'S FERRY

C. O. SCULL,
G. P. A.,
BALTIMORE, MD

1557887

One-fourth Down   One-fourth Down

M. S. NOAH,

Installment Furniture Store,

1512-14 Lawrence Street,

DENVER, . COLORADO.

Bedroom Suits,	Cooking Stoves,
Parlor Suits,	Lounges,
Wardrobes,	Rockers,
Sideboards,	High-back Chairs,
Extension Tables,	Center Tables,
Heating Stoves,	Ingrain Carpets,
Ranges,	Brussels Carpets,
Gasoline Stoves,	Dinner Sets,
	&c., &c.

Easy Weekly and Monthly Payments

Furniture, Carpets,

Household Goods.

One-fourth Down   One-fourth Down

Economy Fence Company

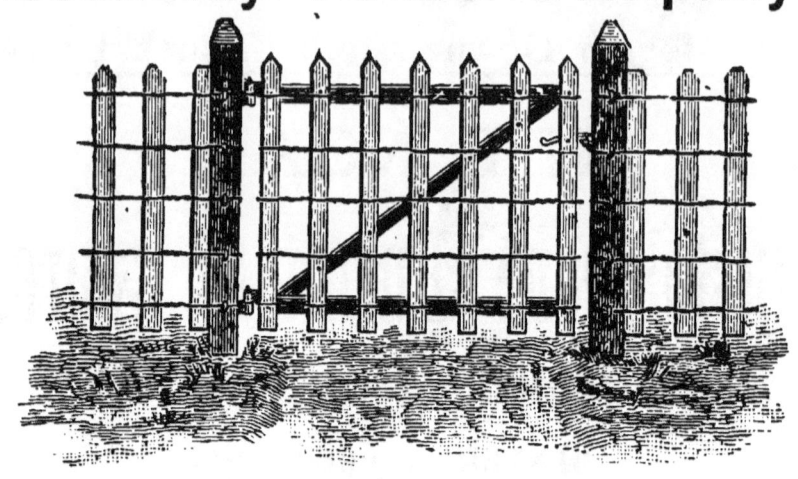

Wire and Wooden Pickets, from 3 to 6 cents a foot. Equalled by none. Superior to all. While combining every feature of strength, durability, simplicity, and cheapness, finally and permanently settling the perplexing question to every land-owner and farmer as to the BEST AND CHEAPEST MODE OF FENCING. Send for catalogue and prices.

D. DOWNIE, 1627 Fifteenth St., Denver, Colorado.

Goodell & Doyle,

Assayers and Chemists,

Samples by Mail or Express will receive prompt attention.

Office, 1655 CHAMPA STREET,

'Phone 1586.   DENVER, COLORADO.

CUSTER POST No. 1,
Laramie, Wyoming.

Meetings, 2d and 4th Mondays in each month, at 7:30 p. m.

PAST POST COMMANDERS

NAME	YEAR	NAME	YEAR
J W Donnellan	1878-80	Henry Nottage	1887-88
J W O'connor	80-81	J W Webber	88-89
C W Spalding	81-82	R E Fitch	89-90
John Congdon	82-83	Richard Butler	90-91
O P Yelton	83-84	Wm Brandis	91-92
Ed Kerns	84-85	J A Cockefair	92-93
W K Burke	85-86	C A Reals	93-94
G W Fox	86-87	Ed Peale	94-95

OFFICERS FOR 1895

Commander....................John A Kinnear
Sr. V-Commander..............E C Halliday
Jr. V.-Commander.............Terrence Logan
Surgeon......................M T Ulen
Chaplain.....................Henry Nottage
Quartermaster................M A Hance
Officer of the Day...........W K Burke
Officer of the Guard.........Matthew Degnan
Adjutant.....................J A Cockefair
Sergeant Major...............C W Spalding
Quartermaster Sergeant.......E N Allen
C. of A......................Noah Weaver

MEMBERS

NAME	RANK	CO.	REGIMENT
Austin, Eugene*	Private	A	89th Illinois Inf
Ashley, Edward‡	"	G	14th Ohio Inf
Ackley, Harrison†	"	B	U S Engineers
Allen, E N	Corporal	H	11th Michigan Inf
Amos, Isaac	Private	B	3d Iowa Cav
Butler, Richard	"	D	29th Wisconsin Inf
Brandis, Wm	Sergeant	B	15th Illinois Inf
Burke, W K	Private	I	98th Ohio Inf
Bailey, J E‡	"	D	11th Maine Inf
Brown, J G*	"	A	1st Missouri Art
Blake, J W†	2d Lieu't	B	156th Illinois Inf
Barnes, L S	Private	C	4th Ohio Inf
Bentine, Godfrey‡			
Boyel, Owen†	Private	F	21st Iowa Inf
Bath, Henry	2d Lieu't	B	5th New York Inf
Bruce, P H	Private		15th New York Eng

Custer Post No. 1.

NAME	RANK	CO.	REGIMENT
Bennett, J W*	Private	E	21st Missouri Inf
Butler, John	"	G	11th Pennsylvania Cav
Bath, Theodore	"	B	45th New York Inf
Burnes, Hugh	"	G	142d Illinois Inf
Betty, J C	Seaman		U S Navy
Brownlee, S S	Private	K	40th Kentucky Inf
Buskirk, J S‡	"	H	51st Pennsylvania Inf
Connor, J W	Sergeant		1st U S Cav
Cunningham, Jas‡	Unknown		Unknown
Congdon, John†	Private	G	44th New York Inf
Coult, George‡	"	I	9th Vet R Corps
Cook, S M‡	"	F	146th Illinois Inf
Collins, T J‡	"	H	13th Kansas Inf
Cook, Jabez*	"	K	11th Illinois Inf
Cook, B F‡	"	F	13th Iowa Inf
Crout, Wm†	"	E	1st Michigan Cav
Cockefair, J A	"	I	36th Indiana Inf
Chase, C A†	"	L	1st Iowa Cav
Crawford, S A	"	K	53d Kentucky M Inf
Clarke, E J	"	H	13th Iowa Inf
Cheatman, John*	"	K	48th Pennsylvania Inf
Donnellan, J W	L't Col		27th U S (colored)
Donnyhue, J T†	Sergeant	G	16th Michigan Inf
Devine John			Marine Service
Durlacher, Simon†	Private	H	6th Pa Reserve
Donkersly, J H†	"	C	74th Illinois Inf
Dugan, C A*	"	C	53d New York Inf
Deflin, Felix‡			Marine Corps
Drechouse, Herman‡	Private	A	32d Ohio Inf
Davis, T H	"	L	4th Iowa Cav
Deane, Geo*			Unknown
Finfrock, J H†	Surgeon		11th Ohio Cav
Forrester, Charles‡	Unknown		Unknown
Fitch, R E	Private	G	14th Iowa Inf
Fox, Geo W	"	H	147th Ohio Inf
Gibbs, L C†	"	D	51st Missouri Inf
Gillroy, Edward‡	"	B	1st New Jersey Art
Gullihur, J K*	"	F	7th Iowa Inf
Gardner, W R‡	"	B	48th Pa Inf
Gaskell, Ellwood	"	G	34th New Jersey Inf
Glennan, Michael*	"	L	5th U S Art
Harper, Geo	Captain	E	67th New York Inf
Hodgman, I D*	Sergeant	D	16th Michigan Inf
Heath, W A‡	Private	G	Burd Sharp Shooters
Hollingsworth, J J*	"	A	11th Ohio Cav
House, A J†	"	I	2d U S Cav
Herrick, Wm*	Hos St'd		11th New York Inf
Holliday, E C	Private	G	135th Illinois Inf
Hall, Robt‡	"	D	21st New York Cav
Harvey, W C*	Chaplain		No record
Harris, T S‡	Private	B	12th Missouri Cav
Houston, Charles	"	G	191st Ohio Inf
Herley, August	"	A	23d Wisconsin Inf
Hauce, M A	1st Lieu't	G	1st Neb V V Cav
Harris, J W	Sergeant	L	1st Missouri Cav
Hughes, Wm	Private	A	129th Illinois Inf

CUSTER POST NO. 1.

NAME	RANK	CO.	REGIMENT
Haley, Ora	Private	A	Maine Inf
Halwix, A	"	B	4th Kentucky Cav
Jones, E F†	Wagoner	A	51st Illinois Inf
Johnson, David‡	Private	A	2d New York Inf
Johnson, J M†	"	G	3d U S Cav
Kemes, Edward	"	F	76th Ohio Inf
Kinnear, J A	Sergeant	A	2d California Cav
Logan, Terrence	"	H	9th Connecticut Inf
Kamer, J F‡	Private	M	3d Iowa Cav
Langhoff, Charles‡	"	B	12th Illinois Cav
Landes, D R*	"	F	26th Pa Inf
Mitchel, Charles‡			No record
Mount, Daniel‡	Private	H	2d U S Cav
Mast, John	"	H	65th Illinois Inf
Mason, James‡	"	E	7th Illinois Inf
Markle, Thomas‡	Sergeant	F	7th Pa Inf
Metfessel, Charles	Private	E	8th New York Inf
Mann, William	"	D	114th Illinois Inf
Markel, S E‡	"	M	2d Michigan Cav
Mann, Wm M‡	"	C	2d Iowa Inf
Mason, John	"	C	86th Illinois Inf
Murphy, P G	Sergeant	D	67th Ohio Inf
Nuberg, Martin‡	"	K	12th Illinois Inf
Nottage, Henry	Private	K	10th Michigan Cav
Nash, A J‡	Wagoner		21st Wisconsin Inf
Onstott, B F§	Private	A	1st Missouri Inf
Peale, Edward	"	E	71st Pa Inf
Phillips, C S*	"	K	13th Illinois Cav
Packer, S J*	"	A	82d Ohio Inf
Pease, L D†	"	H	36th Illinois Inf
Pingree, G W	Sergeant	C	1st California Cav
Richardson, Wm*	Private	H	13th Kansas Inf
Reals, C A	Corporal	F	3d New York Art
Richardson, John	Private	B	14th Kansas Cav
Robinson, H A	"	E	75th Illinois Inf
Spalding, C W	1st Lieu't	C	20th Illinois Inf
Spencer, B‡			No record
Sydenham, Theodore	1st Lieu't	F	2d Iowa Cav
Schuyler, Edward‡	Private	B	69th New York Cav
Snow, E S‡	"	C	60th Ohio Inf
Sinclair, Walter§	"	D	11th Ohio Cav
Strong, Stephen‡	"	C	133d Ohio Inf
Schnitger, Gustave	Major		2d Iowa Cav
Stewart, W W*	Private	I	135th Pa Inf
Spafford, W H‡	"	F	7th Ohio Inf
Schoonemaker, S†	"	C	32d New York Inf
Schenck, F W	"	E	8th New York inf
Stewart, John‡	Sergeant	A	36th Indiana Inf
Seniff, All	Private	I	52d Pa Inf
Sealey, Charles†	"	F	68th New York Inf
Sodagreen, C F	"	D	111th Pa Inf
Shipley, Thomas	"		12th Missouri Cav
Shockley, D C‡	"	M	9th Illinois Cav
Turley, J M	Captain	H	13th Missouri Cav
Ulen, M T	Corporal	B	143d Illinois Inf
Williams, T P†	Private	K	97th Pa Cav

Custer Post No. 1.

NAME	RANK	CO.	REGIMENT
Watkins, J S	Private	D	36th Ohio Inf
Webb, John‡	"	L	3d Iowa Cav
Wechter, August	Sergeant	D	3d New Jersey Cav
Walcott, Frank‡	Private	B	2d Ohio Inf
Webber, J W*	"	H	39th Ohio Inf
Wagner, Henry‡	"	C	4th U S Reserve
Wright, Horace	"	D	30th Indiana Inf
Wright, M H	"	C	44th Indiana Inf
Wright, Wm‡	"	E	18th Illinois Inf
Welton, Henry	"	D	7th Wisconsin Inf
Weaver, Noah	"	K	25th Michigan Inf
Yelton, O P†	Sergeant	B	57th Illinois Inf
Zallman, Louis§	"	G	50th Illinois Inf

THORNBURG POST No. 2,
GEORGETOWN, COLORADO.

Meetings, every Friday, at 7:30 p. m.

PAST POST COMMANDERS

NAME	YEAR	NAME	YEAR
Samuel Nash		Z E Hart	1891
G E Marsh		E C Evans	1892
John Tomay	1889	John A Coulter	1893
J F Phillips	1890	Frank J Hood	1894

OFFICERS FOR 1895

Commander ....John L Bell
Sr. V.-Commander ....W H Shigley
Jr. V.-Commander ....Edgar Harrison
Surgeon ....John A Coulter
Chaplain............................G E Marsh
Quartermaster.......................F P Candee
Officer of the Day ....John F Phillips
Officer of the Guard.....................Z E Hart
Adjutant................................John Tomay
Sergeant Major ....R E Pogue
Quartermaster Sergeant.............Samuel Nash

MEMBERS

NAME	RANK	CO.	REGIMENT
Gen Jas I Gilbert†	B M G		27th Iowa
E C Evans	Corporal	G	44th Illinois
Wm McKee†	Private	C	1st Nebraska
Geo H Norris‡	Corporal	E	18th Illinois
H K Miller§	Musician	D	13th Indiana
M Stites*	Private	B	13th Indiana
T J Wells‡	"	F	1st Arkansas Cav
I S Glaze‡	"	F	136th Illinois
F J Hood	"	D	37th New Jersey
Wm Jacobs‡	"	A	1st Kansas
B W Beck‡	"	I	112th Pennsylvania
Wm Smith†		K	115th Ohio
Zeph E Hart	"	B	97th Illinois
A Lacastle‡	"	K	11th Vermont
J S Crawford ‡	Captain	A	17th Pennsylvania
James Spring	Private	A	64th Illinois
L D Deboldt‡	"	K	1st Colorado
A K White ‡	"	F	2d Nebraska
W T Thayer‡	Sergeant	A	4th Iowa
S S Horton†	Captain	B	77th New York
John A Coulter	1st Serg't	E	144th New York

THORNBURG POST NO. 2.

NAME	RANK	CO.	REGIMENT
E M Clemmens‡	Private		3d Colorado
E M Clemmens‡		E	13th Illinois
Wm Youngson*	1st Lieu't	C	93d Illinois
E P Blaisdell‡	Private	G	51st Illinois
R B Glaze‡	Corporal	A	63d Illinois
W T Hughes‡	Private	B	50th Illinois
H Varsyde†	"	H	3d Iowa Cav
J H Donnelly‡	"	D	13th Pa Cav
W H Jones*	"	D	104th Illinois
R P Dewey‡	"	K	1st Iowa
James J Vanice‡	"	C	1st Missouri Eng
Thomas W Gray†	1st Lieu't	B	90th Illinois
E Stohl‡	Private	K	192d Ohio
John J Post‡	Q M	B	8th Illinois
C J Clark†	Private	D	48th Missouri
N J Patterson‡	"	K	64th Illinois
J M Sites‡	"	E	199th Illinois
Irving J Pollock†	Surgeon		2d Colorado Cav
Wm H Butler‡	Private	E	36th Iowa
Anthony Jordan‡	"	G	91st New York
W A Wilhelm‡	"	I	78th Illinois
N A Lartyne‡	1st Lieu't	E	53d Indiana
G W Berry‡	Private	G	51st Missouri
Fred Koehn‡	"		12th Wisconsin Bat
W H Shigley	"	C	48th Indiana
W H Hurlbut‡	Sergeant	B	3d California
G W Olmstead*	Private	G	1st Minnesota
J F Phillips	Captain	L	3d Colorado
J W Tolman	Private	A	64th Illinois
M Kennedy‡	"	D	1st Kansas
M H Nevilles	"	G	22d M N M
Fred P Candee	Adjt	H	11th Iowa Inf
R C Wells‡	Private	I	11th Kansas
H Goetze†	Sergeant	K	41st New York
Ralph Shaw*	Private	B	6th New York H A
E Bailey‡	"	C	10th Iowa
John Sullivan‡	"	F	6th Iowa Cav
Jos Grey†	"	A	9th Minnesota
G H Bendell‡	"	A	5th California
Samuel Nash	"	H	55th Illinois
John Tommy	"	E	19th Pa Cav
G Ebert	"	C	7th Wisconsin
J G Stephenson‡	"	C	74th Illinois
P H Leyden‡	"	L	21st New York Cav
Andrew Reihel†	"	E	1st Missouri Cav
M D Stephens*	"	E	106th Illinois
H M Hiney‡	Corporal	G	44th Iowa
L N Snyder‡	Private	D	26th Illinois Vol
H W Babcock	"	E	7th Iowa
G E Marsh	"	A	52d Massachusetts
H B Beighly‡	1st Serg't	G	22d Pa Cav
W A Hamill‡	Adj't		156th Pennsylvania
Danl Forrest‡	Sergeant	F	35th Illinois
W P Farris	Private	C	1st Colorado
M J Briggs‡	"	H	71st Wisconsin
G B Tyler*	"	B	6th Iowa

Thornburg Post No. 2.

NAME	RANK	CO.	REGIMENT
R L Hornbrook‡	Sergeant		Capital State G'd, Ky
S G J Worthington‡	1st Lieu't	B	51st Ohio
W W Hinckly‡	Private	A	13th Iowa
L L Roberts‡	"	F	49th Wisconsin
F A Hatzell‡	Lieu't	C	66th Illinois
H C Bartlett‡	Corporal	D	63d Ohio
Herman Minert†	Seaman		Ship State of Georgia
S D Kelly‡	Sergeant	G	164th Pennsylvania
W E Owens	Private	F	41st Wisconsin
E F Kendall‡	"	D	31st Maine
R L Root‡	"	H	96th Illinois
P B Fisher‡	"	K	169th Ohio
W W Hickmen†	Captain	F	6th West Virginia
L D C Gaskell‡	1st Lieu't	G	28th New York
Frank Lacey†	Private	A	2d New Jersey Cav
W H Sheetz	"	K	9th Illinois
W H Boule*	"	I	6th Illinois Cav
G W Cox‡	Sergeant	B	27th Michigan
R H Coe†	Private	B	2d Iowa
C W Veach	"	K	4th Ind-15th W Va
I C Baker‡	"		2d Maine Bat
H G Millman†	"	H	5th Iowa Cav
James Hall‡	"	I	2d Ohio H A
G W Cary‡	"	I	43d Indiana
R B Weiser‡	"	E	132d Illinois
A N Alexander‡	"	A	134th Illinois
Herman Housen	Corporal	I	14th Ohio
Herman Housen‡		B	1st New Jersey Art
Henry Bowman‡	Captain	C	15th Massachusetts
C F Gleason	Private	G	1st Maine Cav
Wm A Malin‡	"	B	33d Iowa
Sam Witteford‡	"	D	4th Iowa Cav
Edgar Harrison	Sergeant	D	18th Massachusetts
Phi ip Sheriden‡	Private	A	3d U S Art
Edward Reilly	"	L	3d Colorado Cav
Christian Seibert	"	F	4th U S Art
Geo W Van Auken§	"		15th N Y Vol Eng
John L Bell	Captain	G	118th Pa-A 91st Pa
Manny Anderson‡	Private	G	19th Ohio
F J Rubado	"	B	21st Illinois
W S Ganson	"	G	1st Colorado Cav
Chas H Curtis†	"	K	39th Wisconsin
Robert E Pogue	2d Lieu't	C	2d Kentucky Cav

THEO. H. DODD POST No. 3,
Golden, Colorado.

Meetings, 2d and 4th Thursdays in each month, at 8 p. m.

PAST POST COMMANDERS

NAME	YEAR	NAME	YEAR
L W Kimball	1879	Wilmot H Chapman	1887
George West	1880	Reese Easely	1888
George West	1881	Samuel Carpenter	1889
George West	1882	Samuel Eldridge	1890
L H Ralston	1883	John L Randall	1891
G H Kimball	1884	Thomas Crisman	1892
George Keith Kimball	1885	Charles P Johnson	1893
B F Snyder	1886	Thos J McCartney	1894

OFFICERS FOR 1895

Commander...Alex D Jameson
Sr. V.-Commander ....William H Carter
Jr. V.-Commander ....S V Erwin
Surgeon..A S Elwood
Chaplain.......................................C A Brooks
Quartermaster................George Keith Kimball
Officer of the Day.......................Reese Easely
Officer of the Guard.................I S Goodwin
Adjutant.............................George H Kimball
Sergeant Major............William H Whitehead
Quartermaster Sergeant ....George West
C. of A............. McCartney, Johnson and Easely

MEMBERS

NAME	RANK	CO.	REGIMENT
Albertson, J H	Sergeant	M	20th New York Cav
Anderson, A P	Private	G	47th Illinois Inf
Abbott, Saml L	"		Ind Colo Bat
Berthoud, Ed L§	Captain	D	2d Colorado Cav
Brown, Wm A†	Private	C	66th Illinois Vol
Bennett, A G‡	"	B	142d Illinois Inf
Brady, Zeph‡	Sergeant	F	44th Missouri M
Babcock, Jasper D	Private	C	2d Illinois Lt Art
Blythe, Thos*	Sergeant	E	19th Illinois Inf
Burgess, Frank P‡	Private	E	203d Pa S S
Boyd, Jos T†	1st Lieu't		3d Colorado Cav
Bryant, Jno B§	Sergeant	A	39th Missouri M
Baxter, Henry‡	Private	I	154th N Y Vol
Beach, H H§	"	D	133d Illinois Vol
Burbank Jno K	"	E	27th N Y Vol
Brooks C A	As't S'g'n		10th Minnesota Inf

Theo. H. Dodd Post No. 3.

NAME	RANK	CO.	REGIMENT
Crisman, Thomas	Sergeant	E	2d W Va Cav
Carter, Wm H	Q M S		5th Kentucky Cav
Carpenter, Saml†	Private	D	139th Illinois Inf
Cressman, Danl‡	Corporal		U S Marines
Cowley, Mike‡	Sergeant	C	107th N Y Inf
Cunningham, F M	Private	E	55th Kentucky Inf
Carroll, Wm C‡	Sergeant	M	1st Colorado Cav
Campbell, W E‡	Private	K	1st Ohio Cav
Chapman, W H*	1st Lieu't	I	16th Maine Inf
Crary, B F*	Chaplain	Staff	3d Minnesota Inf
Churchill, Jas N†	Private	E	32d Iowa Inf
Capps, Thos J‡	Lieu't-Col		4th Tennessee Cav
Cole, J H‡	Hos Stwd	F	1st New York Cav
Cole, L J‡	Captain	G	24th New York Cav
Churches, V J†	Private	K	3d Colorado Cav
Dean, J S‡	"	D	14th New York Art
Darby, J M‡	"	C	151st Indiana Inf
Dowden, S M‡	Musician	G	31st Indiana Inf
Duff, E F‡	Drummer	G	14th Illinois Inf
Eldridge, Saml	Mate		N Atlantic Squadron
Easley, Reese	Private	I	61st Illinois Inf
Elwood, A S	As't S'g'n		40th Iowa Inf
Erwin, S V	Private	I	65th Illinois Inf
Eggleston, C B	"	G	1st Iowa Cav
Eades, J R*	Chaplain		4th Kentucky Inf
Feltch, I T	Q M S'g't		8th Iowa Cav
French, G A*	Private	I	44th Iowa Vol
Flora, D R B‡	Corporal	C	7th Kansas Cav
Ferrell, Frank†	Private	F	2d Colorado Cav
Fritz, George H	"	B	32d Ohio Vol
Goodwin, I S	"	K	20th V R C
Goodner, T J	"	B	136th Illinois Inf
Gannon, Thos‡	Captain	K	9th Missouri Cav
Gonigs, R H*	Farrier	M	1st Michigan Cav
Green, W H*	1st Lieu't	B	4th U S Colored
Hembarger, Louis	Sergeant	D	90th Indiana Cav
Hadley, J W‡	"	K	43d Indiana Inf
Harris, Edwin†	Private	B	136th Pennsylvania
Hess, A L‡	"	E	10th Iowa Inf
Hyatt, E L‡	"	D	8th Tennessee Cav
Hartzell, J G‡	Sergeant	C	66th Illinois Inf
Healle, Geo H B*	"	H	8th New Jersey Inf
Higley, S F†	Private	E	2d Colorado Cav
Hall, M M†	Corporal	D	22d Indiana Inf
Huber, George†	"	B	13th Ohio Inf
Johnson, Chas P	Private	L	17th Illinois Cav
Johnson, J M, Jr	"	I	15th Illinois Vol
Jameson, Alex D	"	H	5th Iowa Cav
Kimball, L W*	1st Lieu't	E	111th Pa Inf
Kimball, Geo H	Private	C	1st N Y Dragoons
Kimball, Geo Keith	Captain	E	2d Colorado Cav
Klatt, John‡	1st Lieu't	C	9th M S V V
do	Captain	K	30th Wisconsin Inf
Kleinman, C F	Private	K	198th Pa Inf
Kinyon J M‡	Musician	K	153d Illinois Inf
Kerr, Alexander	Private	C	20th Indiana Inf

NAME	RANK	CO.	REGIMENT
Koenig, Christ.........	Lieu't.....	A	..........1st W Va Art
King, Jas T*...........	Private....	F	.......115th Illinois Inf
Lichtenheld, Richd...	Sergeant..	A	...106th Ohio Inf
Lyon, Harry*...........	"	F	.....2d Colorado Cav
Leland, F W‡...........	Mate......		.........Ship Niphon
Lang, James‡..........	Captain...	C	....11th Wisconsin Inf
Larkin, Jno T‡.........	2d Lieu't..	B	.........57th Illinois Inf
Lee D K*..............	Private....	I	.........106th Ohio Inf
Manahan, J M.........	"	A	.........34th Illinois Vol
Mencimer, Phillip.....	Bl'ksm'th..	E	.......3d Missouri Cav
Markle, D G‡..........	Private....	K	...20th Michigan Inf
McFadden, Chas W‡...	"	C	.........3d Colorado Cav
McKay, Sheldon‡......	Corporal...	D	...18th Wisconsin Inf
McCabe, Thomas‡......	Private....	A	.........5th U S Inf
Mast, H S‡............	Sergeant..	A	.........52d Pa Inf
Milner, Alpheus*.......	Private....	I	...18th Illinois Inf
Mattox, Tobias*.......	"	F	.....79th Indiana Inf
McCartney, Thos J....	Corporal...	I	.........19th Ohio Vol
Newdeck, Edwd‡.......	Sergeant..		......3d Wisconsin Bat
Osborne, Eben, T......	Private....	B	...1st Colorado Cav
Ogden, Wm P*.........	Coms Sgt..	C	....2d Colorado Cav
Porter, A A............	Private....	A	...47th Missouri Cav
Power, W A............	"	D	.........47th Pa Vol
Parshall, MacDonald..	"	E	......2d Iowa Inf
Parks, David*.........	"	A	......36th Ohio Inf
Paulk, S H‡............	"	K	...73d Ohio Inf
Robinson, N G‡........	"	E	...19th Illinois Inf
Randall, J L*..........	"	F	...40th Wisconsin Inf
Ralston, L H†..........	Captain...	H	...3d Kentucky Cav
Reno, L A*.............	Private....	C	.........4th Iowa Inf
Reynard, Jno H*.......	"	B	...142d Illinois Inf
Ross, D M‡............	"	H	.........1st Mass Inf
Rowe, Ben S...........	"	F	.........26th Pa Inf
Reece, B F.............	"	L	.........8th Iowa Cav
Sanger, F W...........	Lieu't.....	C	...111th Illinois Inf
Snyder, B F............	Sergeant..	A	......2d Iowa Cav
Sumner, John‡.........	"		.........Str Minnesota
Shay, Jos H............	Private....	L-E	......1st Colorado Cav
Stewart, Robt L*.......	Corporal...	G	.........140th Pa Vol
Stebbins, H H*.........	Private....	B	...1st Mich Eng Corps
Solomon, J J*..........	As't S'g'n..	C	...47th Mass Col'd Inf
Scott, W R*............	2d Lieu't..		...27th New York Bat
Sanborn, Geo L*.......	Captain...	H	...1st Colorado Cav
Schooley, W E*........	Private....	L	.........9th Iowa Cav
Saunders, David‡.....	"	I	.........52d Pa Inf
Tarbell, Edward*......	"	F	.........47th Iowa Inf
Truesdale, J C*........	"	I	.........8th Ohio Cav
Turner, D B‡..........	"	F	...29th Missouri Inf
West, George..........	Captain...	F	.....2d Colorado Cav
Woodruff, J L.........	Sergeant..	B	.........52d Pa Vol
Wright, Lynderman*...	"	B	...1st Wisconsin Inf
Wagoner, Henry F.....	Private....	K	...26th Wisconsin Inf
Whitehead, W H.......	Lieu't.....	F	.........124th Pa Vol
Wanamaker, C H*.....	Private....	E	...25th Wisconsin Inf
Wanamaker, H I.......	"	E	...25th Wisconsin Inf
Weaver, Thos F*.......	"	D	......2d Colorado Cav

NAME	RANK	CO.	REGIMENT
Warburton, W M‡	Seaman		Frigate Potomac
Williams, E S*	Corporal	E	32d Illinois Vol
Wood, Aaron‡	Private	H	25th Wisconsin Inf
Wheeler, Wm E†	"	G	1st Sharp Shooters
Wells, Alexander‡	Sergeant	A	7th Missouri Cav
Wendell, C D‡	Private	F	1st Colorado Cav
Willitts, J L‡	"	K	5th Kansas Cav
Wassen, George‡	"	B	2d Iowa Cav
Wilson, I S‡	"	A	1st Iowa Cav

A. LINCOLN POST No. 4,
DENVER, COLORADO.

Meetings, every Friday evening.

PAST POST COMMANDERS

NAME	YEAR	NAME	YEAR
J S Lowell	1879	J N Farquharson*	1888
E K Stimson*	1880	J C Veatch	1889
Theo F Brown*	1881-2-3	A P Rittenhouse	1890
W S Decker	1884	F A Richardson	1891
S D Barnes	1885	N W Smith	1892
F W Tupper	1886	T J Foote	1893
James A Lowrie†	1887	R C Webster	1894
Phil Trounstine		W F Smith	
M H Sammis		P L Hubbard	
J M Snively		James Moynahan	
C T Harkison			

OFFICERS FOR 1895

Commander .... John A Lennon
Sr. V.-Commander .... Leonard Cutshaw
Jr. V.-Commander .... Thomas Blyth
Surgeon .... E B Gregg
Chaplain .... Thomas Anderson
Quartermaster .... N W Smith
Officer of the Day .... J C Veatch
Officer of the Guard .... F D Mead
Adjutant .... T J Foote
Sergeant Major .... M H Sammis
Quartermaster Sergeant .... Peter Joseph
C. of A .... Baker, Klock and Young

MEMBERS

NAME	RANK	CO.	REGIMENT
Armstrong, S T*	Corporal		Maryland Vol
Allen, Henry E‡	Private	K	36th Illinois Inf
Athey, J L‡	"	B	77th O V Inf
Anderson, John C*	"	G	1st Colorado Cav
Abbott, G O*	"	E	209th Pa Inf
Ady, Geo	"	G	2d Iowa Cav
Allen, Will C*	"	I	1st O V Cav
Arnold, H F§	"	A	8th N Y Inf
Ake, J W*	"	A	125th Pa Inf
Abbott, Thos D‡	"	L	10th Illinois Cav
Abbott, Isaac A	A M M		U S Navy
Arnold, Jacob	Private	D	54h Missouri Vol
Anthony, Scott J	Captain	E	1st Colorado Inf

A. LINCOLN POST NO. 4.   13

NAME	RANK	CO.	REGIMENT
Altimot, Amos.........	Private....	G	.......47th Illinois Inf
Anderson, Thomas.....	"	E	.......11th Kansas Cav
Arkins, John†.........	Sergeant..	A	......5th Minnesota Inf
Anderson, J W*.......	1st Lieu't..	G	........10th Illinois Inf
Allen, Charles†........	Private....	C	.......10th Ohio Vol Inf
Adams, Charles........	"	B	...........32d Mass Inf
Arnold, W A‡........	1st Lieu't..	E	...1st Rhode Island Art
Baeber, Moritz†.......	Captain...	F	......68th New York Inf
Bancroft, F J*........	As't S'g'n..		...........68th Pa Inf
Baker, O H‡..........	"		....
Burke, E J*...........	Private....	F	.........1st Mo. Lt Art
Brazee, A W†.........	1st Lieu't..	H	....49th New York Inf
Bishop, Ed F*........	Private....	A	......89th Illinois Inf
Belcher, Geo W†......	"	K	............6th Pa Inf
Berkey, J M*.........	2d Lieu't..	G	...46th Indiana Inf
Bandhauer, August‡...	Private....	A	......21st Missouri Inf
Brown, Theo F*.......	"	D	........51st Illinois Inf
Bassett, Albert H‡.....	"	E	....,.18th Michigan Inf
Burnett, Geo J........	"	E	.......71st Indiana Inf
Bowen, Thomas M.....	Colonel....	F	...........13th Kansas
Buchtel, William H....	Surgeon...		......M R R Dept N C
Bates, Alvah C*.......	Private....	B	...112th New York Inf
Barbee, Sam P........	Captain...		Kentucky State Troops
Bonta, Charles B*.....	Private....	A	............3d N Y Vol
Ballinger, Charles B*..	"	B	...15th New York H A
Blyth, Thomas.........	"	E	........19th Illinois Inf
Boardman, W. F......	Musician..	E	............60th O V Inf
Beatty, William R*....	Private....	F	........1st Colorado
Brasher, Louis B*.....	"	B	...10th Kentucky Cav
Barnes, S D..........	"	C	.,......72d Illinois Inf
Belcher, O L†.........	"	K	........6th Pa Reserves
Behymer, H M*.......	"	I	.......47th Illinois Inf
Barr, Henry W‡.......	"	C	......21st Kentucky Inf
Ballard, S H†.........	Captain...	A	......6th Michigan Cav
Bertolette, John C.....	Private...	F	...........2d Colorado
Blake, Geo W.........	Serg't Maj		...2d Massachusetts
Beal, H W.*..........	Private....	A	......13th Illinois Inf
Brown, Thomas‡.......	Seaman...		...............U S Navy
Brooks, Ell............	Private....	A	.....1st Michigan Art
Bull, Chas H..........	"	K	............1st Lt Art
Blood, Edward D‡.....	"	B	........1st Nevada Inf
Brooks, Edward J*....	2d Lieu't..		............7th U S Inf
Bailey, Robert........	1st Lieu't..	C	......6th New York Inf
Bonnell, Charles.......	Private....	A	....64th Illinois Inf
Becraft, H. L*........	"	K	....11th Michigan Cav
Brown, Orlando‡.......	"	A	......25th Michigan Inf
Barker, Edmund*......	"	I	.......1st Missouri S M
Bruggerman, Gebh'dt*	"	E	29th Massachusetts Inf
Bishop, John..........	"	B	....30th Wisconsin Inf
Bartholomew, Chas A‡	"	A	............1st Iowa Inf
Beebee, Abraham‡.....	"	K	......13th W. Va. Inf
Boland, Mike†.........	"	E	...........2d U S Cav
Bell, Joseph‡..........	"	F	..........23d O V Inf
Boethner, Herman.....	"	A	.......44th Illinois Inf
Barney, W. S.........	"	A	.....1st Wisconsin Cav
Barnum, Isaac E§......	Seaman...		...............U S Navy

A. LINCOLN POST NO. 4.

NAME	RANK	CO.	REGIMENT
Berbower, Benton‡	2d Lieu't	I	102d O V Inf
Brauner, A‡	Private	H	2d Iowa Inf
Burroughs, W M‡	"		1st O V Lt Art
Beers, Alfred‡	"	K	11th Indiana Inf
Beckman, Fred	"	E	10th Missouri Inf
Benedict, G M	"	F	9th Iowa Inf
Baker, Nathan A	"	A	3d Colorado Cav
Burns, D V	"	C	26th Indiana Inf
Burrows, Geo S	"	H	21st Wisconsin Inf
Benwa, John	"	H	146th Indiana Inf
Burdett, W H H	"	A	77th Illinois Inf
Bell, L D	"	H	23d Ohio Inf
Booth, Isaac E	"	B	3d Iowa Inf
Behney, Edward	"	C	149th Pa Inf
Benton, H W	2d Lieu't	G	1st Kentucky Inf
Bacon, James M	Private	G	9th Iowa Inf
Brown, Robert W	Ensign		U S N
Braden, W D‡	Private	H	7th Ohio Inf
Berkshire, E‡	"	K	61st Illinois Inf
Cranston, Earl*	"	C	3d Ohio Inf
Cross, F L†			
Cutshaw, Leonard	Private	F	21st Ohio Mil
Cogger, Thomas E†			
Cox, Thomas‡	Captain	I	26th Kentucky Inf
Copeland, Lyman‡	Sergeant	A	26th Indiana Inf
Cutler, W H*	Musician		Frigate Sabine, U S N
Castinett, Lewis	Private	I	21st Iowa Inf
Carpenter, Mason B*	"	I	13th Vermont Inf
Coss, Alexander‡	"	I	39th Illinois Inf
Collison, Franklin†	Musician	C	91st Pa Inf
Chrisman, A§	Private	I	39th New Jersey Inf
Chrisman, M†	"	I	39th New Jersey Inf
Cohen, Gabriel†	Sergeant	D	68th Indiana Inf
Childers, P R*	Private	K	2d Iowa
Cady, C C†	"	E	1st Colorado
Conley, W H H	Musician	B	6th Michigan Art
Cory, Geo E‡	Private	B	141st N Y Inf
Clark, Charles†	"	K	2d New York
Cheever, Edward E†	"	H	89th Illinois Inf
Condon, O F*	Captain	G	63d New York Inf
Cundey, Collin K*	Private	G	112th Pa Inf
Chatfield, E L*	"	B	113th Illinois Inf
Came, John M†	Musician		9th Maine
Campbell, John L*	Private	B	3d New Jersey Inf
Courtland, B‡	"	A	22d New York Inf
Craley, J B*	"	H	16th Indiana Inf
Carder, C H‡	"		Chicago Mer Bat
Carroll, John T	"	H	5th U S Art
Corlett, Thomas‡	"	A	35th Indiana Inf
Cox, William P*	"	A	2d Colorado Cav
Cozens, Charles Z*	"	F	60th Missouri Inf
Clark, Charles J*	Lieu't Col		23d Iowa Inf
Claxton, Robert†	Boy		Sloop Marion, U S N
Culbertson, Stephen‡	Private	E	2d Colorado Cav
Clark, William M‡	Sergeant	M	3d W Va Cav
Cresswell, Joseph	Private	B	72d Illinois Inf

A. LINCOLN POST NO. 4.

NAME	RANK	CO.	REGIMENT
Cooper, Isaac‡	Private	F	15th Iowa Inf
Cox, William H†	2d Lieu't		10th Indiana Art
Cole, William F‡	Private	I	5.d Pa Vol
Cardwell, Wm‡	"	C	14th New York Cav
Critchfield, C C	"	A	34th Iowa Inf
Cooper, Job A	"	C	137th Illinois Inf
Clark, David A*	"	E	148th Illinois Inf
Cohen, A J†	Captain		A A G Cav Corps
Clark, W T‡	Adj't		13th Iowa Inf
Coe, Chas B†	Private	B	39th Wisconsin Inf
Cathcart, Thos L	"	F	25th Pa Inf
Case, John F*	"	A	12th New York Inf
Cady, Lorenzo	"	M	1st Mass H Art
Cole, Z T	"	F	43d Missouri Inf
Cross, Henry W	"	C	42d Ohio Inf
Cook, Jabez*	"	K	11th Illinois Inf
Cowell, David A	"	C	46th Iowa Inf
Clark, U S‡	"	B	4th Wisconsin Inf
Coleman, L B*	"	G	4th Michigan Inf
Came, V M	"	H	2d New Hampshire
Cox, W M†	"	H	196th Pa Inf
Cook, J, Jr	"	H	100th New York Inf
Conine, John M‡	"	B	93d New York Inf
Collins, Thomas W	"	A	69th New York Inf
Dorsey, Sam C	Corporal	H	1st Colorado Inf
Drew, E C*			
Decker, W S	Private	I	126th New York Inf
Darrow, Geo G*	"	C	11th Indiana
David, Peter*	Musician		10th Ohio
Durrell, E P‡	Private	H	28th Illinois
Dillenback, Jackson D*	"	H	2d Michigan Cav
Dippell, August*	"	F	155th New York Inf
Desmond, D D	"	H	32d Mass Inf
Driscol. F A	"	I	9th Rhode Island
Dill, R G*	"	B	12th Pa Inf
Dwyer, Pat*	"	F	3d Ohio Inf
Dodge, Geo W‡	"	F	3d Michigan Inf
Deane, Cecil A	"	E	52d Pa Inf
Dostal, J O	"	K	22d Iowa Inf
Dailey, John L	Sergeant	A	3d Colorado Cav
Davenport, R W‡	Private	K	3d Iowa
De Garmo, G S‡	"	I	67th Indiana Inf
Dubbs, J A	"	I	29th Iowa Inf
Demerest, David P*	"	A	123d Ohio Inf
Dinkleman, Fred‡	"	H	12th Missouri
Dailey, Wm M†	"	A	3d Colorado Cav
Dethloff, August	"	D	9th Illinois Cav
Dowd, Thos	"	E	9th Regulars
Dunn, John C	Lieu't	G	6th Kansas
Deweese, John T	2d Lieu't	E	14th Indiana Inf
Davis, H A	Private	B	1st Michigan Inf
DeLay, Robt L	"	K	6th Michigan H A
Dano, F E	"	E	14th New York H A
Darrow, Homer*	Musician	H	3d Iowa Inf
Davis, Chas M	Private	E	13th New York Inf
Dougherty, Chas	"	B	10th New York Inf

A. LINCOLN POST NO. 4.

NAME	RANK	CO.	REGIMENT
Dane, Geo	Private	E	1st Colorado Cav
Everett, Ambrose S	Lieu't	B	108th New York Inf
Elmer, Parmenus*	Private	I	32d Illinois Inf
Eckhart, Augustus‡	"	F	10th New Jersey Inf
Elliott, James R*	"	F	1st Iowa Inf
Edbrooke, F E	Corporal	E	12th Illinois Cav
Elliott, Victor A	Private	F	11th Pa Cav
Eggleston, A H*	"	L	2d Kansas Cav
Evans, A B‡	"	K	114th Ohio Inf
Elliott, John W	"	I	6th Wisconsin Inf
Earle, W G†	"	F	53d Illinois Inf
Eldridge, J S‡	"	F	104th Pa Inf
Fairchilds, H N†	"	G	21st New York Cav
Furgeson, Nimrod G‡	"	D	5th Missouri Inf
Fitz Gerald, M J*	"	E	1st U S Art
Fox, Thomas*	"	A	175th Ohio Inf
Foot, Robert E	"	B	40th Wisconsin Inf
Fitton, Walter H‡	"	H	10th Pa Cav
Fleming, John G*	"	B	16th Wisconsin Inf
Folster, Fred*	"	H	25th Illinois Inf
Foote, Thomas J	"	G	20th Iowa Inf
Faulhaber, L‡	"	E	5th Ohio Cav
Friedheim, Moses‡	"	F	7th Minnesota Inf
French, John	"	K	4th Wisconsin Inf
Fetzer, John L‡	"	I	49th Missouri Inf
Fletcher, John‡	"	L	2d Colorado Cav
French, M H‡	"	A	7th Illinois Inf
Fisher, C W*	1st Lieu't		23d Ohio Inf
Frazier, Henry R‡	Corporal	F	13th Illinois Cav
Fahey, Ed	Private	B	1st Mass Cav
Fulton, F J	"	H	64th New York Inf
Flower, Judson T	"	H	13th U S Inf
Fisher, Samuel H	"	A	McLaughlin's S O Cav
Fisher, William G	"	I	123d New York Inf
Fredericks, A P	"	I	20th Ohio Inf
Farquharson, John N*	"	A	5th New York Inf
Fitzgerald, Frank†	"	C	3d N H Inf
Given, Robert	"		3d Maine Art
Gilson, Frank G†	Musician		5th Connecticut
Gerry, Owen‡	Private	L	8th New York Cav
Graham, D B	"	I	211th Pa Inf
Garson, L F	"	A	23d Pa Inf
Graham, John W	Surgeon		135th Pa Inf
Goingo, R H‡	Private	M	1st Michigan Cav
Grimes, W S†	Surgeon		4th Iowa Inf
Ghost, W C‡	Private	G	39th Iowa Inf
Guard, Henry‡	Sergeant	F	53d Illinois Inf
Grimes, David S*	Private	B	23d Iowa Inf
Gemmer, Geo†	"	A	47th Illinois Inf
Guider, John*	"	C	10th New York Inf
Gray, N V‡	"	B	83d Illinois Inf
Galvin, Dennis‡	"	F	19th Mass Inf
Gage, W H H†	Musician	B	3d N H Inf
Gibbons, W C	Private	F	2d Kansas Inf
Gilman, W L	"	D	15th Mass Inf
Goodrich, Watson*	"	G	8th Illinois Inf

Clements'

For Photos, 1617 CHAMPA ST., Ground floor.

Our Best Cabinet Photos, $2.50 per doz.

ONLY FIRST-CLASS WORK.

Special Rates ++ TO CLUBS AND SOCIETIES.

PICTURE FRAMING
Of every description, at VERY LOWEST RATES.

PATRONIZE

John Carson & Bros.
820-22-24 Sixteenth Street,

DENVER,
FOR
China, Cut Glass, Silverware
Lamps, Cutlery, Granite Ware,
Tinware, Wooden Ware, &c.

You will find their Goods the Best, and their Prices the Lowest in the City.

They Want Your Trade. Try Them.

Teas!

We carry the cheapest and best line of Teas in the city. A Ticket with each purchase.

San Francisco Tea and Coffee Co.
BARTH BLOCK,
Sixteenth and Stout Streets,

DENVER, COLORADO.

Globe Photo Co.

906 Fifteenth Street, Denver.

☞ Special inducements to G. A. R. men.

THE MINT,
WINES, LIQUORS, CIGARS.

Headquarters for the G. A. R.

1105 Fifteenth Street, DENVER.

J. K. ELLIS, Prop'r, Co. "K" 34th N. Y. Infantry.   Comrades Welcome.

F. Speth, Optician.

CLOCK and WATCH REPAIRING a Specialty.
SPECTACLES and OPTICAL GOODS generally.
EYES EXAMINED Free of Charge.
SATISFACTION GUARANTEED.

1616 California Street,

DENVER, COLORADO.

A. Lincoln Post No. 4.

NAME	RANK	CO.	REGIMENT
Gregg, Ezra B..........	Private....	B	.........145th Ohio Inf
Gillen, R H............	Landsman		................U S N
Gill, Seymour T*......	Private....	D	......7th Ohio Inf
Gushard, R M..........	"	E	..........101st Pa Inf
Gildersleve, John W...	"	K	.........3d California
Gardner, Perry........	"	G	.....21st New York Inf
Groves, Phillip*.......	"	D	.....17th Illinois Inf
Gove, Aaron...........	2d Lieu't..	B	.........33d Illinois Inf
Hamer, James.........			
Hyatt, W H...........	Private....	D	.........143d Ohio Inf
Hickey, W R†..........	"	H	.......124th Illinois Inf
Hood, James*..........			
Hunter, Frank.	Private....	K	..... 19th Mass Inf
Hanson, James R......	"	E	.... 2d Mass Inf
Hawley, Chas A*... ..	Bugler....	C	........11th U S Inf
Harrington, B F*......	Private....	E	.........4th Iowa Cav
Hutchinson, O F‡	"	C	......95th Illinois Inf
Hogbin, A P...........	"	H	......1st Colorado Cav
Harbert, M*...........	"	D	.......11th Indiana Inf
Hassell, W E*..........	Landsman		..............U S N
Holley, V E†..........	Private....	H	.... 5th Vermont Inf
Hagus, Edward‡.......	Corporal...	H	.......21st Illinois Inf
Howard, Thos J*......	Sergeant ..	K	.........53d Indiana Inf
Himber, Henry........	Private....	I	..........5th U S Cav
Hemphill, W S........	"	E	.......12th Indiana Inf
Hardie, John†.........	"	B	....20th New York Cav
Huber, Joseph*........	"	M	.......3d Colorado Cav
Hogle, A W*...........	"	A	....76th Illinois Inf
Haggerty, S R	Sergeant ..	H	....32d Missouri Inf
Hoffer, John G§.......	Private....	F	....2d Colorado Cav
Hoffer, Daniel§........	"	D	.....38th New York Inf
Heller, F J*...........	"	D	..........5th U S Art
Howland, J C*........	"	A	....127th New York Inf
Howland, John D*.....	"	B	........1st Colorado Cav
Hasie, Montague S*...	Lieu't.....	G	............U S R C M
Hamilton, Geo A*......	Private....	A	.....16th Illinois Inf
Harrington, Thos H‡..	"	A	.....6th Massachusetts
Haskell, Otis L........	Ensign		..............U S N
Hays, John L‡.........	Private....	B	.........63d Pa Inf
Hofferberth, John.....	Corporal...	A	......7th New York Inf
Huck, John P*........	Private....	G	......26th New York Inf
Howland, J A‡.........	Musician..	F	........51st Indiana Inf
Heers, Christ	Private....	I	........27th New York Inf
Haynes, Daniel J*.....	"	F	......26th Kentucky Inf
Hoagland, H W........	"	F	..........12th Ohio Inf
Hill, J D..............	"	H	.... 25th Mass Inf
Haller, Geo*...........	"	C	...6th Connecticut Inf
Hance, Lorenzo‡.......	"	D	... . 13th Michigan Inf
Howe, James..........	"	D	.........2d Ohio H A
Hubbard, P L	2d Lieu't..	C	.....1st Michigan Inf
Hunter, A J...........	1st Serg't..	A	......106th Illinois Inf
Harris, Richard E*....	Private....	B	............137th Pa Inf
Hamilton, Geo.........	"	F	.......4th California Inf
Haines, Chas†.........	2d Lieu't..	E	...........3d Colorado
Hall, E P.............	Private....	C	.........1st Illinois Art
Higgins, Matthew.....	"	I	.........23d Illinois Inf

NAME	RANK	CO.	REGIMENT
Homans, W H†	Private	I	1st Mass Inf
Hopkins, J H	"	C	48th Ohio Inf
Helm, Joseph C	"	B	13th U S A
Hills, H A	"	E	1st Iowa Inf
Harkison, C T	"	F	114th Pa Inf
Hughes, W T	"	B	50th Illinois Inf
Howard, Henry	"	C	7th Ohio Inf
Harper, William	2d Lieu't	C	1st New Jersey Cav
Hagee, Jerry	Private	F	59th Illinois Inf
Herr, L D	"	E	1st Pa Reserves
Holmes W H	"		6th Wisconsin Art
Henry, O H	"	K	1st Colorado Cav
Horsford, R H	Musician	A	24th Ohio Inf
Hooper, Shadrack K	Private	E	23d Indiana Inf
Hurlburt, R H‡	"	E	29th Ohio Inf
Inman, James	"	C	17th Mass Inf
Ivory, Michael	"	D	1st Colorado Inf
Irwin, David A*	2d Lieu't	F	113th Pa Inf
Isaacs, Herman*	Private	E	9th U S A
Ilward, Fred‡	"	B	13th N Y Inf
Isenberg, S W	"	D	1st Pa Art
Ingersoll, John	Sergeant	G	4th Iowa Cav
Johnson, S O†	Corporal	D	57th Illinois Inf
Johnson, John M‡	Private	C	34th Ohio Zouaves
Johnson, Theron H*	Landsman		U S N
Jackson, E J*	Private	G	22d Illinois Inf
Jackson, William	"	F	5th U S A
Jeffries, H B*			12th Pa Reserves
Jackson, S M*	2d Lieu't	G	13th Illinois Inf
Johnson, James R‡	Lieu't	C	4th Ohio Vet Corps
Jones, A H	Private	B	9th New York Inf
Jenkins, Geo W‡	"	F	5th Tennessee Cav
Jenkins, Henry‡	Sergeant	H	117th Illinois Inf
Johnston, John C*	Private	C	27th Missouri Inf
Jones, John W	Musician		107th Ohio Inf
Jordon, J H*	Private	B	11th Illinois Cav
Johnson, David*	Corporal	H	1st Michigan Eng
Jardine, James*	Private	F	54th Ohio Inf
Jones, Isaiah	"	F	1st Ohio Inf
Joseph, Peter	"	A	92d U S C T
Klock, John I	"	A	32d Wisconsin Inf
Kistler, John	"		1st Kansas Art
Klienman, David‡	Musician	H	3d Pa Reserve Corps
Kimberly, B K‡			
Kellogg, E L‡	Private	K	4th Mich Inf
Kellogg, Alvah S*	"	G	10th M V
Kinney, John C*	Lieu't	G	13th Illinois Cav
King, H C*	Private	D	137th Illinois Inf
Kestler, Charles	"	E	49th Iowa Inf
Kirker, Robert A*	"	B	2d Virginia Cav
Klebe, Geo H†	"	K	1st Colorado Cav
Kraus, William*	"	I	15th New York Art
King, Chas R‡	"	E	54th Ohio Inf
Knapp, Orris	"	A	3d Colorado Cav
Kisthard, Jacob‡	"	G	34th Pa M
Keys, John R‡	"	C	15th Ohio Inf

A. Lincoln Post No. 4. 19

NAME	RANK	CO.	REGIMENT
Klock, George‡	Private	K	1st Wisconsin Inf
Kennedy, James	"	B	6th New York Cav
Kavanaugh, Roderick	"	C	47th Illinois Inf
Keeler, Ezra	"	B	22d Michigan Inf
Koogle, Geo W	Musician		Maryland Brigade
Kelso, A W*	Private	A	44th Missouri Inf
Kendig, H S†	"	A	164th Ohio Inf
Knox, Wilbur†	"	H	59th Illinois Inf
Lowell, James S*			
Lennon, John A	Private	I	3d Missouri Cav
Lawffer, Jacob*	"	A	72d New York Inf
Logan, S M†	1st Lieu't	B	1st Colorado Cav
Leimer, C F*	Private	C	4th Missouri Inf
Lyster, W J†	"	C	3d Indiana Inf
Ludlam, J D‡	Lieu't	F	8th Illinois Cav
Liverman, Moses	Drummer	B	2d Wisconsin Inf
Lewis, John‡	Private	H	72d Illinois Inf
Legere, P F‡	Drummer	A	49th Indiana Inf
Linsman, W P*	Private	E	16th N H Inf
Liddell, O B	"	E	68th Indiana Inf
Lloyd, Wm E	"	D	4th Pennsylvania Inf
Lanster, John D†	"	B	47th Pa Inf
Leng, Theodore‡	"	F	51st Wisconsin Inf
Lane, John P	"	K	49th Illinois Inf
Lowrie, James A†	"	K	13th Pa Inf
Lehman, Lewis‡	"	A	12th New York
Leonard, J H†	1st Cl's Boy		U S N
Lawrence, M J‡	Private	B	3d Ohio Cav
Light, E B	"	E	8th Michigan Inf
Lane, J J	"	D	53d New York Inf
Lewis, T J	"	A	93d New York Inf
Laws, L J	"	E	108th Illinois Inf
Lyons, Abram E*	Landsman		U S N
Lombard, Robert R*	Private	I	21st Mass Inf
Metz, Julius‡	"	B	5th New York Inf
Munn, John A‡	"	I	89th New York Inf
Miller, Edwin H‡	"	I	10th Iowa Inf
Mack, Martin‡	"	C	4th Wisconsin Cav
Macken, Daniel‡	Landsman		U S N
Maynard, J S†	2d Lieu't	I	1st Colorado Cav
Montfort, Joseph*	Corporal	I	22d New York M
Meldrum, N H	Private	B	100th New York Inf
Moore, J D, Jr*	"	I	57th Pa Inf
Moore, David H*	"	A	87th Ohio Inf
McDonald, Michael	Sergeant	K	14th Missouri Inf
Morey, F P‡	Private	E	35th Illinois Inf
McClain, O S*	"	A	93d Illinois Inf
McCain, John*	"	B	26th Pa Inf
Merrill, S S	Lieu't	A	1st U S O V E
Miller, C H*	Private	F	9th Iowa Inf
Milling, Edward†	"	H	88th Illinois Inf
Menzel, Chas T†	"	B	39th New York Inf
Mulqueen, Thos	Drummer	K	66th Illinois Inf
McLaughlin, N F*	Private	G	1st New York Art
Moorehead, A J	"	M	1st Wisconsin Cav
Miller, Chas‡	"	D	69th Illinois Inf

A. LINCOLN POST NO. 4.

NAME	RANK	CO.	REGIMENT
Mahon, Francis........	Private....	C	.....69th New York Inf
McKenna, Bernard§....	Sergeant..	F	.......3d Minnesota Inf
Madden, Thos..........	Private....	H	......32d New York Inf
Meyer, Henry‡.........	"	F	........12th Illinois Inf
Morris, Robert........	"	E	.....69th New York Inf
Mears, Otto...........	" ...	H	........3d Colorado Inf
Moore, Wm‡	" ...	K	......2d New York Inf
Moshier, James J‡.....	Sergeant..		.....7th Wisconsin Art
McArthur, Alexander†.	Lieu't.....	G	......12th Kansas Inf
Mills, J Harrison*.....	Private....	D	....21st New York Inf
Mohn, John F..........	"	I	..........2d Ohio Cav
Morrison, Sid B†......	Surgeon...		......3d Colorado Cav
Morrison, Thos J......	Seaman...		.............U S N
Maudlin, Wm.........	Private....	E	.....12th Michigan Inf
Marshall, Wm S‡.....	1st Serg't..	C	......8th Illinois Inf
Myres, Julius A*......	Private....	E	.......11th Ohio Cav
Mead, Wm B..........	"	C	....12th Missouri Cav
Metzler, Frantz†......	Musician..	F	.....1st Colorado Cav
More, Alex*...........	Sergeant..	E	....144th New York Inf
Mather, John‡........	Private....	I	........10th Iowa Inf
Mavity, W K†.........	"	F	........37th Indiana Inf
Montgomery, C H‡....	"	E	......2d Wisconsin Inf
Mann, Chas E.........	"	H	.........2d Mass Cav
Miller, Orrin H‡.......	"	F	.......134th Illinois Inf
Manley, W L..........	"	L	.........2d Illinois L A
Moran, John..........	"	C	....14th New York H A
McCarthy, W H.......	Sergeant..	H	........34th Ohio Inf
Moran, Thos..........	Private....	B	......11th Indiana Inf
Miller, Jacob D........	"	K	.......5th Pa Reserves
Markle, G B...........	"	C	........142d Illinois Inf
Moynahan, James.....	"	C	......27th Michigan Inf
Mauff, August.........	"	I	.....Ind'p't Illinois Vol
Myers, Sigmund.......	"	H	..........16th Pa Inf
McCann, Alpheus.....	"	I	.........1st Ohio Inf
McDonald, Henry.....	"	E	.....11th Kentucky Cav
Mead, F D............	"	D	..4th Connecticut Inf
McDonald, Henry.....	"	A	..........28th Pa Inf
Newman, Edward.....	"	H	.........111th Ohio Inf
Nadler, Chas..........	"	A	.........9th Ohio Inf
Nash, William‡.......	"	D	..........1st Bat Pa
Nye, Joseph*..........	"	K	.....65th Illinois Inf
Norton, Michael.......			.....8th Mass Bat
Nazro, Chas A*........	Lieu't.....	I	....26th Illinois Inf
Nance, F W...........	Private....	A	......64th Illinois Inf
Norton, F H‡..........	Captain...	G	..........15th U S A
Neal, J M‡............	Private....	H	.......8th Illinois Cav
Nelson, O A...........	"	M	..........3d Pa Art
Newell, W S...........	"	F	........10th Mass Inf
Orton, Geo‡...........	B'nd M'st'r		.......9th Illinois Inf
Oswald, D C.*.........	Private....	K	........1st Iowa Cav
Olney, F A............	"	K	.....40th Wisconsin Inf
Ost, Anton‡...........	"	A	..........75th Pa Inf
Odell, A G†...........	"	B	.......61st Illinois Inf
O'Connor, James......	"	E	.....1st Michigan Cav
Oldfield, S............	"	K	.........28th Iowa Inf
Phillips, W J..........	"	D	.....11th Michigan Inf

A. Lincoln Post No. 4. 21

NAME	RANK	CO.	REGIMENT
Pochin, J L*	Private	A	Fremont's Body Guard
Phillips, John E.	Drummer	F	44th Wisconsin Inf
Phillips, Edward‡	Private	B	3d Missouri Inf
Pisko, Edward†	"	C	45th New York Inf
Potter, Wm E*	"	K	19th Illinois Inf
Parks, Wallace M‡	"	D	25th Mass Inf
Patterson, F L‡	"	L	14th New York
Potter, A W‡	"	G	1st Wisconsin Inf
Parker, Wm G‡	Sergeant	G	31st Pa Inf
Porter, Wm‡	"	D	1st Texas Cav
Phillips, L D‡	Private	H	1st Mass Inf
Patrick, Sheppard D	"	D	140th Illinois Inf
Phillips, John‡	"	K	10th Michigan Inf
Parcells, B C*	"	A	102d Indiana Inf
Phelps, Edward F†	"		1st Conn Bat
Parks, James	"	I	138th Pa Inf
Point, E S*	Musician	H	128th New York Inf
Parsons, M S‡	Private	H	1st Colorado Cav
Pond, E H*	"	K	61st Mass Inf
Pierson, M G‡	"	D	139th New York Inf
Parks, H J	"	A	9th New York Cav
Pillion, Edward*	"	F	1st Colorado Cav
Putnam, T G	Captain	B	15th New York Cav
Parmenter, L G*	Private	G	133d Illinois Inf
Park, W W†	"		1st Colorado Bat
Patton, George‡	"	A	35th Missouri Inf
Phillips, Daniel W	"		55th Pa Inf
Peters, Wm F	Corporal	D	8th V T Vol
Porter, W J	Lieu't	I	33d Missouri Inf
Pace, John	Private	B	2d Iowa Inf
Peet, J T*	"	D	3d Ohio Res
Quackenbush, Calvin‡	"	K	100th Illinois Inf
Rockwood, J M*	"	K	1st Maine Inf
Routt, John L	"	E	94th Illinois Inf
Riley, Geo L‡	2d Lieu't	D	111th Pa Inf
Rhoads, Halsey M	Private	A	23d Iowa Inf
Rogers, M A	"	L	1st Colorado Cav
Randolph, R H*	"	K	1st Illinois Cav
Rider, Peter‡	"		1st Colorado Bat
Rogers, I N	"	D	128th Ohio Inf
Russell, John W	"	C	61st New York Inf
Roe, Robert S*	2d Lieu't	G	2d Colorado Inf
Reynolds, D B	Musician	C	35th Mass Inf
Riser, John A‡	Private	A	5th Minn Inf
Ruple, Geo H*	Sergeant	C	13th Iowa Inf
Reid, W H H‡	Private	G	12th Illinois Inf
Rose, W W‡	"	K	23d Wisconsin Inf
Rhoads, A G	Corporal	L	3d Colorado Cav
Robb, James Wesley	Private	H	5th Iowa Cav
Robb, James H	"	A	12th Illinois Inf
Rhoads, E W‡	2d Cl's Boy		U S N
Rankin, David	Private	A	78th Pa Inf
Reed, Myron W	Captain	A	18th Michigan Inf
Russell, A J‡	Private	H	12th Ohio Cav
Randolph, Geo E§	Sergeant	A	1st R I Art
Randall, Wm H F†	Private	A	16th Illinois Inf

A. Lincoln Post No. 4.

NAME	RANK	CO	REGIMENT
Rittenhouse, A P.	Private	B	180th Ohio Inf
Richardson, F. A.	1st Lieu't		Provo M Dist Ken'y
Rupp, Fred	Private	B	187th Pa Inf
Read, J W.	Captain	D	67th Illinois Inf
Sullivan, L T‡			No Record
Smith, N W.	1st Serg't	D	185th New York Inf
Sopris, Richard†	Captain		1st Colorado Inf
Simons, Stephen‡	Private	B	13th New York Inf
Stimson, E K*	"		1st Mass H A
Sleeth, E B†	"	I	20th Illinois Inf
Sampson, A J*	"	C	43d Ohio Inf
Stanger, J S*	"	G	12th Pa Inf
Spencer, F A*	"	C	85th New York Inf
Stevenson, R M*	"	A	7th Pa Inf
Smythe, S S*	"	A	1st Illinois Bat
Stillwell, Geo H‡	"	H	1st Colorado
Sutton, F F	"	H	10th Indiana Inf
Spangler, M	"	H	8th Ohio Inf
Swem, James M‡	"	D	35th Iowa Inf
Schaffnett, Henry*	Corporal	A	3d Missouri Inf
Scheider, Jacob	Private	D	4th New York Cav
Schell, Amos A	"	G	85th Indiana Inf
Savage, Wm H†	"	F	3d Maine Inf
Schroder, Henry‡	"	C	10th Illinois Inf
Schroder, Frederick†	"	K	7th New Jersey Inf
Schackelford, George*			6th Kentucky Inf
Symes, G G†	Colonel		44th Wisconsin Inf
Summey, 1 W†	Private	H	58th Illinois Inf
Smith, James T	"	H	1st Connecticut Inf
Sopris, E B.	"	A	1st Colorado Inf
Sanderson, David T‡	1st Lieu't		11th Illinois Cav
Smails, J D	Lieu't	I	9th Michigan Inf
Shaw, Alex*	As't S'rg'n		4th Iowa Inf
Shearer, W J‡	Private	A	14th Kansas Cav
Sneer, Geo W*	"	A	1st Bat Pa Vol
Smith, Flavius	"	L	9th Missouri Cav
Scott, L B*	"	B	23d New York Inf
Smith, Geo W‡	"	D	2d New York Art
Swift, Geo W‡	"	F	9th New York Art
Soper, W H*	"	G	8th Wisconsin Inf
Seavey, M M	Wagoner	H	13th Maine Inf
Sanders, Leopold§	Private	K	4th Iowa Inf
Suess, Henry	1st Lieu't	B	Mo Home Guards
Sikes, Edwin‡	Private	A	106th Illinois Inf
Steele, J L‡	"	C	2d Iowa Cav
Sinclair, John	"	D	24th New York Inf
Sylvester, Daniel R*	"	K	12th Wisconsin Inf
Steele, Geo G*	"	E	14th Wisconsin Inf
Shaw, James S*	"	D	18th Mass Inf
Smith, E L†	"		Ringgold's Ind Bat
Stevens, Lewis	"	I	6th Minnesota Inf
Sullivan, Cornelius†	"	K	4th U S A
Scott, Morton*	"	B	3d Kentucky Inf
Smith, Henry	"	I	27th Illinois Inf
Stowe, Theodore E‡	"	H	72d Indiana Inf
Slocum, B F‡	"	A	1st Colorado Cav

A. LINCOLN POST NO. 4.

NAME	RANK	CO.	REGIMENT
Stillwell, Joseph‡	Private	H	35th New York Inf
Senferheld, A C J‡	Seaman		U S N
Schreve, Thos C*	Sergeant	D	106th Illinois Inf
Smith, Don C	Private		3d Wisconsin Bat
Sigle, Ferdinand	"	M	2d Colorado Cav
Sheahan, J J	"	M	4th Ohio Cav
Shew, E H	"		2d Pa Art
Selbach, Emil	Sergeant	E	13th Ohio Inf
Snyder, Chas T‡	Private	A	43d Pa Art
Stocks, William*	"	H	1st Colorado Cav
Sherman, Rollan	"	H	4th Missouri S M
Sammis, M H	Sergeant	B	178th Ohio Inf
Straight, Howard A‡	Private	B	19th Iowa Inf
Smith, C H	"	A	4th Iowa Inf
Sylvis, P B*	Sergeant	D	21st Ohio Inf
Smith, Geo S	Captain	F	6th Ohio Inf
Stewart, Henry	Private	K	69th Illinois Inf
Smith, M E	"	I	1st Michigan Inf
Sedam, W Y	"	C	Fremont's Body Guard
Smith, Otis B	"	B	45th Pa Inf
Sniveley, J M	"	C	7th Kansas Cav
Smith, W F	"	I	78th Illinois Inf
Seltzer, Richard	"	F	40th Missouri Inf
Shandal, T J	"	D	5th Conn Inf
Scott, W R‡	"		27th New York Bat
Samson, J H	"	D	138th Ohio Inf
Smith, Rankin	"	C	30th Iowa Inf
Saville, Jas R	"	H	3d Michigan
Sayre, Daniel	"	G	5th Ohio Cav
Sperry, W F	"	B	117th N Y Inf
Sampier, Henry‡	"	B	50th Indiana Inf
South, F G*	"	L	3d Colorado Cav
Telford, Jacob*	"	B	15th Indiana Inf
Thomson, Samuel T†	"	I	12th Illinois Inf
Tyrell, H N*	"	F	42d Mass Inf
Titcomb, John S	Sergeant	H	9th Illinois Inf
Thombs, P R*	As't S'g'n		89th Illinois Inf
Trounstine, Phil	Captain	B	5th Ohio Cav
Tyler, Columbus‡	Private	D	5th Missouri Inf
Tweedle, Wm*	Captain	K	10th Kentucky Inf
Tupper, F W	Private	L	15th Illinois Cav
Tal, Edward*	"	F	47th Iowa Inf
Thompson, J B	"	C	139th Illinois Inf
Todd, Wm D			Treas Guard
Turner, Thos*	Fireman		U S N
Thompson, Geo W	Private	G	18th New York Inf
Thatcher, G W*	"	C	26th Iowa Inf
Tully, W H‡	"	D	17th Indiana Inf
Trufant, W B†	Act Ens gn		U S N
Tesch, James G*	Private	K	27th Missouri Inf
Thompson, J P	"	E	1st Pa Cav
Tufford, Isaiah	"	H	22d New York Cav
Upton, Wm B*	"	I	8th Massachusetts
Underwood, Isaac†	"	C	16th Illinois Inf
Uffman, Henry	"	E	11th Kentucky Cav
Vinton, G A*	Seaman		U S N

A. Lincoln Post No. 4.

NAME	RANK	CO.	REGIMENT
Van Horn, M D	Major		18th U S Inf
Visscher, Will L*	Sergeant		24th Kentucky Inf
Veatch, J C	As't Eng'r		U S N
Von Trotba, Claus†	Private	B	Potomac Home Br'gd'e
Van Denbergh, J T*	"	E	37th New York Inf
Vaughan, John D	Landsman		U S N
Van Tritsch, F Otto	1st Lieu't	A	68th New York Inf
Walker, J A‡	Private	A	87th Indiana Inf
Whitaker, A S*	"	H	10th New York Cav
Whisler, John A	"	H	49th Ohio Inf
Wright, E P	"	F	44th Mass Inf
Whitney, James W	"	D	1st Ohio Art
Williams, F H	"	I	31st Wisconsin Inf
Ward, Henry	Sergeant	G	10th New York Art
Williams, H F	Private	I	1st Mich Engineers
Webster, R C	Captain		Ass't Q M
Walter, Jacob	Private	I	37th Ohio Inf
Weedman, Jacob F	"	I	39th Illinois Inf
Wagner, Henry	"	C	4th H S R C
Wolz, Adam	"	A	43d Illinois Inf
Wickes, C P	"	H	7th Michigan Inf
Whitehouse, Chas A	"	G	17th Maine Inf
Waldron, Wm H	"	D	48th Indiana Inf
Woodbury, R W*	"	A	3d N H Inf
Weber, A H	"	B	1st N Y Engineers
Wise, Wm	1st Lieu't	D	2d Colorado Cav
Wilder, Lory†	Private	I	3d U S A
Walker, James K‡	Bugler		5th U S Cav
Woodside, A J*	Private	I	44th Iowa Inf
Wynkoop, W C	"	B	2d Minnesota
Wadsworth, H L*	"	I	29th Maine Inf
Waterbury, Geo H‡	Drummer	A	6th Wisconsin Inf
Washburn, A J‡	Private	D	11th R I Inf
Walker, R M*	"	K	28th Michigan Inf
Wallace, James D	Sergeant	F	18th U S Inf
Walker, Samuel	Private	C	105th Ohio Inf
Waterhouse, Eli‡	"	I	126th Illinois Inf
Westover, F A‡	"		4th Iowa
Wanless, Thos‡	"	G	3d Colorado Cav
Wehrle, Joseph*	"	F	5th New York Inf
Wedow, Chas	"	D	9th Wisconsin Inf
Weller, Alvah M‡	"	G	3d Michigan
Watson, Daniel	"	E	2d East Tenn
Young, Eldred F‡	"	D	59th Illinois Inf
Young, Perry A	"	B	198th Pa Inf
Zint, Geo W	"	A	164th Ohio Inf

NATHANIEL LYON POST No. 5.

Boulder, Colorado.

Meeting, 1st and 3d Tuesdays of each month, at 7:30 p. m.

PAST POST COMMANDERS.

NAME	YEAR	NAME	YEAR
Ambrook, Charles	1881	Day, John W	1888
Sawyer, Alvin M	1882	Sheldon, H S	1889
Potter, R B	1883	Coan, Alonzo	1890
Dodge, Horace O	1884	Hixson, Luther	1891
Austin, Eugene A	1885	Hocker, R A	1892
Stilwell, A C	1886	Ricketts, C	1893
Copeland, F A	1887	Wiederhold, Theo	1894

OFFICERS FOR 1895.

Commander..Henry S Davis
Sr. V.-Commander...Theo V Wilson
Jr. V.-Commander......................................Chas P Waldron
Surgeon..H O Dodge
Chaplain...J H Hall
Quartermaster..R A Hacker
Officer of the Day..A L Clarke
Officer of the Guard...........................Theo Wiederhold
Adjutant..C Ricketts
Sergeant Major...R B Potter

MEMBERS.

NAME	RANK	CO.	REGIMENT
Ambrook, Charles	1st Lieut	K	U S C H Art
Atterbury, Thos B‡	Private	F	2d Missouri Cav
Andrew, Jas W	"	A	85th Pa
Austin, Eugene A	"	M	4th F H Art
Allen, Chas*	Captain	K	38th Iowa
Austin, Thomas	Private	D	121st New York
Armstrong, H F‡	Sergeant	C	8th Michigan Cav
Anderson, Eric J‡	Private	D	3d Colorado Cav
Anderson, David B	"	G	33d Missouri
Bader, George	Sergeant	A	10th Iowa
Bills, Albert*	Private	K	1st U S Sharpshooters
Bradfield, Zachariah‡	"	H	21st Missouri
Ballard, Stephen*	"	A	6th Michigan Cav
Blanchard, T W	Sergeant	B	49th Illinois
Battenfield, S M	Corporal	D	27th Ohio
Beckman, John F	Private	A	46th Wisconsin
Bolton, Francis L	Sergeant	B	2d Michigan Cav
Bean, L M	Private	M	11th New York Cav

NAME	RANK	CO.	REGIMENT
Baker, Oscar	1st Serg't	A	42d U S Colored
Bachelder, Geo H‡	Private	D	4th Iowa Cav
Berkley, John J‡	Captain	B	1st Wis Cav
Bales, John B‡	1st Lieu't	E	Phelps' Mo Vol
Banks, F B‡	Private	D	4th Iowa Cav
Britt, Newton I‡	"	I	3d New York Art
Burdsell, C M‡	Q M Serg't	E	2d Colorado Cav
Brinker, Wm	Private	H	20th Ohio
Carr, Jas A	"	D	3d Colorado Cav
Chittenden, R H*	Captain	E	1st Wisconsin Cav
Coan, Alonzo	"	H	15th Maine
Coffin, O C‡	Private	K	27th Maine
Copeland, Fred A	Captain	G	1st Michigan Cav
Creese, Jacob W	Private	M	1st Colorado Cav
Cosgrove, John‡	Sergeant	G	27th Wisconsin
Crull, Jacob‡	Private	D	100th Illinois
Coulehan, Robert E	Corporal	1	5th Iowa
Coyle, John	Private	F	120th New York
Clarke, A F	"	C	49th Wisconsin
Canbay, Thos J‡	"	I	100th Pennsylvania
Danford, Hiram J	Corporal	D	27th Ohio
Danford, Thomas	1st Serg't	D	128th Ohio
Day, Jno W	Corporal	D	1st Colorado Cav
Dean, E B‡	Captain	E	18th Iowa
Dean, H P*	Private	I	11th Iowa
Drummond, Daniel‡	"	H	9th New York Cav
Davidson, Jno M§	"	C	Henderson's B Mo V
Day, H‡			
Dodge, Horace O	Private	E	8th Illinois Cav
Davis, Henry S	Musician	D	22d Wisconsin
Eggleston, C B*	Private	G	1st Iowa Cav
Ellet, Jno A†	Lieu't Col		Ram Fleet Miss Sq'n
Eldred, Martin M*	Private	C	16th Wisconsin
Frankeberger, Lee J‡	Corporal	B	39th Illinois
Fuller, Jno W	Private	A	50th Pennsylvania
Gilbert, Richard‡	DutySer'gt	I	1st Wisconsin Cav
Giles, Geo W	Private	K	2d Pa Art
Glover, Wm*	"	D	16th Michigan
Goddard, L W‡	Sergeant	H	40th Indiana
Gravelle, Alex L‡	Corporal	C	26th Michigan
Green, Joseph M†	"	D	1st Minnesota
Greene, Oscar F A	Private	M	1st Maine Cav
Galusha, Samuel S	"	K	186th New York
Greenfield, John	"	L	22d New York Cav
Gilman, A B*	"		1st Maine Cav
Glaze, Nicholas	Sergeant		44th U S Inf
Green, Geo C‡	Private	D	3d Colorado Cav
Gilman, W L*	"	D	15th Massachusetts
Hacker, R A	"	G	6th Massachusetts
do	2d Lieu't	G	25th Massachusetts
Hinman, Platt A‡	Private	D	3d Colorado Cav
Hixson, Luther	Sergeant	G	51st Ohio
Hosier, Isaac H‡	"	C	13th Missouri Cav
Hoskinson, Gamaliel†	Captain	I	40th Illinois
Haff, Jno L‡	Com Serg't	K	3d Colorado Cav
Hammill, Chas M‡			

NATHANIEL LYON POST NO. 5.

NAME	RANK	CO.	REGIMENT
Harrington, Wm‡			
Hathaway, Mark M‡	2d Lieu't	A	15th Illinois
do	Captain		47th U S Col'd Inf
Howard, Wm G‡	Private	C	1st Nevada Inf
Huston, Chas F‡	Major	I	19th Pa Cav
Hull, L G	Private	L	11th Kansas Cav
Hall, Jesse H	Sergeant	J	101st Ohio
Havens, Chas A*	Private	K	Smith's Bat
Hardin, J B	"	B	15th Iowa
Hubbard, R G	Captain	G	5th Missouri
Inman, Samuel T*	Private	C	7th Cav M S Mil
Jain, Miles	Sergeant	I	2d Colorado Cav
Janes, Tho*	Sailor		Navy
Keefe, Michael†	Private	K	40th New York
Kelly, Jas A‡	Sergeant	K	40th New York
Kenny, R D‡	"	I	9th U S Inf
King, D W	As't Surg'n		2d Colorado Cav
Kent, Abraham‡	Private	D	42d Ohio
Kelly, Samuel D§	"	G	114th Pa
Kimball, L W	1st Lieu't	E	111th Pa
Lakin, David‡	"	B	17th Iowa
Locke, T R*	Private	E	63d Illinois
Likens, W W‡	Corporal		43d New York
Leonard, Porter D§	Musician	E	23d Wisconsin
Metcalf, Eli P‡	Sergeant	F	1st Vermont Cav
Moore, Tho M‡	1st Serg't	C	10th West Virginia
Mulford, John S	Private	K	4th E Mo Mil
Morgridge, W O†	"	B	3d Michigan
Milner, Samuel P‡	"	H	124th Illinois
Marble, W H§	Chaplain		20th Wisconsin
Mershon, W H*	Musician	I	30th Indiana
Mayer, Nicholas J	Private		2d New York L Art
McNeil, Alvin	"	I	30th Iowa
McNulty, Michael‡	"	C	116th Pa
McAuliff, John*	"		Kansas 90-day men
McFall, John B	"		Engineer Corps
Montgomery, J C	"	I	48th Illinois
Nichols, David H§	Captain	D	3d Colorado Cav
Newton, Dawson‡	Sergeant	A	33d Illinois
O'Brien, John H†	"	F	85th Illinois
Omer, Joseph‡	Private	I	2d Colorado Cav
Osborne, Albert‡	"	G	7th Ohio
Pell, Wm G‡	Sergeant	D	2d Colorado Cav
Phillips, Ivers	Sp'l S'vice		N't'l Headquarters
Pomeroy, Erastus	Private	K	39th Wisconsin
Potter, Robert B	"	D	24th Ohio
Palmer, Elmore*	Surgeon		39th Indiana
Palmer, Theodore R*	Lieu't Col		13th Michigan
Pitzer, C S	Private	L	2d Nebraska Cav
Paul, A C§	Captain		—— Kentucky
Pingree, Geo W‡	Sergeant	B	7th Cav
Riniker, Wm	Private	M	20th Ohio & M 1st Art
Rood, Aaron*	Corporal	B	92d Illinois
Raymond, S D*	Private		Ind Bat Colorado Art
Russell, H M†	"	F	3d Wisconsin Cav
Rouse, S D†	Corporal	A	8th Missouri

NAME	RANK	CO.	REGIMENT
Russell, A A†	Private	L	6th Missouri
Russell, L W†	"	G	19th Iowa Cav
Rhodes, M J‡	"	K	2d Colorado
Robinson, Jacob‡	"	D	1st Nevada Cav
Rutter, James G	1st Lieu't	D	1st Iowa Cav
Ricketts, Crocket	Private	D	134th Indiana
Ritter, Charles	"	A	6th Missouri
Sackett, Andrew*	Corporal	D	9th Missouri
Safely, A F‡	2d Lieu't	D	1st Colorado Cav
Sawyer, Alvin M	Private	A	53d Massachusetts
Shaffer, Wm F‡	"	A	34th Indiana
Sheets, Henry W‡	Corporal	C	30th Missouri
Sheldon, Henry S	Sergeant	G	8th Illinois Cav
Shaltenbrand, Ed	1st Lieu't	I	15th Kansas S M
Smith, J M*	Sergeant	H	6th Maine S M
Snedecor, I D*	Major		Staff Gov of Missouri
Stewart, James C†	Private	C	57th Pennsylvania
Stewart, Tho†	1st Lieu't	G	17th Iowa
Squires, Geo C‡	Private	D	3d Colorado Cav
Squires, P L‡	"	B	6th Connecticut
Stevens, Spencer	1st Lieu't	D	14th Missouri Cav
Stilwell, A C	Fifer	E	134th Illinois
Sibley, Isaac D*	1st Lieu't	B	U S C Inf
Simmers, Tho G*	Private	I	22d Pa Cav
Stephens, J P*	"	A	3d Pa Art
Streeter, Joseph E†	"	G	
Sampson, A E	"	G	48th Wisconsin
Sodestrom, W A	"	I	44th Iowa
Sipple, Tho J	"	F	9th Rhode Island
Shotwell, A J	"	F	11th Ohio Cav
Stombaugh, Jacob	"	L	42d Wisconsin
Sexson, Wm F	"	B	3d Missouri Cav
Snyder, Albert G	Sergeant	E	20th New York Cav
Sohn, Frank	Musician		2d Brig 3d Div 4th Corps
Stagsdill, Jesse	Private	K	3d Kentucky Inf
Smith, Leonidas*	"	F	51st Indiana
Steele, J W‡			
Seargent, Wm H‡	Private	A	2d California
Thompson, H E‡	Lieu't Col		6th Michigan Cav
Todd, Chauncey D	Private	F	32d Iowa
Titcomb, Jno S*	Captain	E	88th U S
Tumbleson, Silas T	Corporal	B	7th-11th Ohio Cav
Teeters, Wilber B‡	Brevet Col		116th Ohio
Ward, Smith G	Sergeant	K	2d Nebraska Cav
Walker, W H H‡	Captain	A	13th Maine
Whitney, Geo H	Private	I	12th Vermont
Williams, Jno N	Sergeant	I	73d Illinois
Wilson, L R	Private	F	1st Colorado Cav
Wilson, Tho V	Corporal	B	149th Ohio
Wimer, Jno A‡	Private	G	51st Ohio
Woodward, A G‡	"	K	6th Indiana
Wright, Chas A	"	I	1st Ohio Lt Art
Wise, Andrew*	"	I	11th Illinois
Wattsbaugh, J W‡	"	G	73d Illinois
Wilson, Jno M‡			
Wiederhold, Theodore	Private	G	151st Pennsylvania

Nathaniel Lyon Post No. 5.

NAME	RANK	CO.	REGIMENT
Warren, James	Artificer		1st Maine H Art
Wilcox, Isaac	Sergeant	D	7th Michigan Cav
Waldron, Chas P	Private	B	10th Michigan Cav
Welch, D E	"	K	10th Michigan Cav
Weaver, D C*	"	E	18th Missouri
Yates, Isiah	Private	K	66th Illinois
Virgin, W T†			1st Iowa Inf
Van Etten, Jas D	Private	C	169th Pennsylvania

McPHERSON POST No. 6.

LONGMONT, COLORADO.

Meetings, 1st and 2d Tuesdays in each month.

PAST POST COMMANDERS

NAME	YEAR	NAME	YEAR
B L Carr		J W Turrell	
R F Coffin		Eben White	
Geo W Brown		John Hertha	
C W Douglass		M L Shull	

OFFICERS FOR 1895

Commander....................................George W Brown
Sr. V.-Commander..........................G F Beckwith
Jr. V.-Commander..........................J A Webber
Surgeon..I H Stults
Chaplain..J M Wheatley
Quartermaster..............................R K Pierson
Officer of the Day........................Thomas Butler
Quartermaster Sergeant............Levi Brenbarger

MEMBERS

NAME	RANK	CO.	REGIMENT
Adams, J B	Private	F	141st Pa Inf
Buckley, J A	"	B	21st —— Art
Brenbarger, Levi	"	D	122d Pa Inf
do	"	M	21st Pa H A
Butler, Thomas	"	G	23d Wisconsin Inf
Belcher, Freeman	Sergeant	A	3d Colorado Cav
Bardill, Conrad	Musician		26th Illinois Inf
Baker, Wm	Sergeant	C	21st Missouri Inf
Beckwith, Geo F	Private	D	3d Colorado Cav
Brumfield, T E	"	F	9th Missouri Cav
Barney, Wm N	Sergeant	D	3d Colorado Cav
Carr, Byron L	Private	M	1st R I Cav
do	Serg't Maj		1st N H Cav
Calkins, E D	Private	A	6th Wisconsin Inf
Coffin, R F	Sergeant	G	19th Illinois Inf
do			Bridge's Bat L A
Clawson, G	2d Lieu't	E	1st Colorado Cav
Cushman, A W	Corporal	D	3d Colorado Cav
Coffin, M H	Sergeant	D	3d Colorado Cav
Campbell, Wm G	Private	B	142d Illinois Inf
do	Sergeant	G	147th Illinois Inf
Douglas, C W	Private	G	21st Illinois Inf
Dickson, L H	2d Lieu't	D	3d Colorado Cav
Dell, Geo T	Private	H	Merrill's Horse

McPherson Post No. 6.

NAME	RANK	CO.	REGIMENT
Daughty, A B	Private	F	30th Iowa Inf
Daniels, J W	"	G	1st Vermont H A
Dickens, Wm	"	D	3d Colorado Cav
Day, E W	"	F	47th Iowa Inf
Epperson, B F	"	F	30th Iowa Inf
Ellis, Geo W	Corporal	B	46th Wisconsin Inf
Ferguson, F M	"	C	9th Missouri Cav
Fitting, John	Private	G	26th Wisconsin Inf
Gardner, C H	"	D	3d Colorado Cav
Gardner, I N	"	D	3d Colorado Cav
Hertha, John	Sergeant	H	3d Missouri Inf
Herron, O F	Private	B	29th Wisconsin Inf
Howard, C P	Sergeant	H	96th Illinois Inf
Hall, Ira F	1st Lieu't	E	127th Ill V Inf
Hall, Geo H	Private	H	15th Ill V Cav
Hatch, Wallace	"	I	1st New York Cav
Hughes, Thomas	"	F	2d Wisconsin Inf
Hildreth, Isaac	"	A	99th Illinois Inf
Knapp, Chas	"	I	15th Illinois Inf
do	Sergeant	A	12th Ill V Cav
Keatley, Josiah	Private	E	11th Kansas Cav
Kellar, W C	"	C	2d Conn L A
Kelso, J R	"	H	14th Missouri Inf
do	1st Lieu't	F	24th Missouri Inf
do	Captain	M	8th Missouri Cav
Laycock, J S	Sergeant	F	10th Tennessee Cav
Laycock, F M	Private	A	2d Pa Inf
Millice, Amos	"	G	11th Indiana Inf
Mathews, O P	"	A	1st Oregon Cav
Morgan, John	} As't S'g'n		32d Ohio Inf
do			172d Ohio Inf
do			2d Ohio H A
McPhinney, D L	Private	B	56th Pa Inf
Peck, Thos S	"	B	1st Colorado inf
do	2d Lieu't	B	3d Colorado Cav
Pullen, Chas	Private	G	105th N Y Inf
Pennock, A J	1st Lieu't	D	3d Colorado Cav
Ransom, Dick	Private		Chicago M Bat L A
Stults, I H	Sergeant	H	89th Indiana Inf
Shull, M L	Private	K	81st Ohio Inf
Smith, L H	2d Lieu't	E	22d Ohio Inf
do	Captain	E	59th Ohio Inf
Stoner, Peter	Private	I	Missouri S Cav
do	Sergeant	B	51st Missouri Inf
Sipe, Jacob	Private	D	5th Iowa Inf
do	"	I	5th Iowa Cav
Turrell, J W	"	L	13th Pa Cav
Thompson, J B	Sergeant	E	2d Wisconsin Inf
True, R S	Sailor		Gunboat Silver Lake
Tumbleson, Silas	Private	B	11th Ohio Cav
do	Corporal		7th Ohio Cav
White, Eben	Private	B	5th Mass Inf
do	Corporal		36th Mass Inf
Wilson, J L	Private	B	3d Iowa Inf
do	Corporal	I	2d Iowa Inf
Woodward, J M	Private	G	9th Illinois Cav

GEORGE H. THOMAS POST No. 7.
Fort Collins, Colorado.

Meetings, every 2d and 4th Saturday evenings, at 7:30 o'clock.

PAST POST COMMANDERS

NAME	YEAR	NAME	YEAR
Geo. L Courtney	1881	Chas Warren	1887
Edwin A Ballard	1881	J H Mandeville	1887
Thomas Lundy	1882	Carlos J Stolbrand	1888
W T Rogers	1883	John C Davis	1889
J S McClelland	1883	Peter Shelt	1890
Lewis Kern	1884	S H Seckner	1891-1892
Chas Warren	1885	Robert Walsh	1893
Irving N Thomas	1886	R Q Tenney	1894

OFFICERS FOR 1895

Commander....................................R Q Tenney
Sr. V.-Commander ....Andrew Jackson
Jr. V.-Commander ....F R Baker
Surgeon ....Geo W King
Chaplain ....John C Davis
Quartermaster..............................Russell Fisk
Officer of the Day.........................Peter Shelt
Officer of the Guard......................Michael Ney
Adjutant ....James D Mandeville
Sergeant Major............................John L Thomas
Quartermaster Sergeant ....Geo E Buss

MEMBERS

NAME	RANK	CO.	REGIMENT
Abrams, B F	Private	F	70th Ohio Inf
Abler, Louis‡	"	D	3d California Inf
Adams, Sewell	"	A	127th New York Inf
Akers, Wm R‡	Sergeant	G	7th Iowa Inf
Alden, Geo C†	Private	A	112th Illinois Inf
Ballard, E A‡	"	H	74th Ohio Inf
Bailey, I L	Q M Serg't		151st Illinois Inf
Baxter, Geo W	Private	G	4th Missouri Cav
Barkley, Frank‡	"	E	1st Missouri Cav
Baker, F R	"		7th Troop Ind O Cav
Blount, E A§	Captain	F	1st Tennessee Cav
Brainard, Samuel*	Sergeant	B	2d Vermont Inf
Brown, R G‡	Private	F	8th Illinois Inf
Brewer, C W§	"	D	1st Wisconsin H A
Brown, John C*	"	H	73d Ohio Inf
Brandis, Wm	"	E	1st Colorado Cav

George H. Thomas Post No. 7. 33

NAME	RANK	CO.	REGIMENT
Buffam, Geo W..........	Private	D	......100th Illinois Inf
Buss, Geo W.............	"	F	.....14th New York Inf
Carroll, John‡...........	"	K	..2d Massachusetts Inf
Christler, Mathias‡.....	"	F	......2d New York Cav
Clark, N G‡.............	Sergeant ..	C	.......Phelps R Mo Vol
Courtney, Geo L‡.......	Private	A	........40th Indiana Inf
Cooper, Wm U..........	"	B	..........10th Iowa Inf
Cumings, Jas A‡........	"	K	........6th Iowa Inf
Curtis, B M.............	"	I	..........5th N Y H A
Davis, David*...........	"	E	...........4th W Va Inf
Davis, John C...........	"	G	..........140th Pa Inf
Davidson, John M*.....	"	F	.......167th Ohio Inf
De Land, H A*..........	"	D	......1st Michigan Inf
Dufrane, Louis	"	F	........3d Colorado Inf
Du Boise, James E.....	"	D	......3d Colorado Cav
Edwards, E E‡..........	Chaplain..		......7th Minnesota Inf
Edwards, R C§..........	Private		.....Tanner's Ind Co Pa
Elton, E N*..............	"	B	......126th Illinois Inf
Emigh, A L..............	"	K	............46th Pa Inf
Evans, J C...............	Corporal...	D	...........145th O N G
Fanceler, Geo W........	Private	B	......4th Mo. St Mil
Fisk, Russell.............	"	E	.....10th Vermont Inf
Forbes, Wm‡............	"	L	.....5th Kansas Cav
French, S F‡.............	"	B	......1st Vermont Cav
Fredericks, P S..........	"		...........22d Iowa Inf
Galloway, G W*.........	"	H	........64th Ohio Inf
Gaynor, P O‡............	"	D	...1st Wisconsin H A
Gardner, Michael.......	"	M	.....8th Vermont Inf
Gartin, Anderson*......	"	E	.........34th Iowa Inf
Garland, Moral	"	F	......193d New York Inf
Garbutt, H I.............	"	F	.....13th New York Inf
Gabriel, Nehemiah.....	"	A	......7th Kansas Cav
Gearry, Thos.............	"	F	......82d New York Inf
Giddings, Leander......	"	C	......138th Illinois Inf
Gray, James‡............	"	D	...........16th Pa Inf
Gunn, W A..............	"	K	..........13th Ohio Inf
Hall, H F‡................	Hos St'w'd		..........17th U S Inf
Hamilton, J C............	Private	D	............110th Pa Inf
Harned, D M............	"	G	....38th Wisconsin Inf
Havens, Chas A‡.......	"	K	........Smith's Battery
Harris, Joseph†.........	Corporal...	H	.......11th Maine Inf
Hawley, W C E.........	Private	B	....112th New York Inf
Hawley, C C‡...........	"	A	......1st Colorado Inf
Hawes, A B,.............	Seaman ..		..............U S Navy
Hey, Michael............	Private....	E	......47th Indiana Inf
Hayden, James B......	"	D	......11th Missouri Cav
Hilton, L J...............	"	B	......7th Wisconsin Inf
Hawks, Wm H*.........	"	A	......52d Wisconsin Inf
Hinman, P M†..........	Corporal...	D	......3d Colorado Cav
Holmes, Eugene§.......	Private	D	....189th New York Inf
Howard, H C............	"	B	11th Pa Reserve Corps
Husted, Isaac...........	"	E	..........King's Bat Mo
Ingersoll, C L.*..........	Private	A	........9th Michigan Cav
Jackson, Andrew.......	"	G	........1st Pa Res L Art
Jewett, Geo W..........	"	L	............1st Iowa Cav
Jordan, Patrick*........	"	C	..........U S Engineers

George H. Thomas Post No. 7.

NAME	RANK	CO.	REGIMENT
Joyce. D B‡	Private	D	6th Ohio Cav
Kern, Lewis*	"	I	44th New York Inf
Keown, Robt‡	"	D	7th Conn Inf
Kendall, J W	"	H	148th Illinois Inf
King, Geo W	"	G	16th New York Inf
Kitchell, Aaron	"	E	23d Iowa Inf
Kutcher, Theo‡	"	G	7th Pa Inf
Land, B R‡	"	D	2d Missouri Cav
Lasley, B M	"		2d Bat Colo Art
Lawton, R P	"	A	21st Iowa Inf
Lewis, J W	"	C	10th Kansas Inf
Leonard, P D	"	E	23d Wisconsin Inf
Leibey, E H	"	E	2d Colorado Cav
Lee, E A	Surgeon		4th Illinois Inf
Lindenmeier, Wm	Private	G	1st Colorado Inf
Lowrey, W W‡	"	F	44th Indiana Inf
Loomis, James†	"	M	11th Michigan Cav
Dundy, Thos‡	Sergeant	B	10th Missouri Inf
Luke, Saml	Private	D	51st Missouri Inf
Mandeville, J H	Corporal	G	50th New York Eng
Mandeville, J D	Sergeant	G	50th New York Eng
McCarroll, S L	Private	B	7th Pa Cav
McClelland, J S*	"	G	86th Ohio Inf
McDonough, James‡	"	D	1st Colorado Cav
MDonough, Barth‡	"	A	2d Colorado Cav
McGinley, J W	"	E	11th Pa Res Inf
McIntire, J W H†	"	C	16th Pa Cav
Metcalf, H H	"	E	22d Illinois Inf
Miles, R P	Landsman		U S Navy
Miller, H T	Private	H	8th Iowa Inf
Mitchell, Jacob	"	H	6th Indiana Inf
Miller, Wm M‡			U S Marines
Moore, T L	Private	H	126th Ohio Inf
Moon, W A	"	I	8th Iowa Cav
Moore, Wilson‡	"	F	13th W Va Inf
Montgomery, J P	"	H	2d Minnesota Inf
McCloy, Richard‡			
Nedrow, J W*	Private	G	101st Indiana Inf
Neece, Wm N	"	E	1st Missouri Inf
Newton, Thos H*	"	E	94th Illinois Inf
Ogden, A B	Private	A	17th Illinois Cav
Oliver, Jno S	"	H	6th Missouri Inf
Parsons, Benj H‡	Private	K	131st Indiana Inf
Parcell, Wm T‡	"	C	5th Iowa Cav
Peterson, E L*	"	B	89th Ohio Inf
Peterson, Wm H*	"	B	89th Ohio Inf
Peterman, S S‡	"	C	12th U S Inf
Phye, J F	"	A	3d Iowa Cav
Powers, D L	"	B	27th N J Inf
Pulliam, G P	"	H	42d Missouri Inf
Raigle, Geo W	"	I	97th Indiana Inf
Rainer, C W	1st Serg't	A	Harrison Co Bat
Reed, E W	Private	A	Minnesota Cav
Rickard, David	"	A	10th Ohio Cav
Rison, Bailey	"	C	23d Iowa Inf
Richardson, Wm§	"	H	13th Kansas Inf

1557887

GEORGE H. THOMAS POST Oo. 7. 35

NAME	RANK	CO.	REGIMENT
Rogers, E T*	Private	C	1st Wisconsin H A
Rogers, I S‡	"	M	3d Cherokee Inf
Rogers, Wm T*	Sergeant	D	45th Illinois Inf
Roberts, John E	Private	K	2d New York H A
Rosenow, Chas B†	Corporal	G	3d Wisconsin Inf
Rumley, Cyrus	Private	I	34th Iowa Inf
Rischel, A J‡			
Sanesbury, Joseph†	Private	B	12th Wisconsin Inf
Schooley, E L‡	"	G	96th Illinois Inf
Scott, H H	"	E	52d Ohio Inf
Scribner, W F	"	D	51st Illinois Inf
Seckner, S H	"	K	5th New York H A
Shelt, Peter	"	A	21st Illinois Inf
Sherrill, John†	"	F	43d Illinois Inf
Shibley, Wm N‡	2d Lieu't	K	14th Illinois Inf
Shellds, W A‡	Private	B	150th Illinois Inf
Shipler, Joseph	"	G	10th Pa Inf
Short, H T*	Sergeant	D	7th Illinois Cav
Simms, Jas M	Private	L	2d Ohio H A
Silcott, Wm G	"	C	34th Iowa Inf
Smith, John L	"	F	59th Ohio Inf
Smith, Thomas G	"	K	27th Ohio Inf
Smith, H R*	"	F	135th Pa Inf
Spires. Louis	"	D	206th Pa Inf
Springstead, H S‡	"	E	9th Michigan Cav
Stephenson, J F	"	B	136th Illinois Inf
Stolbrand, Carlos J†	"	G	2d Illinois L A
Struthers, Luther	"	C	4th Wisconsin Cav
Symes, Thos R‡	"	K	5th Missouri Inf
Tenney, R Q	Coms Sgt		15th Vt Inf
Terrill, James E§	Private	A	15th Iowa Inf
Thomas, I N†	"	F	44th Ohio Inf
Thomas, John L	"	E	77th Ohio Inf
Thoman, Free	"	A	125th Ohio Inf
Tilton, Silas E	"	D	137th N Y Inf
Ticknor, A A†	"	I	150th Pa Inf
Toney, Jas A‡	"	H	7th W Va Inf
Tofte, Frederick‡	"	H	2d Kansas Inf
Turk, W W	"	B	6th Pa H A
Vandewark, E E†	"	A	3d Wisconsin Inf
Van Housen, A D‡	"	H	12th Illinois Inf
Van Dyke, I N‡	Sergeant	A	109th Indiana Inf
Walsh, Robt	Private	G	25th Illinois Inf
Warren, Chas	"	B	5th New York Inf
Webb, Saml G	"	A	10th Indiana Inf
Webber, Titus A†	"	A	1st Michigan Eng
Wills, Joseph R	"	F	89th Ohio Inf
Wilkins, G T‡	"	K	1st Wisconsin Inf
Withum, Luther P	"		U S Sig Corps
Wice, Henry‡	"	C	4th Indiana Cav

UPTON POST No. 8,
PUEBLO, COLORADO.

Meetings, every Thursday, at 7:30 p. m.

PAST POST COMMANDERS

NAME	YEAR	NAME	YEAR
Geo T Breed	1881-2	L B Paul	1889
John J Lambert	1883	Andrew F Ely	1890
Delos L Holden	1884	Channing J Long	1891
E P Fish	1885	John B McCormick	1892
John W Smith	1886	Cyrus C Gaines	1893
R H Dunn	1887	John M Yohu	1894
Wm H Bartlett	1888		
Irving W Stanton		Andrew Royal	
Wm H Slawson		W G Balding	
J J Thomas		W H Olmstead	

OFFICERS FOR 1895

Commander......................................Geo W Williford
Sr. V.-Commander...............................A J Smith
Jr. V.-Commander...............................W R Mattox
Surgeon..C J Long
Chaplain..P F Reynolds
Quartermaster...................................R H Dunn
Officer of the Day..............................Wm Ricker
Officer of the Guard............................P C Welsh
Adjutant..C C Gaines
Sergeant Major..................................H M Morse

MEMBERS

NAME	RANK	CO.	REGIMENT
Albertson, H C*	Private	K	10th New York Inf
Anderson, T J*	Captain	A	40th Iowa Inf
Anderson, Alva†	Private	I	15th Ohio Inf
Armantrout, M	"	F	150 Ind Inf
Ashley, Albert*	"	F	64th Illinois Inf
Austin, Chas	"	K	39th Illinois Inf
Breed, Geo T†	Q M S'g't		11th Mass L Bat
Bailey, G W‡	2d Lieu't	A	18th Indiana Inf
Burns, T J‡	Private		Ind Bat Col Art
Brentlinger, J W‡	1st Serg't	E	70th New York Inf
Bartold, F G‡	Sergeant	B	40th Missouri Inf
Barlow, G H‡	Private	F	19th New York Inf
Brown, A F‡	"		Backus' Bat-2d L't Art
Brown, Henry H	"	I	153d Pa Inf
Baker, Chas†	"	E	7th Iowa Cav
Berry, Isaac N‡	"	K	1st Missouri Inf
Barker, J A‡	"	D-F	1st Nebraska Cav
Bartlett, W H*	"	E-C	11th Illinois Inf
Barkley, Henry	Corporal	K	21st Illinois Inf

Upton Post No. 8.

NAME	RANK	CO.	REGIMENT
Brown, W R	Corporal	B	61st Ohio Inf
Britton, W J*	Private	D	3 d Missouri Inf
Bowman, Geo B†	"	B	5th Missouri Cav
Bottorf, A J‡	Corporal	K	17th Indiana Inf
Banks, H N	Private	G	6th Iowa Inf
Bayard, Wm‡	Adjt		1st Pa Cav
Bradley, Ufford	Private	E	50th New York Eng
Bryant, J B	1st Lieu't	A	39th Missouri Inf
Bonner, A B†	Private	H	34th Kentucky Inf
Brizack, J F*	1st Serg't	F	9th Indiana Inf
Bailey, F D†	Private	E	177th Ohio Inf
Barron, W‡	"	D	2d Mo S M Inf
Bartholemew, E F†	Corporal	I	77th Illinois Inf
Brotherton, W H‡	1st Serg't	I	85th Indiana Inf
Beatly, M N‡	Private	A	118th Ohio Inf
Bergman, C W‡	"	C	140th Illinois Inf
Baldwin, James‡	"	E	135th Ohio Inf
Balding, W G*	"	H	15th Ohio Inf
Bruner, Franklin‡	"	B	12th Indiana Inf
Brooks, Moses C*	"	A	12th Missouri Cav
Bell, George	Captain	H	150th Pa Inf
Baty, W C	Private	G	11th Illinois Inf
Barker, Johnson‡	Sergeant	D	2d Iowa Cav
Bloodgood, J W*	Corporal	B	52d Wisconsin Inf
Bicketts, T S S	Artificer	M	1st Missouri Eng
Bowman, C W	1st Lieu't	F	4th Mo S M Cav
Barstow, Sumner	Captain	C	23d New York Inf
Baker, Harry	Private	K	24th Wisconsin Inf
Buck, J W	"	G	114th Illinois Inf
Birnbaum, Chas	Captain	D	36th Iowa Inf
Blair, W H H†	Sergeant	A	17th Iowa Inf
Caldwell, R A§	Trumpeter	D	1st Arkansas Cav
Casser, C‡	Musician		39th New York Inf
Chase, J B*	1st Lieu't	K	26th U S Col'd T
Coy, H J‡	2d Lieu't	G	2d Colorado Cav
Cavanaugh E E†	Private	H	4th Ohio Cav
Caragie, G M‡	"	A	107th Illinois Inf
Carlile, W K	"	A	80th Ohio Inf
Critchfield, C C*	"	A	34th Iowa Inf
Crites, G W‡	Corporal	C	69th Ohio Inf
Cole, John‡	Private	G	3d U S Inf
Corbin, A A	"	C	5th Iowa Inf
Crane, M L*	"	B	91st Illinois Inf
Clark, M C*	"		14th Ohio Bat
Carr, W F‡	"	B	29th Iowa Inf
Chase, A B	"	E	1st Colorado Cav
Calvin, Perry‡	"	C	47th Pa Inf
Crenity, Wesley	"		135th U S Col'd T
Cranston, F‡	"	D	43d Ohio Inf
Corrigan, Thos	"	B	6th Maine Inf
Campbell, W H*	Captain	C	4th Iowa Cav
Chappell, H T‡	Private	B	2d Illinois L A
Carpenter, W W	"	K	1st Iowa Inf
Crane, L A	Captain	H	14th Iowa Inf
Clews, John‡	Saddler	A	7th Pa Cav
Crawford, Wm B*	Private	G	13th Conn Inf

NAME	RANK	CO.	REGIMENT
Cecil, J W	Corporal	F	62d Illinois Inf
Coan, C H	Private	E	129th Illinois Inf
Conway, J M	"	I	10th Indiana Inf
Cuthbertson, I	Musician	H	14th Ohio Inf
Corlile, Wm K‡	Private	K	80th Ohio Inf
Dunn, M L*	Corporal	D	1st New York Cav
Donaldson, J W	Sergeant	B	d Illinois L A
Dunbaugh, C P†	Captain	C	3d Illinois Cav
Divilbiss, J H	Private	A	77th Illinois Inf
Donaldson, James‡	"	C	11th P R Cav
Dunn, R H	Major		3d Tennessee Inf
Durham, C‡	Private	A	106th N Y Inf
Downen, T J	"	I	78th Illinois Inf
Daily, Aaron‡	"	G	25th Iowa Inf
Densmore, F M‡	"	M	9th Kansas Cav
Davis, C S‡	"	B	36th Mass Inf
Dimick, G W†	"		12th Ohio Bat
Dyer, S M	"	I	5th Wisconsin Inf
Downing, S G*	"	G	8th Minnesota Inf
Du Shane, John*	Corporal	G	1st Colorado Cav
Doe, N P‡	Private	A	Maine Militia
Dear, B H	"	H	7th Missouri Inf
Ely, A F	"	B	12th Pa Reserve
Eggleston, F‡	"	D	12th U S Inf
Edgar, John†	"	A	12th New York Inf
Evans, J J‡	"	D	48th Illinois Inf
Essington, J M*	Captain	B	7th Pa Cav
Ebbert, Wm B	Private	A	1st W Va Inf
Erdman, Chas	Hos Stwd		U S Army
Evans, John A	Private	B	8th Mo S M Cav
Eyer, Isaac	"	D	100th Indiana Inf
Fish, E P‡	"	A	Chicago L Art
Fay, John‡	Sailor		Frigate Cumberland
France, C*	Private	K	57th Pa Inf
Forman, J A*	"	D	5th Michigan Inf
Fisher, F L‡	"	B	42d Mass Inf
Fleck, M L‡	"	B	78th Pa Inf
Fugard, Geo	Serg't Maj		10th Iowa Inf
Farrell, W P*	Musician	K	23d Missouri Inf
Fletcher, I M‡	Private	I	3d Colorado Cav
Fitch, M H	1st Lieu't		6th Wisconsin Inf
Falls, H F‡	Captain	B	53d Kentucky Inf
Fletcher, Thos C	Private	A	1st Iowa Cav
Fee, J D	2d Lieu't	I	125th Pa Inf
Footman, L J	Private	D	59th Ohio Inf
Forbes, F D	Sergeant	K	34th Michigan Inf
Fitch, A C	Private	E	13th Illinois Inf
French, I R	Corporal	E	4th Mass Inf
Furman, Wm A	"	C	4th New York Inf
Grazer, John‡	Private	C	2d Colorado Cav
Garrison, A‡	"	C	199th Pa Inf
Goble, P J*	Corporal	G	4th N H Inf
Green, J C*	Private	F	95th Ohio Inf
Gallino, B D	"	L	9th Illinois Cav
Gibson, L B	1st Lieu't	K	1st Maine Art
Glanville, W W‡	Corporal	E	15th Iowa Inf

UPTON POST NO. 8.

NAME	RANK	CO.	REGIMENT
Grass, August‡	Private	I	6th Ohio Inf
Grishaher, Cæsar*	"	F	148th Illinois Inf
Gilligan, John E†	"	I	16th Iowa Inf
Gossert, H C‡	"	C	155th Illinois Inf
Green, H M‡	"	I	106th Illinois Inf
Galusha, D A‡	"		11th Ohio Bat
Grimm, Amos‡	"	A	160th Ohio N G
Gaines, C C	Corporal	E	2d Iowa V V Inf
Gillim, Martin†	Private	D	11th Ohio Inf
Graves, John B*	Sergeant	B	15th Kentucky Cav
Gordon, Wm F†	Private	H	7th U S Inf
Galloway, H H	Corporal	B	118th Illinois Inf
Griggs, R W*	Private	K	21st Indiana Inf
Gardner, T H	2d Lieu't	I	169th N Y Inf
Hensel, L	Lieu't	G	13th Kansas Inf
Harrington, B F*	Private	F	19th Michigan Inf
Heller, F J	"	D	5th U S Art
Henkle, Chas	"	L	1st Colorado Cav
Hyde, Wm H	Corporal	E	1st Colorado Cav
Hard, G H	Q M S	E	1st Colorado Cav
Hugh, J H	Private	D	29th Ohio Inf
Harris, J T	"	D	3d Mo S M Cav
Hahn, N A*	"	K	87th Pa Inf
Hargreaves, H B‡	"	D	13th Ohio Inf
Hamilton, J C*	"	D	110th Pa Inf
Hobson, W P	Corporal	B	35th Missouri Inf
Harriman, A G*	1st Serg't	B	9th P R C
Holcomb, W H†	Private	E	37th Iowa Inf
Holden, D L	2d Lieu't	E	50th New York Eng
Hooper, J W‡	Private	K	13th Kansas Inf
Haskell, G W	"	F	9th Maine Inf
Holden, H L‡	"	A	11th Pa Inf
Hazard, J S*	2d Lieu't	I	10th Missouri Cav
Holland, A G	Fireman		U S Navy
Herring, S W	Private	D	139th Illinois Inf
Harrell, Albert	"	B	29th Illinois Inf
Hunter, A L*	2d Lieu't	B	63d Illinois Inf
Hope, Ed‡	Private	C	12th Kentucky Inf
Hogue, J L‡	"	L	1st Arkansas Cav
Hurst, W L*	Corporal	E	115th Illinois Inf
Hicks, John W*	Private	F	3d New Jersey Inf
Hilton, J M	"	G	13th Mass Inf
Howe, J E	Sergeant	D	21st Michigan Inf
Hawkins, Wm‡	Private	M	3d Missouri Cav
Hayes, John D‡	Corporal	I	1st U S S S
Harries, Geo H	Captain	E	9th Ohio Inf
Hamilton, H C	Corporal	I	119th Illinois Inf
Hopper, H C	1st Serg't	K	13th Illinois Cav
Irwin, C§	Sergeant		1st Kansas Art
Irwin, J K§	Corporal	K	14th Kansas Cav
Jordan, C A‡	Private	L	17th Maine Inf
Juneau, H*	Sergeant	B	10th Wisconsin Inf
Jones, Alonzo	Corporal	H	9th Kansas Cav
Johnston, J M§	Private	D	3d Illinois Cav
Johnson, James‡	"	F	18th N Y Cav
Judge, Patrick	"	G	5th U S Inf

Upton Post No. 8.

NAME	RANK	CO.	REGIMENT
Jones, Benj G*	Private	G	5th Illinois Cav
Kearney, Nat	Sergeant	L	1st Missouri Eng
Keller, Henry	Musician	F	29th Missouri Inf
Kinniry, Ed	Private	D	1st Illinois Art
Kitchen, H M	"	A	5th Kansas Cav
Kountz, Adam‡	Sergeant	F	198th Pa Inf
Krank, F W*	Private	A	4th Minnesota Inf
Knowles, John*	Q M S		1st Michigan Cav
Kenny, E H*	Seaman		U S Navy
Keith, F M	Private		1st Ohio H A
Kummerle, Julius†	1st Serg't	G	20th New York Inf
Kendall, H	Corporal	B	117th Indiana Inf
Lambert, J J	1st Lieu't		9th Iowa Cav
Lucas, J M‡	Private		8th Pa Cav
Long, C J	"	K	3d Colorado Cav
Lynn, J H	Color S'g't	C	19th Wisconsin Inf
Langstone, James‡	Private	B	8th Illinois Cav
Little, W H*	Corporal	F	46th Illinois Inf
Lacy, J G†	2d Lieu't	D	129th N Y Inf
Langworthy, J N	2d Lieu't	A	1st Wisconsin Inf
Lull, P F‡	Q M S		2d Kansas Inf
Lowry, F C	Private	L	27th Missouri Inf
Lehman, Oley	"	E	59th Indiana Inf
Levy, Godson	"	B	70th New York Inf
Levvi, Joseph Y	"	K	82d New York Inf
Land, R G*	"	G	2d Mo S M Cav
Long, Jonathan§	"	B	64th Illinois Inf
Miller, J D	Sergeant	F	1st Colorado Cav
Moser, Sam	Private	G	15th Indiana Inf
McCormick, J B	Captain	E	7th Iowa Inf
Monroe, Charles†	Private	A	4th N M Inf
Morris, R W‡	"	A	5th Missouri Inf
Moore, J M‡	Sergeant	H	3d Colorado Cav
McDaniel, J H*	Corporal	G	46th Missouri Inf
McGill, R H§	Private	E	142d N Y Inf
Mason, A D	Seaman		Ship Ohio
McCoy, W H‡	Private	D	73d New York Inf
Majory, R F	Corporal	G	10th Illinois Inf
Martin, Michael‡	Sergeant	H	11th Pa Cav
McClintock, D‡	Private	A	21st Ohio Inf
McGill, L H§	"	I	50th New York Inf
Mitchell, Thomas‡	Captain	C	77th Ohio Inf
Mackins, Geo B*	Engineer		U S Navy
Mikeman, Mich*	Private	I	12th Kansas Inf
McClung, J S	"	E	4th Illinois Cav
Moore, John‡	"	B	32d Wisconsin Inf
Mitchell, J B§	Surgeon		12th Tennessee Cav
McLeran, J R†	Private	H	45th Mass Inf
Markham, F L	"	I	10th Maryland Inf
Majors, Jos‡	"	E	142 N Y Inf
Meade, R A‡	Sergeant	B	66th Indiana Inf
Morton, John*	Private	C	37th Indiana Inf
Mills, James‡	"	D	87th Illinois Inf
Mansfield, L A	"	E	101st Illinois Inf
Mattox, W R	"	D	15th U S Inf
Moore, B F	"	A	7th Wisconsin Inf
McMillan, Hugh	"	F	2d Nebraska Cav

UPTON POST NO. 8.   41

NAME	RANK	CO.	REGIMENT
Morse, John R	Corporal	B	27th Mass Inf
McEwen, B F†	"	G	9th Pa Inf
Morse, H M		F	17th Mass Inf
Nelson, W V*	Private	C	177th Ohio Inf
Nelson, Geo D	"	B	2d Michigan Cav
Olmstead, W A*	Captain	B	2d New York Inf
Pritchard, John‡	Private	E	
Pinckney, C C†	1st Lieu't	K	1st Michigan Inf
Palmer, Sam‡	Private	F	148th Indiana Inf
Parker, G J*	"	B	2d California Inf
Palmer, Jacob‡	1st Lieu't	F	86th Indiana Inf
Pennywright, John†	Private	H	8th Ohio Cav
Parr, Wm‡	"	G	31st N J Inf
Podnight, L A	Corporal	D	33d Indiana Inf
Paul, L B	"	G	126th Ohio Inf
Parmelee, J W§	Private	D	1st New York Inf
Price, Robt T‡	"	A	15th Kansas Cav
Pond, Warren‡	Corporal	B	25th Michigan Inf
Parasotti, N A	Private	A	39th New York Inf
Richmond, G Q‡	"	K	61st Mass Inf
Rice, James‡	Musician		5th Vt Inf
Royal, Andrew	Captain	I	27th Missouri Inf
Ricker, Wm H	Private	B	1st Colorado Cav
Ranalie, Wm†	"	F	42d Ohio Inf
Rickabaugh, J R†	"	F	77th Pa Inf
Robinson, Albert	"	I	3d Iowa Inf
Riley, P‡	Captain	K	115th Illinois Inf
Roberts, E A‡	Private	A	14th Indiana Inf
Ridgeway, E O‡	"	H	11th Pa Inf
Royston, E‡	Sergeant	I	1st Nebraska Cav
Reagan, Wm	Corporal	G	23d Illinois Inf
Reynolds, P F	Private	K	2d Wisconsin Cav
Rood, Aaron	"	B	92d Illinois Inf
Raymond, Harlan	"	G	86th Indiana Inf
Reese, Chas W	"	B	36th Iowa Inf
Raaf, Joseph	"	H	49th Missouri Inf
Sleade, Chas L	"	F	66th Indiana Inf
Smith, John W‡	"	I	164th N Y Inf
Severns, W H*	Corporal	G	59th Mass Inf
Smetzer, Fred†	Captain	K	108th Ohio Inf
Stamm, P	Private	K	163d Indiana Inf
Smith, Henry†	"	K	3d Iowa Cav
Smith, S S†	"	F	9th Indiana Cav
Stichfield, Wm‡	Corporal	K	5th Iowa Inf
Spencer, J C	"	D	35th Ohio Inf
Scott, John P*	Private	H	40th Iowa Inf
Sanborn, W‡	"	K	2d Mass Inf
Stewart, J S†	Corporal	H	12th Pa Inf
Shank, Albert‡	Private	B	79th Illinois Inf
Swanegan, W S*	"	B	46th Pa Inf
Stapp, M H‡	"	E	5th U S Inf
Smith, E H‡	Corporal	B	1st Wisconsin H A
Sanford, O F	Sergeant	C	1st Colorado Cav
Stanton, I W	Private	C	3d Colorado Inf
Stewart, W*	Bugler	M	2d California Cav
Simmers, Thos J	Private	B	22d Pa Cav
Scarborough, B F‡	Sergeant	A	12th Kentucky Cav

UPTON POST No. 8.

NAME	RANK	CO.	REGIMENT
Slanson, W H*	Lieu't-Col		11th New York Cav
Smith, G W‡	Private	D	6th Illinois Cav
Sackett, Andrew	"	D	9th Missouri Inf
Schwyhart, Henry	"	F	191st Ohio Inf
Stevens, James W‡	Sergeant	G	66th Ohio Inf
Sherwood, W H‡	Private	M	6th Mo S M Cav
Sutherland, M S‡	"	K	28th Wisconsin Inf
Smith, A J	"	E	12th Kansas Inf
Taylor, A B‡	Corporal	A	25th Michigan Inf
Taylor, W H*	Musician	A	135th Indiana Inf
Tinkle, W W	Sergeant	F	7th Indiana Inf
Thombs, P R	As't S'g'n		89th Illinois Inf
Tolliver, W N‡	Private		8th Missouri L A
Townsend, W F	1st Lieu't	G	6th Pa R C
Terry, I C‡	Captain	H	28th New York Inf
Tauge, F N‡	Sergeant	C	3d Indiana Cav
Thomas, J J	Private	L	1st Colorado Cav
Thompson, S B	"	F	85th Ohio Inf
Upson, Isaiah	"	K	31st Maine Inf
Veazie, W C*	"	E	35th Mass Inf
Von Stoltenzenberg, A*	Seaman		U S Navy
Williams, G F‡	Private	F	3d New York Cav
Waggoner, W H‡	"	L	2d Colorado Cav
Wilson, D P‡	"	B	139th Illinois Inf
Williamson, George†	"	D	34th Illinois Inf
Wren, W I‡	Sergeant	B	1st Missouri S M
Wainsley, J B*	Private	F	12th N J Inf
Wood, W J	"	A	61st Illinois Inf
Welch, P C	"		1st Kansas Bat
Wise, G E‡	Ensign		U S Navy
Wooten, D P†	Captain	C	2d Indiana Cav
Williams, J T‡	Private	D	32d Ohio Inf
Walker, C S	"	H	36th Iowa Inf
Wheeler, John‡	"	F	14th New York Art
Weidman, F M‡	"	I	32d Illinois Inf
Wiley, Charles†	"	K	86th Illinois Inf
Walker, Isaac‡	"	B	14th Iowa Inf
Walsh, John*	Sergeant	F	6th Kansas Cav
Weed, W P*	Private	B	75th Indiana Inf
Williams, Mont	Musician	B	3d New York Inf
Whituah, M P‡	Private	A	54th Illinois Inf
Wumsley, G J‡	"	B	43d Indiana Inf
Wright, D R	"	G	40th Kentucky Inf
Wilmot, C C	"	G	9th Iowa Cav
Worth, J*	"	D	4th Iowa Cav
White, A J	Sergeant	G	14th New York Inf
Wright, Thos F†	Captain	C	35th Mass Inf
Wyckoff, S H†	1st Serg't	K	17th Illinois Inf
Williams, H O*	Private	H	5th Kentucky Cav
Wilbur, Geo D*	Surgeon		31st Wisconsin Inf
Williford, Geo W	Private	F	66th Illinois Inf
Willauer, George	Drummer	H	27th Pa Inf
Yackey, N B	Private	A	2d Missouri Cav
Yeamans, J N‡	Sergeant	I	95th New York Inf
Young, Thos J	Private	D	123d Ohio Inf
Yohn, John M	"	A	3d Pa R C
Zimmer, Ed	"	A	41st New York Inf

JAMES A. GARFIELD POST No. 9.
LEADVILLE, COLORADO.

Meetings, every Thursday at 7:30 p. m.

PAST POST COMMANDERS

NAME	YEAR	NAME	YEAR
Howard C Chapin	1881-2-3	A V Bohn	1889
A V Bohn	1884	J W More	1890
Geo W Cook	1885	Chas Grabert	1892
Frank McLister	1886	Ed J McCarty	1893
N Rollins	1887	Geo B Harker	1894
E W Smith	1888		

OFFICERS FOR 1895

Commander...............................Peter J Quigley
Sr. V.-Commander......................Chas Apple
Jr. V.-Commander.....................W L Malpus
Surgeon...................................John G Keith
Chaplain......................................A V Bohn
Quartermaster........................Henry D Gross
Officer of the Day....................James Telfer
Officer of the Guard...............Martin Turpin
Adjutant................................John R Curley
Sergeant Major...................Edward J McCarty
Quartermaster Sergeant.........Geo W Lancaster
C. of A..................................Geo M Bowen

MEMBERS

NAME	RANK	CO.	REGIMENT
Abrams, David†	Private	D	118th Pa Inf
Arnold, George*	"	G	144th Illinois Inf
Apple, Charles	"	E	10th Vermont Inf
Anthony, T D*	Armorer		U S N
Arnold, Jos T	Private	C	16th Maine Inf
Anderson, Wm A	"	E	74th Ohio Inf
Arnold, Henry L†	"		Signal Corps
Allen, Frank	"	K	168th Ohio Inf
Bohn, A V	Major		15th Illinois Inf
Burchinell, Wm K*	Q M Serg't		Sig Corps
Burns, Harry‡	Shipsw'r		U S S Swatara
Burtwhistle, Wm H†	2d Lieu't	K	5th Ohio Cav
Benton, A P‡	Private	K	142d Illinois Inf
Brown, Saml M	2d Lieu't	A	1st N Y M Rif
Blake, John*	Fireman		U S S Wauchusetts
Brown, Joseph	1st Lieu't	H	78th Pa Inf
Butler, Wm‡	O Serg't	C	7th Missouri Inf
Barlow, Thos J‡	1st Lieu't	H	99th Indiana Inf

44   James A. Garfield Post No. 9.

NAME	RANK	CO	REGIMENT
Billings, Jerome B.	Private	H	90th New York Inf
Butters, Jacob‡	"	H	65th Illinois Inf
Bledsoe, Moulton	"	E	2d Colorado Cav
Brown, Willard C.	Coms S'g't		4th Vt Inf
Branthoover, L L†	Q M S.	A	15th Pa Cav
Berry, Wm‡	Private	H	48th Iowa Inf
Bloss, Josiah	"	H	15th Pa Inf
Bailey, Benj A	Corporal	E	25th Wisconsin Inf
Bigelow, S E.	Landsman		U S Navy
Blake, A S*	Captain	M	2d Indiana Cav
Buck, Wm†	Q M S.	I	1st Colorado Cav
Bull, Elisha	2d Lieu't	B	75th Illinois Inf
Brannan, Patrick	Private	C	142d N Y Inf
Burnham, D D*	1st Lieu't	G	21st Wisconsin Inf
Buck, Robt H*	Captain	K	6th Missouri Inf
Brooks, C A*	As't S'rg'n		10th Minn Inf
Brockway, E A	Private	B	35th Iowa Inf
Beach, H H*	"	D	133d Illinois Inf
Brown, Silas	"	D	1st Maine Art
Brewster, T C*	Corporal		1st Colo Ind Bat
Badger, David W*	Corporal	D	18th Iowa Inf
Bell, Geo H*	Captain	K	2d Ohio H A
Bragg, Hiram	Private	E	1st Colorado Cav
Birdsell, John	"	C	4th Ohio Inf
Burks, Albert S	"	C	25th Wisconsin Inf
Blackburn, J L	"	I	10th Missouri Cav
Breslin, Chas	"	H	5th Pa Cav
Bissell, J B	1st Lieu't	B	15th Conn Inf
Beall, W T	Private	K	154th Ohio Inf
Brownlee, John	Sergeant	C	11th Illinois Inf
Barker, Fen G	Musician		3d Maine Inf
Baker, C P	Private	G	4th Missouri
Buffehr, Jacob	"		7th Kansas
Bowen, Geo M	Corporal	I	7th Wisconsin Inf
Curry, A P*	Colonel		1st W Tenn Inf
Cooper, C S*	Captain	D	2d Illinois Art
Chapin H C‡	Major		4th Vermont Inf
Currier, J F*	Private	G	4th New York Cav
Cowell, D A*	Corporal	C	46th Iowa Inf
Chatfield, I W*	2d Lieu't	E	27th Illinois Inf
Clark, Wm M‡	Captain	E	147th Pa Inf
Cleary, C C	Private	C	53d Ky Mtd Inf
Crook, J J	As't S'g'n		7th Kansas Cav
Connolly, J J*	Private	D	5th U S Cav
Childs, H L*	"	K	12th Michigan Inf
Cook, Geo W	Drummer	D	145th Indiana Inf
Carr, Geo W	Private	G	4th Illinois Cav
Crawford, C	"	R	1st Iowa Cav
Carr, Robt C‡	Corporal	C	12th U S Inf
Corby, W B	1st Lieu't	B	1st N Y Mtd Rif
Cohen, A J*	Captain		A A G
Christian, Wm A†	1st Lieu't	G	104th Pa Inf
Caffrey, Chris	Private	G	1st Vermont Cav
Curran, Daniel†	Major		10th W Va Inf
Couchman, Geo R‡	Private	H	38th Indiana Inf
Callicotte, W R*	Artificer	C	1st Missouri Eng

James A. Garfield Post No. 9. 45

NAME	RANK	CO.	REGIMENT
Childs, Geo D	Private	K	11th Indiana Inf
Casey, John	"	B	98th New York Inf
Coopey, Peter*	"	E	98th New York Inf
Cooke, Alverse	"	G	56th Pa Inf
Capron, A B*	1st Lieu't	K	111th N Y Inf
Cornell, D B*	1st Serg't	G	95th Illinois Inf
Carr, James	Corporal	K	3d Iowa Cav
Coles, C J‡	1st Lieu't	F	40th Iowa Inf
Cunningham, J§	1st Serg't	E	16th New York Cav
Cruggs, Chas	Bugler	C	6th Missouri Cav
Coughlin, B	Musician	C	32d Maine Inf
Coffin, Harb'n	Private	B	2d Wisconsin Inf
Chambers, B D‡	"	B	150th N Y Inf
Calkins, H H	"	B	2d Mass H A
Colahan, F*	Captain	H	122d N Y Inf
Curley, John R	Landsman		U S Navy
Clark, Henry C	Corporal	F	83d Pa Inf
Chaffee, W G	Private	B	18th Michigan Inf
Copeland, M	"	H	11th Kansas Cav
Chapman, John W	"	C	11th Illinois Inf
Callen, Levi L	Sergeant	H	162d N Y Inf
Chapman, J W	"	C	11th Illinois Inf
Crawford, Cornelius	Private	B	1st Iowa Cav
Can, Robt C‡	Corporal	C	12th U S Inf
Cyr, Henry	Private	K	147th Illinois Inf
Dill, R G*	Captain	H	43d U S C T
Dempsey, P H†	Private	C	6th Pa Cav
Duncan, C S‡	Musician	E	33d Missouri Inf
Dickey, F N‡	Private	D	9th Iowa Inf
Davis, E W†	Lieu't Col		121st Pa Inf
Dugan, John F†	Private	E	4th Michigan Inf
Duggan, A W‡	Lieu't Col		1st Michigan Cav
Donnelly, Tho·‡	Corporal		7th New York Bat
Dolles, Francis*	Captain	D	20th Pa Cav
Dyer, Samuel M‡	Private	B	18th Missouri Inf
Dutton, Oscar	Sergeant	B	20th Indiana Inf
Dean, J L‡	Private	E	8th Michigan Inf
Darling, W F*	"	B	1st Ohio Cav
Davis, C C	"	D	44th Iowa Inf
Dunmire, Theo*	"	E	15th Missouri Inf
De Mainville, Frank	Sergeant	A	152d Pa Inf
Dooley, James	Corporal	C	94th Ohio Inf
Davis, Samuel	Private	A	24th Missouri Inf
Dunnington, O*	"	F	34th Iowa Inf
Durley, Ben C	"	E	25th Wisconsin Inf
Davis, Wm A	"	H	11th Missouri Cav
Demming, Wm H	"	C	20th Illinois Inf
Doyle, Phil E	Drummer	F	18th U S Inf
Doyle, Thos E	Private	C	17th U S Inf
Dilks, J W	Musician	G	183d Pa Inf
Duncan, Ben F	Private	M	3d Missouri Cav
Devine, Thos	"	M	1st Conn Cav
Ezekiel, D I*	1st Lieu't		U S A
Evans, Isaac F‡	Captain	A	2d Colorado Cav
Emerson, John L‡	"	C	9th Maine Inf
Ellsworth, H L	2d Lieu't	G	26th Missouri In

JAMES A. GARFIELD POST NO. 9.

NAME	RANK	CO.	REGIMENT
Ellis, A L*	Private	D	33d Iowa Inf
Ervin, J H†	"	D	1st Colorado Cav
Eastman, T A*	"	F	10th Maine Inf
Eldridge, J R	2d Lieu't	M	8th Iowa Cav
Eberle, W H	Private	G	6th Ohio Inf
Ehrman, J W†	"	E	1st Illinois Art
Elliott, H W*	Corporal	F	106th N Y Inf
Frueauff, J F†	Major		153d Pa Inf
Frey, Wm M	Corporal	H	17th Illinois Cav
Flintham, John W*	Sergeant	L	8th Pa Cav
Fritz, J S*	Private	I	40th Iowa Inf
France, Geo W*	Corporal	I	29th Iowa Inf
Ford, Saml M†	Private	D	1st Nebraska Inf
Farquher, John*	"	E	11th Missouri Cav
Fisher, N M	"	D	11th New York Cav
Fellows, T A*	Captain	K	8th Wisconsin Inf
Forman, A M	Private	E	1st Missouri Cav
Fuller, C D*	"	C	7th Wisconsin Inf
Frost, Thos	"	G	16th Mass Inf
Farrell, Wm	Landsman		U S Navy
France, H H	Private	B	65th Illinois Inf
Finch, Richmond	1st Lieu't	I	15th New York Cav
Fair, James E	Private	K	44th Indiana Inf
Farrell, P	"	G	2d Nebraska Cav
Farrell, W H	"	C	140th Illinois Inf
Frain, Wm	"	G	10th U S Inf
Flint, A L	As't S'g'n		8th Missouri
Gardner, W H*	1st Lieu't		30th Mass Inf
Greenfield, Wm A	Private	C	29th Michigan Inf
Goldsmith, M	"	C	2d N J Cav
Gross, Henry D	Corporal	A	6th Michigan Cav
Grindrod, John	Private	K	23d Pa Inf
Gaylord, Henry	Musician	A	151st Indiana Inf
Griffiths, Thos†	Private	I	48th Pa Inf
Gleason, Thos	"	I	2d Colorado Cav
Gutshall, S P	Sergeant	K	9th Pa Cav
Gamble, Thos F†	Seaman		G B Galena
Good, John P‡	Private	D	9th Mass Inf
Green, James H	"	D	1st N J Inf
Grabert, Chas	"	E	158th N Y Inf
Gould, R C†	"	H	22d Maine Inf
Gordon, L	"	A	148th Indiana Inf
Greenlaw, John A	Corporal	K	15th Maine Inf
Gillespie, J H*	Private	I	3d Michigan Cav
Geraghty, M R	Yeoman		U S S Richmond
Goff, Robert	Private	I	128th Indiana Inf
Gaskell, Nelson	Coms S'g't		79th Indiana Inf
Gass, W W	Seaman		U S Navy
Gardner, Thos	Private	D	1st Virginia Inf
Hewitt, H H*	2d Lieu't	I	3d Colorado Cav
Harrica, John†	Private	H	1st N Y Eng
Hight, J W*	Sergeant	C	11th Illinois Cav
Hall, Saml K*	1st Lieu't		7th Missouri Cav
Hardesty, W B M	Corporal	H	7th Maryland Inf
Huston, J H	Sergeant	C	20th Illinois Inf
Harlan, Geo W†	1st Lieu't	C	4th Iowa Inf

James A. Garfield Post No. 9. 47

NAME	RANK	CO.	REGIMENT
Hornsinger, W P‡	1st Serg't	C	7th Michigan Cav
Ham, J H	2d Lieu't	A	1st Wisconsin Inf
Harker, O H	Private	B	3d Colorado Cav
Helm, Asher‡	"	K	4th Iowa Inf
Hart, Chas H‡	Corporal	I	11th Indiana Inf
Hayes, James,†	Sergeant	E	5th New York Cav
Huntley, H‡	Private	A	27th Ohio Inf
Hammer, E C†	Sergeant	H	1st Mass Cav
Hartery, Alfred*	Private	B	39th Illinois Inf
Henry, C J*	A 3d A Eng		U S Navy
Haworth, W O*	Private	K	1st Iowa Cav
Hannon, James‡	2d Lieu't	G	104th U S C T
Haughey, F M‡	Sergeant	C	1st Bat M M Cav
Haynor, Wm E†	Private	G	11th Michigan Inf
Hensley, Jas P	"	F	16th Illinois Inf
Hutchinson, W A‡	"	G	88th Illinois Inf
Houps, Michael*	Sergeant	E	21st Iowa Inf
Hill, A J†	Private	I	3d Colorado Cav
Hanna, S J	Captain	H	138th Illinois Inf
Hodges, J L*	"	K	3d Minnesota Inf
Hewitt, Geo M, Jr‡	Private	G	169th N Y Inf
Hayhurst, Ed E	Landsman		U S Navy
Harrington, I B	Private	B	4th Maine Coast G
Hawthorn, F H	Sergeant	K	1st Vermont Cav
Hoover, Jas F†	1st Lieu't	C	192d Pa Inf
Hopkins, D L	Private	I	65th Indiana Inf
Helm, James*	"	G	7th Kansas Cav
Hendricks, F	"	C	126th Ohio Inf
Holdren, Geo	"	K	84th Indiana Inf
Hunternor, E	"	B	4th U S Art
Harrover, J T	Corporal	C	28th Illinois Inf
Hogue, G H	Private	C	152d Illinois Inf
Hook, Wm	"	H	193d Pa Inf
Hogue, Geo H	"	K	139th Illinois Inf
Hutton, L H R†	"	A	8th Iowa Cav
Harker, Geo B	"	G	25th Michigan Inf
Harrington, H C*	"	B	1st Colorado Cav
Irwin, Jere†	Master		U S Navy
Jay, B F*	Private	A	45th Iowa Inf
Jones, Josiah*	Sergeant	F	1st Ohio L A
Jacque, J W†	Captain	E	9th Indiana Cav
Johns, S P	Private	B	147th Pa Inf
Johnston, Robt A‡	Corporal	D	154th New York Inf
Johnson, Jacob H‡	Private	A	2d N Y Mt Rif
Jenkins, Thos‡	"	H	1st Pa Cav
Johnson, H B	Captain		1st Missouri Bat
Johnson, David	Corporal	H	1st Michigan Eng
Johnson, H T‡	Sergeant	G	5th Minnesota Inf
Jamison, Wm§	Corporal	C	17th New York Inf
Jones, David D*	Sergeant	A	17th U S Inf
Jordon, John†	Captain	G	78th Pa Inf
Jones, P T	Corporal	K	9th Iowa Cav
James, Joseph	Seaman		U S S Constellation
James, John†	Private	H	13th Iowa Inf
Jones, Edwin	"	A	10th New York Vet
James, A F	"	A	16th Indiana Inf

48   James A. Garfield Post No. 9.

NAME	RANK	CO.	REGIMENT
Kavanagh, W F	1st Serg't	H	30th Mass Inf
Kavanagh, A J	2d Lieu't	B	11th Mass Inf
Keily, H P‡	Drummer	K	10th New York Inf
Kelley, J G*	Captain	C	1st Nevada Inf
Kaskell, J W*	Private	D	1st Iowa Cav
Keefe, Timothy†	"	L	1st Vermont Cav
Kellogg, A H	"	C	10th Iowa Inf
Kelsay, Jas S*	"	L	2d Colorado Cav
Kluter, Ernest*	"	I	35th Mass Inf
Kennedy, Wm R	"	F	122d Pa Inf
Kissler, D S	"	I	149th Pa Inf
Kendrick, Jos	Sergeant	G	33d Illinois Inf
Kauffman, J H	Private	C	64th Ohio Inf
Klippel, Geo	Saddler		3d Colorado Cav
Kaufman, J H	Private	G	180th Ohio Inf
Keith, John G	"	H	39th Missouri Inf
King, John†	"	C	97th New York Inf
Kinphausen, F E	"	D	112th N Y Inf
Libby, Chas M*	Captain	D	127th Illinois Inf
Limbarger, A T*	Private	H	11th Illinois Cav
Ledford, Wm L‡	"	B	18th Indiana Inf
Lonergan, Oliver†	Sergeant	D	118th N Y Inf
Lichtenberger, E L‡	Private	B	142d Illinois Inf
Lovell, Wm H†	"	D	1st Michigan L A
Lyons, Thos P*	"	K	1st New York Cav
Lawrence, G S	Musician	I	10th Indiana Inf
Leary, Michael	Private	A	7th Vermont Inf
Leeman, C E	"	E	11th Kansas Mil
Lamping, Jos A	"	I	92d New York Inf
Lewis, John D*	"	A	7th Iowa Inf
Lloyd, Geo A	"	I	1st California Inf
Lancaster, G W	Corporal	B	46th Iowa Inf
Lister, Geo W	Private	C	50th Illinois Inf
Moulton, G H§	1st Lieu't	M	1st Michigan L A
Mater, F C	Private	I	3d Colorado Cav
Miller, F R	Lieu't Col.		144th Ohio Inf
Mackey, T J*	Private	E	42d Mass Inf
Moynahan, Jas*	Captain	G	27th Michigan Inf
Merrill, S S*	1st Lieut	A	1st U S Vet Eng
Moore, L F*	Private	C	9th New York Inf
Mulock, W W‡	"	D	95th Illinois Inf
Moses, W E*	Corporal	E	119th Illinois Inf
Moriarty, B	Private	D	17th Kansas Inf
May, Samuel F‡	"	C	147th Pa Inf
Milsom, Thos G†	"	I	102d Illinois Inf
Messinger, E D*	1st Lieu't	H	35th New York Inf
Marsh, Henry‡	Com Serg't		14th New York Cav
Mundis, W B*	Private	B	2d Missouri Art
Muir, John W*	"	F	2d Indiana Mt Inf
Merrill, John A‡	Corporal	E	108th Illinois Inf
Mullen, N J	Private	D	1st Illinois Art
Miller, A N‡	"	D	33d Indiana Inf
Mann, L W†	"	D	1st California Inf
Matthias, Francis*	"	C	107th N Y Inf
Monce, Geo	"	C	175th Ohio Inf
More, Jas W	"	C	7th Wisconsin Inf

HENRY E. WOOD,
Assayer,

(Established 1878)

1744 Arapahoe Street,

Telephone 1087.   DENVER, COLORADO.

PRICES—Specimen Assays.

Gold, crucible assays....$ 1.00	Lead ....$ 1.00
Silver................... 1.00	Copper............... 1.00

Any two of the above........$1.50

Control Assays,

Silver................$ 1.50	Lead ....$ 1.50
Gold and Silver......... 2.00	Copper............... 1.00

Gold, Silver and Lead or Copper........$ 3.00

Umpire Assays.

Gold.................$ 3.00	Silver.................$ 3.00
Silver and Gold......... 5.00	Lead 2.00

Copper........$ 1.50

☞ Extra work done on all Umpire samples. ☜

Bullion Assays.
Same as Control Assays.

Chemical Determinations.

Iron, $2.50;   Silica, $2.50;   Manganese, $2.00;   All three, $6.00
Zink, $3.00;   Lime, $3.00;   Sulphur, $3.00.

☞ Prices for other Chemical work furnished on application. ☜

Retorting Amalgam..$ 2.00
Melting Gold Bars... 1.00
Determining fineness of Gold 1.00
Amalgamation assays, giving the percentage of free gold.... 5.00
Crushing and sampling 50 to 100 ℔s. for "Mill Runs,"....... 1.00

Will purchase placer gold, gold bars, old jewelry, etc., at $20 per oz., less assaying charges.   Will receive shipments of Ore, and attend to Sampling, Assaying and Smelter settlements.

A LIBERAL DISCOUNT ON ALL BILLS ABOVE $10.00.

☞ Sample Sacks will be given FREE for sending ore by Mail. Number Samples plainly, giving address of sender.
Postage Rates for ore, 1 cent per oz.

MINES EXAMINED AND REPORTS MADE.

"Old Boys"

SPEAK A GOOD WORD FOR THE

OLD RELIABLE

Fidelity Building and Loan

Association,

WHERE so many of the "OLD BOYS" deposit their savings, and where so many thousands have been paid out since the "War of Panics."

Everybody Is In It.

For complete information, Address:

E. H. WEBB,
Secretary,

Ernest & Cranmer Building,

DENVER, COLORADO.

James A. Garfield Post No. 9.

NAME	RANK	CO.	REGIMENT
Miller, Edw C*	Private	I	11th R I Inf
Murphy, P G	Corporal	E	144th N Y Inf
Miller, F C	Private	G	1st U S Art
Moe, Thos	"	D	20th Michigan Inf
Morrow, Wm†	"	I	3d Kansas Mil
Mulvaney, Thos*	"	H	12th New York Inf
Murdock, J W†	Sergeant	B	100th Pa Inf
More, Jas W	Corporal	E	78th Ohio Inf
Marling, G W	Private	H	33d Indiana Inf
Makin, Geo B	Ensign		U S Navy
McCollum, D	Private	I	2d Michigan Inf
McLeod, R S	Engineer		Charlestown N Y'd
McLister, Frank	Corporal	H	195th Ohio Inf
McDowell, Jno C‡	Private	C	22d Wisconsin Inf
McDonald, Robt	Sergeant	D	8th Pa Cav
McCune, D C†	"	A	7th Pa Inf
McFadden, S S†	1st Lieu't		8th Tennesse Inf
McQuaid, Wm‡	Private	K	New York Eng
McNally, Chas†	Fireman		Philadelphia N Y'd
McNicholas, P‡	Private	B	15th Illinois Inf
McCombe, D P	"	E	23d Ohio Inf
McCarthy, Dennis‡	"	K	8th N H Inf
McGraw, H D	"	B	1st Colorado Cav
McIntosh, John‡	"	C	36th Iowa Inf
McNicholas, Thos	Sergeant	C	4th New York H A
McCarty, Edw J	Private	C	11th New York Cav
McDonald, Robt†	1st Lieu't	K	1st Colorado Cav
McDowell, N B	Captain	M	8th Missouri Cav
McDonald, Geo	Sergeant	D	29th Maine Inf
Manney, Jno			U S Navy
Murray, Jno	Musician		9th Mass Inf
Murphy, Richard	Seaman		U S Navy
Morehouse, J C	Private	F	3d New York Inf
Mierendorf, C M	"	E	94th Illinois Inf
Moody, Robt A	"	B	19th Maine Inf
McHenry, Hiram	2d Lieu't	B	60th Illinois Inf
Miller, David	Private	K	45th Pa Inf
McGee, Jas E	Corporal	E	10th Wisconsin Inf
McLaughlin, W T	Private	D	20th Iowa Inf
McQuade, Jas	"	D	3d Mass H A
Malpus, W L	"	A	102d Mass Inf
Noyes, Geo‡	Private	G	6th Mass Inf
Newman, Geo S	1st Lieu't	F	17th Michigan Inf
Neibuhr, F G†	"	C	1st Mass H A
Naulty, Ed S‡	Private	L	20th Pa Cav
Newman, S D†	"	H	8th California Inf
Nulty, P	"	E	2d New York Inf
Nicholson, P	"	G	14th Michigan Inf
Nelson, John	Corporal		5th Wisconsin Bat
Officer, W W	Corporal	B	1st Pa L A
Obey, Oliver C‡	2d Lieu't	I	6th Ohio Inf
Osgood, S R*	Sergeant	C	47th Iowa Inf
O'Mara, Frank†	1st Lieu't	B	7th Missouri Inf
Owen, H S*	Sergeant	C	15th Maine Inf
Otterbach, W H*	Landsman		U S S Chenovys
O'Laughlin, M	Private	A	13th Vermont Inf

JAMES A. GARFIELD POST No. 9.

NAME	RANK	CO.	REGIMENT
O'Grady, Edw†	Private	I	7th Conn Inf
O'Neil, Robert	"	B	7th Mass Inf
Oakley, Solomon	Captain	C	109th Vol Inf
Osterlow, Henry	Private	K	1st Missouri S M
Pritchard, J L‡	Major		2d Colorado Cav
Pratt, C E	Private	F	48th Wisconsin Inf
Paddock, M L‡	1st Lieu't		1st Ohio L A
Pierce, L L*	Private		Vet Res Corps
Perley, I R	Sergeant	B	1st Vermont Cav
Powell, G N	1st Lieu't	G	27th Missouri Inf
Pestana, J M	Sergeant	G	8th Illino's Cav
Parker, B B†	Private	L	14th New York Cav
Pogue, Frank M	"	I	96th Illinois Inf
Phelps, Geo S	Corporal	F	135th Illinois Inf
Park, L E	Private	L	112th Pa Inf
Pollock, Alex	Corporal	F	10th Wisconsin Inf
Parr, John†	Private	H	2d New York Cav
Patten, B S†	1st Lieu't	A	54th Illinois Inf
Packark, Wm Nelson	Private	C	11th Wisconsin Inf
Pittner, Jacob	"	A	8th Illinois Inf
Quigley, Peter J	Scout		U S Army
Quackenbush, G W‡	2d Lieu't	G	121st N Y Inf
Robertson, N N	Private	G	9th Maine Inf
Rand, James M†	"	H	3d Iowa Cav
Roberts, John H	"	B	17th Ohio Bat
Rains, James†	"	B	5th Tennessee Inf
Rice, David C	"	E	1st Colorado Cav
Rose, Wm H*	Sergeant	B	116th N Y Inf
Roberts, Jas M‡	Private	D	33d Iowa Inf
Rollins, N	Captain	H	2d Wisconsin Inf
Rische, August*	Sergeant	G	12th Missouri Inf
Roberti, Nick‡	Private	H	11th Kansas Cav
Riland, James M†	"	H	16th Iowa Inf
Rawson, Preston	"	H	22d Indiana Inf
Riley, J W‡	"	B	24th New York Inf
Rule, Frank A	"	B	96th New York Inf
Richardson, H F*	1st Lieu't	B	108th N Y Inf
Rohrer, John	Private	B	Vet Res Corps
Robinson, C C†	"	I	186th N Y Inf
Rees, Asa L	"	K	1st Ohio Cav
Roe, Henry†	1st Lieu't		Chicago Mer Bat
Roberts, Thos L	Private	C	12th Wisconsin Inf
Rood, Burrel†	1st Serg't	I	10th Missouri Inf
Rich, Wm H	Private	B	75th New York Cav
Roberts, Edward	"	F	22d Wisconsin Inf
Rowland, Shannon	Corporal		6th Ohio Bat
Reed, Thos	"	B	6th Iowa Cav
Simmons, P A*	Captain	K	52d U S Col'd Inf
Salisbury, E L	Private	I	7th New York Inf
Smith, M B‡	"	H	10th Illinois Cav
Sayer, Daniel*	Lieu't Col		5th Ohio Cav
Stearns, S H†	Bugler	I	21st New York Cav
Stevens, Geo W*	Private	B	1st Minnesota Art
Sterling, A J	Colonel		174th Ohio Inf
Simons, O H	Major		6th Ohio Cav
Swift, Wm T†	Sergeant	I	6th Ohio Inf

James A. Garfield Post No. 9.

NAME	RANK	CO.	REGIMENT
Sandell, Ed C.	Sergeant	C	11th New York Inf
Snider, Owen‡	Private	A	2d Colorado Cav
Smith, John J‡	2d Lieu't	H	7th Ohio Cav
Sweeney, T J*	Private	F	27th Missouri Inf
Smith, H C‡	"	B	4th Iowa Cav
Stuart, J F‡	"	L	9th Tennessee Inf
Shanks, W W§	"	B	62d Illinois Inf
Silver, S D‡	Corporal	G	12th Indiana Inf
Schoenfeldt, O W‡	Private	L	3d Wisconsin Cav
Stanley, R H§	"	G	19th Illinois Inf
Southerland, H‡	"	I	17th Illinois Inf
Stevens, Geo W§	Sergeant	D	9th Kansas Cav
Smith, W F‡	Private	I	78th Illinois Inf
Stephens, J N‡	2d Lieu't	L	2d Michigan Cav
Steele, A B*	1st Serg't	A	37th Illinois Inf
Searle, A D	Adj't		9th Kansas Cav
Seton, E A‡	Private	D	2d Michigan Inf
Shaw, W H H†	"	K	3d Pa R Inf
Sanders, J F	"	B	11th Indiana Inf
Smith, Jas D*	Corporal	D	15th Indiana Inf
Smith, E W	Sergeant	A	9th Kansas Cav
Stone, Chas B*	Lieu't	B	1st Vermont Cav
Strader, Paul*	Corporal	G	13th Wisconsin Inf
Stevison, V V‡	Private	D	70th Illinois Inf
Sheridan, John*	"	B	6th New York Cav
Steacy, Wm†	"	D	75th Illinois Inf
Swartz, C W‡	Musician		28th Pa Inf
Scott, Walter M*	Corporal	K	13th Wisconsin Inf
Smith, G H†	Private	B	6th N H Inf
Stid, E	Wagonm'r		21st Wisconsin Inf
Stitler, David*	Private	B	31st Iowa Inf
Stiga, Wm*	"	G	65th Illinois Inf
Stevenson, J M	"	E	139th Pa Inf
Stearns, S D	2d Lieu't	K	185th Ohio Inf
Strout, Almon	Private	H	15th Maine Inf
Sharp, Geo	"	A	155th Pa Inf
Stiffler, Henry	Corporal	D	2d Indiana Cav
Schultz, Julius	Private	D	148th N Y Inf
Skillman, J H	Corporal	G	25th Conn Inf
Scott, Morton	2d Lieu't	B	3d Kentucky Inf
Shipler, J H	Private	K	5th Pa Cav
Smith, S L	Q M	G	9th New York Art
Smith, A A	As't Surg'n		1st Colorado Cav
Steel, Stephen	Private		1st Berdan's S S
Staley, John A†	Captain	F	3d Tennessee H A
Sancomb, Barney	Private	I	1st New York Inf
Stadard, L B	"	G	6th Vermont Inf
Snyder, L N	"	D	26th Illinois Inf
Smith, Jos B	"	C	5th New York Art
Swan, H L	Sergeant	F	15th Missouri Inf
Timmons, John†	Private	G	16th New York Inf
Turpin, Martin	"	B	35th Iowa Inf
Thomas, W C	1st Serg't	D	51st Ohio Inf
Tessy, Chas H	Sergeant	D	14th New York Inf
Telfer, Robert	Private	K	2d N H Inf
Twiss, Chas C*	Sergeant	H	10th N H Inf

52   James A. Garfield Post No. 9.

NAME	RANK	CO.	REGIMENT
Thomas, John D.......	Capt Hold	......	...........U S S Sabine
Thallman, Geo.........	Corporal...	B	.....20th New York Inf
Tyler, E S.............	Private....	M	............3d R I Cav
Taff, Abraham.........	"	B	.......17th Illinois Inf
Telfer, Jas............	"	A	......1st Vet Res Corps
Uthoff, Fred G*........	Bugler.....	E	.......1st Missouri Cav
Vaughn, Chas.........	Private....	E	......6th New York Art
Worrell, Geo†.........	"	C	............54th Pa Inf
Ward, J F*............	Captain....	B	....14th New York Inf
Weston, Josiah*.......	Sergeant...	F	........8th Kansas Inf
Warren, John W*.....	Captain...	E	.......89th Illinois Inf
Winnie, Peter C‡......	Private....	H	.....1st Illinois Cav
Wright, James*........	"	G	............50th Pa Inf
Wolz, Adam*..........	"	A	.........43d Illinois Inf
Ward, Wm S...........	M't'rs M'te	......	...........U S Navy
Wyman, C E†..........	Private....	A	.... 40th Mass Inf
Whitehill, J C.........	Surgeon...	......	...............U S V
Williford, Geo W*.....	Private....	F	........66th Illinois Inf
Wilson, James W......	"	E	...... .9th Kansas Cav
Watson, W M*........	"	H	...........100th Pa Inf
Worcester, Leonard...	B'nd M'st'r	......	.............U S Navy
Wingard, A H*.........	Private....	G	.............82d Pa Inf
Wilson, W L...........	Corporal...	G	....12th New York Cav
Walker, Henry.........	Private....	B	........45th Illinois Inf
Waite, Clark..........	"	D	.......127th Illinois Inf
Wood, Cyrus L	"	D	........25th Illinois Inf
Wallace, Wm...........	"	C	....1st New York Rifles
Webster, C M.........	"	L	........2d Colorado Cav
Williams, S S.........	"	L	..........5th Ohio Cav
Waltemeyer, E L......	" ...	D	.........1st Maryland H A
Wheeler, Alpheus§....	"	F	..........17th W Va Inf
Whisler, John*........	"	H	..........49th Ohio Inf
Ware, Wm W*........	"	K	..........5th Ohio Inf
Walker, Wm*.,.......	Corporal...	G	........31st Iowa Inf
Wendland, Robert†....	Sergeant..	K	.........28th Ohio Inf
White, Wm H.........	Private....	A	.......154th Illinois Inf
Warfield, B F..........	1st Lieu't.	B	.......55th Indiana Inf
Weston, A S..........	Private....	I	.......3d Colorado Cav
Willis, Chas L.........	Private....	......	...........25th Ohio Bat
Youngson, Wm*.......	Lieu't.....	C	.........93d Illinois Inf
Young, James*......	Private....	B	.........100th Pa Inf
Zornes, J N‡...........	Sergeant..	I	..........7th Iowa Inf

GREENWOOD POST No. 10.
Canon City, Colorado.

Meetings, 1st and 3d Thursdays in each month, at 7:30 p. m.

PAST POST COMMANDERS

NAME	YEAR	NAME	YEAR
E H Sawyer	1882–83	Jas M Bradbury	1889
J E Brown	1884	H J Baughman	1890
J L Hyde	1885	J L Prentiss	1891
Jacob Heart	1886	B F Rockafellow	1892
J S Logan	1887	W S Dunbar	1893
M S Adams	1888	L D Elliott	1894

OFFICERS FOR 1895

Commander................................Jas M Bradbury
Sr. V -Commander....................Chas E McRay
Jr. V.-Commander.....................Henry Young
Surgeon..A P Rogers
Chaplain......................................D G Scott
Quartermaster............................W B Felton
Officer of the Day......................H J Baughman
Officer of the Guard................George Gregory
Adjutant.......................................H G Wetherel
Sergeant Major..........................E Denoon
Quartermaster Sergeant.........Chas Helm
C. of A...J M Bradbury

MEMBERS

NAME	RANK	CO.	REGIMENT
Ash, L‡	Private		5th Corps
Ashby, Bladen	"	I	25th Missouri Inf
Amy, Sanford M§	Corporal	H	10th Iowa Inf
Adams, M S*	Captain		Com of Sub
Abbott, C D§	Private	B	107th Illinois Inf
Adams, T F	Sergeant	B	1st Tennessee Art
Andrews, Geo B‡	Private	H	44th Illinois Inf
Ashby, J T†	"	D	Kansas
Agard, W R§	1st Corp'l	H	2d Missouri S M
Agard, A G‡	Private	H	2d Missouri Cav
Blake, H T§	"	F	6th Ohio Inf
Baldwin, Sam'l R‡	"	H	6th Mo S M Cav
Baker, Richard D†	"		13th Battery
Baughman, Henry J	"	C	10th Illinois Inf
Brown, Josiah E	"	C	8th Vermont Inf
Bailey, D K§	"	F	1st Colorado Cav
Bengley, Frank H	"	A	2d Colored Cav
Boepple, John George§	"	F	10th Ohio Inf

NAME	RANK	CO.	REGIMENT
Butler, Michael‡	Private	B	5th Iowa Inf
Bentley, Saml A§	"	B	1st Conn Cav
Belt, Samuel*	"	A	2d Missouri Cav
Bradbury, Jas M	"	K	2d Illinois Cav
Bailey, Abel S	1st Serg't	G	117th N Y Inf
Bowlby, J S‡	Private	C	42d Ohio Inf
Bozarth, S S*	"	H	11th Iowa
Bouchet, Alfred	Seaman		Gunboat Connecticut
Berlin, J W†	Private	I	55th Illinois Inf
Cornue, Daniel†			
Chamberlin, N A*	Musician	G	13th Indiana Inf
Coffman, L U			
Cline, J J‡	Corporal		54th Illinois
Chetwin, Ephriam*	Private	C	37th Iowa
Conine, Albert A*	Wagoner	K	26th Iowa
Campbell, T J‡	Captain	A	118th Illinois Inf
Cox, Wm P	Private	A	2d Colorado Cav
Cooper, J W‡	"	B	4th Missouri Cav
Clucas, Joseph‡	"	E	2d Illinois Cav
Clapp, Seth A	"	K	7th Conn Inf
Cyphers, Peter‡	"	F	1st Nebraska Inf
Clift, Zeno	"	C	12th Illinois Inf
Dunbar, Walter	"	K	16th Maine Inf
Duncan, Michial‡	"	A	46th Indiana Inf
Dennison, W Mil*	Major		Staff of Gen McClellan
Davis, John E‡	Corporal	B	136th Pa Inf
Dobson, J V‡	Private	H	3d Illinois Cav
Denoon, Emanuel	"	I	25th Ohio V I
Dawson, Wm H	Corporal	A	E M M
Downer, E H†	Private	K	14th Iowa Inf
Elliott, L D	Corporal	D	180th Ohio Inf
Earle, George A†	Private	I	7th Ohio Inf
Ellsworth, Henry†	"	H	1st Missouri Inf
Eighmy, Jas J*	"	H	52d Illinois
Elmer, P‡	"	I	37th Illinois Inf
Edwards, Joseph*	"	D	
Estep†	"	D	1st Missouri Cav
Ferrier, S T‡	"	E	9th Indiana Inf
Folsome, James*	"		2d California Inf
Felch, M P‡	"	H	4th Vermont
Felton, W B	"	B	1st Colorado
Few, Wm E‡	Sergeant	K	8th New York Cav
Gregory, Geo	Private	G	16th Kansas Cav
Griffith, W R‡	"	K	Battery U S Art
Gillett, G M	"	M	2d California Cav
Godfrey, Wm R	"	C	154th New York
Green, Wm G*	"	D	2d Pa Inf
Gardner, R B	"	C	141st Illinois Inf
Hammer, A T			
Hayes, Phillip	Private	E	2d Colorado Cav
Hyde, J L	"	F	13th Illinois Cav
Hanna, David	"	G	129th Pa Inf
Hahnenkratt, F D*	"	F	29th Iowa Inf
Heart, Jabob‡	1st Lieu't	K	4th Iowa Cav
Hanks, J M	Private		137th Illinois Inf
Hodges, W H‡	"	A	2d Colorado Cav

Greenwood Post No. 10. 55

NAME	RANK	CO.	REGIMENT
Helm, Charles..........	Private....	I	...............10th Iowa
Hoyt, N F*.............	" ...	F	......23d New York Inf
Higgins, A P†..........	" ...	H	......120th Indiana Inf
Harrington, B F§.......	" ...	F	..........19th Michigan
Hammer, A T‡..........	" ...	G	...........7th Iowa Cav
Hardy, J S‡............	" ...	H	.........7th W Va Cav
Hundt, August.........	" ...	M	......3d California Cav
Hendrickson, G B‡.....	" ...	I	................5th Ohio
Hovey, Harry‡..........	Corporal..	A	.....8th California Inf
Isett, T B‡.............	Private....	E	..............61st Pa Inf
Johnson, R A‡.........	" ...	C	......156th Indiana Inf
Johnson, D B‡.........	1st Serg't..	C	.............37th Iowa
Jennings, John‡........	Private....	E	..... 2d Colorado Cav
Johnson, A P‡..........	" ...	C	...........72d Ohio Inf
Johnson, C M‡.........	" ...	G	..... 2d Colorado Cav
Kirkham, S W‡........	" ...	D	......12th Kansas Inf
Kluter, Ernest.........	" ...	I	......35th U S Inf
Kyle, Edward*.........	" ...	E	..... 2d Colorado Cav
Keith, Florenze‡.......	" ...	E	..........2d Illinois Art
Logan, John S.........	Sergeant..	H	.............Kansas Vol
Lawrence, A B*........	Corporal..	D	......— Pennsylvania
Leftwick, C B*.........	Private -...	I	...........7th Iowa Cav
Lamarche, P A‡.......	" ...	H	.........29th Maine Inf
Lucas, Ira‡.............	" ...	H	..........2d Ohio Inf
Leland, Theodore‡.....	Sergeant..	C	... .3d Illinois Cav
Manchister, Thos C‡...	Corporal..	G	............7th Illinois
McAndrews, W J‡.....	Private....	C	..........23d Mass Inf
McNut, R J‡...........	" ...	H	............5th California
McKillip, I C*..........	" ...	K	.............53d Pa Inf
McIntire, J W*........	Sergeant..	C	.....16th Pennsylvania
McRay, Chas E........	Private....	A	...... 1st Colorado Cav
Morris, Geo H†........	" ...	G	........57th Illinois Inf
Murphy, D E‡.........	Sergeant..	G	..........Missouri Cav.
Morgan, P J...........	" .	K	....9th New York H A
Miller, W F‡...........	Private....	A	............1st Mo S M
Mow, John O..........	" ...	F	........87th Indiana Inf
Nutting, N V‡.........	" ...	E	....9th New York Cav
O'Neal, Ezra H‡.......	Sergeant..	F	.........7th Ohio Inf
Prescott, Thos.........	Corporal...	M	.........1st N M Cav
Phelps, J J.............			
Penniwait, J W‡.......	Private....	H	...........44th Ohio Inf
Patten, John W........	Lieu't.....	B	........85th Illinois Inf
Potter, Philip..........	2d Lieu't..	H	......134th Illinois Inf
Pero, Joseph‡..........	Private....	E	......140th Illinois Inf
Post, John H..........	" ...	A	......12th Michigan Inf
Prentiss, J L‡.........	Surgeon...		.... 34th New York Bat
Peabody, Jessie†.......	Captain...	F	..........2d Louisiana
Peabody, D G*.........	Private....		............Colo H G
Rockafellow, B F......	Captain...	D	.....7th Michigan Cav
Rogers, W P†..........	Corporal...	D	........45th Illinois Inf
Rogers, A P...........	Private....		
Rickard, Chas C.......	Corporal..	E	......1st Colorado Cav
Robinson, Thos‡......	Sergeant..	D	......1st Colorado Cav
Ryerson, N W†........	Private....	E	..... 44th Missouri Inf
Ross, W D§............	" ...	A	....
Smock, Newton‡.......	Lieu't.....	E	.........12th Kentucky

56 GREENWOOD POST NO, 10.

NAME	RANK	CO.	REGIMENT
Sayles, Pardon*........	Private....	E	.........3d Iowa Cav
Sullivan, John T†.....	Sergeant..		.........1nd Battery
Sawyer, E H§.........	Corporal...	G	......8th Michigan Inf
Storm, John R‡.........			
Sartor, Henry‡........			
Stotts, B B‡............	Private....		......Light Artillery
Scott, D G............	"	I	...15th New York Eng
Shultz, Henry‡........	"	D	......93d New York Inf
Silsby, Henry A†......	Lieu't.....	H	........2d Missouri Cav
Stukey, Wm E‡........	Private....	I	.........27th Ohio Inf
Stonebreaker, J W.....	"	K	.........5th W Va
Sweeney, D‡............	Sergeant..	G	......3d New York Inf
Self, I B*.............	Private....	I	.........4th Tennessee
Stillwell, Geo H.......	"	H	......1st Colorado Cav
Thompson, W H*.......	"	H	.........3d Michigan Inf
Thompson, W H*.......	"	I	.........36th Iowa Inf
Thurston, Isaac‡.......	"	A	.............5th Ohio
Thornton, Thos‡.......	"	C	.........57th Pa Inf
Thomas, Joel H........	"	E	......41st Missouri Inf
Thuresbacher, C*......	"	K	......51st Missouri Inf
Webster, C R*.........	"	B	.........1st N J Art
Walters, Albert.......	2d Lieu't..	I	......1st Colorado Cav
Waterhouse, M B‡.....	Private....	H	..... 1st Wisconsin Cav
Warren, Geo W‡.......	"	B	......20th Indiana Inf
Winter, L A§..........	Corporal..	M	......16th Illinois Cav
West, H C‡...........	Private....	A	......42d Wisconsin Inf
Willey, Henry A*......	"	H	.............46th Iowa
Weston, Walter‡.......	"	K	...... 2d Colorado Cav
Weston, Eugene‡.......	"	G	...... 3d Colorado Cav
Woodford, J F‡........	"	L	......6th Missouri Cav
Wetherel, H G.........	"	B	....96th New York Inf
Wallace, Wm†.........	"	D	.... 3d Pa Inf
Wallen, Newton H‡....			
Young, E D*...........	Private....	A	.............1st Mo S M
Young, Henry C.......	"	A	.............1st Mo S M

THORBET POST No. 11.
Poncha Springs, Colorado.

PAST POST COMMANDERS.

NAME	YEAR	NAME	YEAR
W P Altman	1882	G A Haynes	1889
J H Stead	1883	A Garrison	1890
W P Altman	1884	T J Wilson	1891
W D White	1885	Bradford Hale	1892
Alex Hogue	1886	H C Donnell	1893
W F Owens	1887	H C Donnell	1894
W H Champ	1888		

MEMBERS.

NAME	RANK	CO.	REGIMENT
Boon, H C	Corporal	G	16th Ohio Inf
Boone, G H	Private	A	1st Kansas Art
Blanchard, Chas	"	A	17th New York Inf
Champ, W H	"	H	10th Illinois Inf
Donnell, H C	"	K	6th Indiana Inf
Dean, J H	Sergeant	B	36th Ohio Inf
Eastman, A L	Private	B	10th Michigan Inf
Garrison, A	Sergeant	C	6th Maryland Inf
Haynes, Geo A	Lieu't	A	29th Iowa Inf
Hogue, Alex	Private	G	16th Ohio Inf
Hale, Daniel W	"	D	43d Indiana Inf
Howard, W H	"	F	45th Iowa Inf
Owens, W F	Sergeant	C	7th Maine Cav
Orton, Elias	Private	B	50th Illinois Inf
Price, D F	Corporal	B	54th Ohio Inf
Stead, J H	1st Lieu't	B	45th Ohio Inf
Van Allen, Geo T	Sergeant	E	2d Missouri Cav
White, Wm J	Private	L	7th Illinois Cav
Wilson, T T	1st Lieu't		100th Illinois Inf
Wheelock, Albert	Private	E	45th Illinois Inf

SEDGWICK POST No. 12.
Durango, Colorado.

Meetings, 2d and 4th Thursdays, at 8 p. m.

PAST POST COMMANDERS

NAME	YEAR	NAME	YEAR
J J Hefferman.........	1882	John Shields..........	1889
Willard S Hickox.....	1883-4	W C Davidson	1892
W C Davidson.........	1885-6	M H Copeland........	1893
J C Sullivan.	1887	S S Knapp....	1894
J C Pritchard..........	1888		

OFFICERS FOR 1895

Commander..S M Biggs
Sr. V -Commander.....................T C Graden
Jr. V.-Commander...................Samuel West
Surgeon..............................Wm S Morris
Chaplain.............................Isaac Cherry
Quartermaster........................E H Capron
Officer of the Day..............Stillman Sessions
Officer of the Guard................Peter Ward
Adjutant..........................Wm E Milton
Sergeant Major.....................Sylvester Bish
Quartermaster Sergeant.........W T Kirkpatrick

MEMBERS

NAME	RANK	CO.	REGIMENT
Airy, Joseph P.........	2d Lieu't..	A	..........32d Iowa Inf
Boyer, W W†.........	Captain ...	G	....15th New York Cav
Bolwell, Frank	Musician..	C	......73d New York Inf
Bristch, Chas.........	Private	A	......5th W Va Cav
Bennett, W A.........	Captain ...	C	..........3d Minnesota
Beem, S C.............	Private	K	..........30th Iowa Inf
Bird, C................	"	A	..........16th Iowa Inf
Blade, John...........	"	H	.............2d U S Cav
Bowman, T E..........	"	G	.....1st Wisconsin H A
Brawner, George F....	"	H	....25th Wisconsin Inf
Buchanan, Albert......	Corporal...	L	.......6th Kansas Cav
Brown, J W...........	Private	K	.......3d Colorado Inf
Biggs, S M............	Sergeant...		............Signal Corps
Bailly, Daniel B......	1st Lieu't .	I	...........2d Minnesota
Bish, Sylvester........	Private	B	...26th Indiana Inf
Cotton, D D...........	"	A	..........42d Ohio Inf
Creek, C L†...........	"	L	..........44th Illinois Inf
Cortis, Jewett.........	Musician..	K	..........140th N Y Inf
Crocker, Michael	Private	C	....Merrill's Horse
Chitwood, W T	1st Lieu't..	G	......8th Missouri Cav

SEDGWICK POST NO. 12.

NAME	RANK	CO.	REGIMENT
Cook, Frederick M.	Corporal	I	28th Michigan Inf
Cade, Isaac†	Private	E	22d Indiana Inf
Chambers, T F	"	A	33d Ohio Inf
Copeland, M H	Lieu't Col.		14th Illinois Inf
Capron, E H	Private	I	40th Wisconsin Inf
Cherry, Isaac	"	F	30th N J Inf
Cordova, Mariano	Corporal	H	1st New Mexico
Davidson, W C	Captain	C	101st Pa Inf
Dickey, Robert	Sergeant	I	140th Pa Inf
Drennon, Thomas G			Ord Dept U S A
Dustin, Chas	Captain	F	1st Iowa Cav
Doerle, Frank	Private	E	1st Colorado Cav
Daniels, H H	Captain	C	2d Michigan
Dobbins, Joseph W	Private	G	3d Colorado Cav
Darrow, W S	Serg't Maj		3d Wisconsin Inf
Dudley, Chas E	1st Lieu't	D	22d Wisconsin Inf
Durant, Levi R	Private	B	35th Missouri Inf
Flagler, G S	Captain	I	67th New York Inf
Fisher, J J	Sergeant	I	2d Michigan Inf
Foin, F A	Ch'f Bugl'r	H	210th Pa Inf
Fassbinder, Peter	Corporal	C	80th Illinois Inf
Felt, Samuel B	Private	K	25th Ohio Inf
Gaines, C C	Corporal	E	2d Iowa Inf
Griffith, D S	As't S'g'n		90th Pa Inf
Graden, Thomas C	Private	G	52d Ohio Inf
Grosvenor, Geo H	Mate		U S Navy
Golden, George	Private	I	2d Colorado Cav
Gortam, Oliver	"	A	30th New York Inf
Gould, Chas H	"	A	83d Ohio Inf
Gallaher, John A	"	F	1st Colorado Cav
Garrison, H H	"	D	4th Missouri Cav
Hefferman, J J†	Colonel		55th Illinois Inf
Hickox, Willard S	Major		10th Ohio Cav
Hanna, R O	Private	G	2d Kansas Inf
Hall, R L	"	I	27th New York Inf
Hillman, S H	Sergeant	D	1st Colorado Inf
Hood, Samuel J	Private	G	12th Illinois Inf
Hensey, Henry H	Com Serg't		1st N Y Mtd Rifles
Heck, Martin L†		K	149th Indiana Inf
Hight, John P	Private	B	26th Iowa Inf
Hays, Wm H	"	C	11th Missouri Cav
Hammond, N W	"	A	133d Illinois Inf
Haffling, G W	"	E	126th N Y Inf
Hills, Osner C	Corporal	H	21st Conn Inf
Jordan, James†	Captain	K	97th Indiana Inf
Jack, W H	Private	F	23d Iowa Inf
Jacobs, George H	Sergeant	C	88th Illinois Inf
Knowles, John	Q M Serg't		1st Michigan Cav
Kell, W H	Private	I	18th Ohio
Krites, H S	"	K	148th Illinois Inf
Kent, W B	Sergeant	C	4th Minnesota Inf
Knapp, S S	Private	G	10th Kansas Inf
Kirkpatrick, W T	"	B	137th Illinois Inf
Kislingbury, George	"	K	37th Wisconsin Inf
Lohr, Samuel G	Sergeant	G	19th U S Inf
Lewis, Edward T	Captain		76th Colored Inf

Sedgwick Post No. 12.

NAME	RANK	CO.	REGIMENT
La Count, Henry	Sergeant	K	27th Wisconsin Inf
Lemmon, C A	Private	B	72d Ohio Inf
Lacombe, Gardner	"	F	84th New York Inf
Leonard, Joseph F†	Sergeant	F	3d U S Cav
Morris, Wm S	2d Lieu't	E	210th Pa Inf
Menser, J E†	Sergeant	B	31st Iowa Inf
Milton, Geo W	Private	G	72d Illinois Inf
Matts, Florence†	"	L	1st Virginia Cav
Milton, Wm E	Corporal	D	78th Illinois Inf
Moan, John	Private	D	5th W Va Cav
Moore, Jacob	Corporal	D	23d Kentucky Inf
McCormick, John†	Sergeant	D	6th Wisconsin Inf
Manning, W J	Private	G	8th Missouri Inf
Miller, Wm H	"	L	102d Pa Inf
Morrison, Benj F	"		8th Wisconsin Bat
Merriam, Samuel E	"	A	10th Vermont Inf
Munshower, G W	"	G	13th Pa Inf
Mitchell, Winfield N	"	H	1st Missouri Eng
Miner, S D	1st Lieu't	A	9th Ohio Cav
Mason, D A	Musician		13th Wisconsin
Morton, Geo W	"	K	13th Michigan
Morgan, John M	Sergeant	D	19th Kentucky Inf
Martin, Joseph	Private	D	23d Indiana Inf
McGuire, John	"	F	3d Colorado Inf
Moffatt, Robt W	"	I	2d Colorado Inf
Nettle, John	"	K	131st N Y Inf
Needham, O D			
Ogden, Philo	Private	H	78th Illinois Inf
Pritchard, John C†	Com Serg't		N Y S N G
Pattison, L W	Adjt		2d Illinois Cav
Pollock, James F	Private	B	5th Iowa Cav
Russell, Jas L	"	B	170th Ohio Inf
Rowcroft, Edw	Sergeant	B	23d Ohio Inf
Reynolds, C M	Private	B	3d New York L A
Rawson, Chas E	Musician		2d Mass Inf
Rice, Daniel	Captain	E	48th Missouri Inf
Robbins, Jas	Private	H	128th Ohio Inf
Robinson, John R	"	C	6th Vermont Inf
Ruckman, Albert	"	C	1st Arkansas Cav
Skillings, Daniel	Musician	G	27th Maine Inf
Smith, Lorenzo D	1st Serg't	M	2d Colorado Cav
Smith, Schuyler	Private	L	2d Missouri Cav
Sumner, Geo T	Sergeant	B	26th Maine Inf
Stanley, D S	Maj Gen		Col U S A
Steinwandel, Peter P	Private	B	2d New York Inf
Shields, John W	Sergeant	E	6th Illinois Cav
Spafford, Wesley H	Private	H	7th Vermont Inf
Scott, George	"	I	3d Missouri Cav
Shaw, Simon	1st Lieu't	E	1st Kansas Cav
Sullivan, John C	Private	B	3d Colorado Inf
Shoemaker, J R	"	E	10th Michigan Cav
Shultz, David	"	E	8th Iowa Cav
Stansbury, Joseph	"	G	9th Kansas Cav
Shields, Albert	"	C	63d Illinois Inf
Salyer, M V	Corporal	C	55th Kentucky Inf
Sease, Chas D	Private	I	101st N Y Inf

NAME	RANK	CO.	REGIMENT
Sterling, Daniel G	Captain	F	111th N Y Inf
Schaffner, Josiah C	Private	H	4th U S Inf
Slick, Josiah	Corporal	H	55th Pa Inf
Stanley, Pat	Captain	G	32d New York Inf
Stansbury, Wm	"	C	2d Michigan
Sessions, Stillman	Private	I	19th New York Cav
Thurston, Robt G	"	A	31st Ohio Inf
Tayge, William†	"	F	24th Ohio Inf
Taylor, David H	"	B	7th Maryland
Tower, H F	2d Lieu't		2d Wisconsin L A
Tomlins, W C	Private	K	84th New York
Tiffany, Geo E	Serg't Maj		22d V R C
Town, M L	1st Lieu't	B	12th Kansas Inf
Van Epps, G H	Captain	B	1st Wisconsin Art
Vannatti, Geo O			
Wolf, William	Private	C	2d Colorado Cav
Williams, J F	"	I	9th Kansas Cav
Wattles, Theodore W	1st Serg't	D	5th Kansas Cav
Whyte, T M F		I	6th Pa Cav
Welch, John	Private	G	3d Iowa Inf
Weston, Patrick	"	A	8th U S Inf
Webb, Edward N	"	F	6th U S Cav
Wade, John J	"	B	21st Pa Inf
Whittaker, Reubin B	2d Lieu't	H	51st Ohio
Warwick, J S	Private	G	76th Indiana Inf
West, Samuel	Captain	I	59th Illinois Inf
Ward, Peter	Private	B	1st Colorado Cav
Wood, J E	"	K	9th Kansas Cav

U. S. GRANT POST No. 13,
Greeley, Colorado.

Meetings, 1st and 3d Thursdays in each month, at 7:30 p. m.

PAST POST COMMANDERS

NAME	YEAR	NAME	YEAR
Charles A White	1881	M J Hogarty	1888
L B Willard	1882	B D Harper	1889
L B Willard	1883	I H Paine	1890
W M Boomer	1884	A W Jones	1891
Thomas Stimson	1885	S G Fuller	1892
H C Watson	1886	S O Luther	1893
A M Nixon	1887	J W Sanborn	1894

OFFICERS FOR 1895

Commander..........................Robert B Nelson
Sr. V.-Commander......................J C Teas
Jr. V.-Commander.....................W F Somers
Surgeon.................................G Law
Chaplain............................Ralph Eddowes
Quartermaster....................Thomas Stimson
Officer of the Day......................D D Moss
Officer of the Guard..................H C Watson
Adjutant................................I H Paine
Sergeant Major.......................C A White
Quartermaster Sergeant ....Theo Lucas

MEMBERS

NAME	RANK	CO.	REGIMENT
Allen, Levi E	1st Lieu't		65th U S C T
Alcorn, John A§	Private	C	35th Wisconsin
Atkinson, James	"	F	14th Mass V Inf
Armburst, C M‡	"	I	11th Pa Inf
Boomer, W M	"	D	117th N Y Inf
Baker, Abner S‡	"	F	1st Wisconsin Cav
Baker, Edwin E	"	B	3d U S Cav
Brown, Thomas†	Corporal	A	153d Indiana Inf
Barton, Henry H*	Serg't Maj	B	22d New York Inf
Brockway, Chas S	Corporal	B	41st Wisconsin Inf
Buffam, G W*	"	D	100th Illinois Inf
Boggess, E E	Private	B	91st Ohio Inf
Benton, E H‡	Captain	B	4th Kansas
Butler, Albert	Private	C	14th New York
Brownell, Job E‡	Corporal	D	46th New York Inf
Brockway, W H	Sergeant	A	1st U S V V
Boyd David	Captain	A	10th U S C T
Boye, August C	Private	C	4th Ohio

U. S. Grant Post No. 13.

NAME	RANK	CO.	REGIMENT
Backus, W F‡	Private	F	7th Iowa
Bunker, James G‡	"	C	26th Maine
Boggs, H C	"	A	99th Illinois Inf
Beetham, James	"	I	145th Ohio Inf
Beeman, Franklin C	"	K	153d N Y Inf
Brown, Andrew‡	Seaman		Man of War Iroquois
Camp, David F	Private	M	16th Kansas Cav
Cooke, John B	Sergeant	E	95th Pa Inf
Coleman, W H‡	Private	M	5th Pa H A
Crawford, Wier‡	"	G	52d Indiana Inf
Curtis, T W†	Landsman		Ship North Carolina
Campbell, James‡	Private	G	134th N Y Inf
Cary, Cyrus§	"	K	168th Ohio N G
Chrisman, Nicholas S‡	"	C	1st Indiana H A
Clark, J Max	Sergeant	I	21st Wisconsin Inf
Cook, Wm I‡	Private		1st U S V V
Cox, Robt S§	1st Lieu't	I	47th Indiana Inf
Cheeney, Uriel‡	Private	F	14th Ohio Inf
Crodle, Geo N	"	H	4th Pa Cav
Dinsmore, Thos H	Sergeant	H	24th Maine Inf
Dilley, J W*	Private	K	58th Illinois Inf
Davidson, Sarles*	"	A	2d Iowa Inf
De Votie, H M	"	K	3d Colorado
Dayton, Wm C	"	D	100th Illinois Inf
Davis, James H*	"	D	14th Iowa Inf
Ecker, Henry‡	"	F	197th Pa Inf
Emery, Benj F‡	"	L	6th N Y Mtd Vets
Earl Wm G†	Lieu't	F	53d Illinois Inf
Eddowes, Ralph	Private	E	20th Pa M V
Forress, John H‡	"	H	1st Conn Cav
Ferguson, Alex F	"	D	1st Berdan's U S S S
Fuller, S G	"	I	111th N Y Inf
Ferguson, John M	Bugler	E	1st New York L A
Ferguson, Geo	Private	I	30th New York Inf
Frazier, S J	Corporal	B	59th Ohio Inf
Grove, F H‡	"	D	72d Ohio Inf
Gallup, Philo W*	Private	C	77th Illinois Inf
Graham, Geo B†	"	A	95th Ohio Inf
Glenn, Thos C*	Corporal	D	211th Pennsylvania
Goodykoontz, H W‡	Captain	B	8th Missouri Cav
Harper, B D	"	F	45th Iowa Inf
Hawes, Jesse	1st Serg't	I	9th Illinois Cav
Hotchkiss, Arthur	Captain	C	154th N Y Inf
Howard, Oliver	Private	F	6th Mass Inf
Herriott, Prestly H*	Sergeant	H	115th Illinois Inf
Hare, Levi*	Private	A	10th Wisconsin Inf
Hogarty, M J	1st Lieu't		U S A
Haynes, Soloman†	Private	H	11th Michigan Inf
Hicks, John A*	"	G	16th Wisconsin
Hanna, C L	"	K	143d Ohio Inf
Hale, Robt‡	"	B	48th Iowa
Huff, John*	"	I	1st Md Vet Cav
Harrison, U S	"	L	14th Illinois Cav
Hart, John E‡	"	C	27th Indiana Inf
Inman, Joseph	"	F	3d Mass H A
Irons, John F§	"	G	36th Illinois Inf

U. S. Grant Post No. 13.

NAME	RANK	CO.	REGIMENT
Johnson, Francis	Private	D	2d Indiana Cav
Jackson, D J	Sergeant	D	1st Delaware Cav
Jones, A W	1st Lieu't	B	17th Illinois
King, Jacob S†	Private	K	66th Ohio
Kelso, William*	Sergeant	E	116th N Y Inf
King, William A‡	Private	E	18th Iowa
Kram, W J‡	Lieu't	H	9th Kentucky Inf
Kennedy, W W*	Private	D	11th Inv Corps
Kinsey, John A*	"	C	81st Illinois Inf
Leggett, Joseph	"	K	54th Indiana
Lincoln, William‡	"	E	51st Indiana
Litt'efield, W F†	"	B	149th Pennsylvania
Luther, S O†	"	B	1st R I Cav
Lockbaum, Andrew J§	"	B	130th Illinois
Lucas, Theophilas	"	A	45th Pa Inf
Law, Thomas W‡	"	H	6th W Va Inf
Lord, John‡	Corporal	B	72d Illinois
Law, Gamaliel	Captain	K	6th Wa Va Cav
Moss, David D	Private	A	26th Missouri Inf
Miller, Henry	"	M	8th Michigan Cav
Marks, Francis‡	"	A	32d Indiana
Messinger, F C	"	C	46th Wisconsin
Miller, R J	"	K	142d Illinois
Maxwell, Joseph P*	"	C	2d Minnesota
Monahan, Deane	Captain		U S A
Mattox, Tobias‡	Private	F	79th Indiana Inf
Morse, Chas N‡	"	I	2d Iowa Cav
Moore, Samuel	"	B	20th Connecticut
Mead, Stephen H‡	"	L	2d New York H A
Mawlsby, William J‡	"	A	14th W Va Inf
Morley, Thos C	"	H	89th Illinois Inf
Miles, Silas	Com Serg't	B	5th New York Cav
McCarter, Allen J	Private	I	23d Iowa
McElroy, W S	Corporal	A	9th Pa Reserves
McNitt, Alpheus P†	1st Lieu't	I	40th Wisconsin Inf
Nelson, J W‡	Corporal	C	24th Massachusetts
Newell, Wickliff*	Private	F	4th Iowa Cav
Norder, Fred‡	Corporal	K	9th Wisconsin Inf
Nicholas, J M†	Private	I	14th Illinois
Nixon, James*	"	H	35th Indiana
Neff, C D	Captain	G	9th Iowa Inf
Norcross, W R	Musician	I	2d W Va Cav
Nelson, R B	Sergeant	K	2d U S Inf
Nixon, A M	Corporal	B	8th Indiana
Orr, James II‡	Sailor		U S Ship Santee
Paine, Irving H	Corporal	B	4th Vermont
Price, E J	Private	H	5th Kentucky Cav
Roe, N C	Captain	K	26th Iowa
Rockwell, Daniel W*	Private	D	106th New York
Rogers, James M	"	A	93d N Y S N G
Robinson, Daniel§	Captain		U S A
Rogers, Beldozer*	Private	B	88th Pennsylvania
Rittenhouse, A P*	"	B	180th Ohio
Rose, C W§	"	B	2d New York Cav
Robertson, John*	"	H	143d Ohio
Randolph, Calvin‡	1st Serg't	K	32d Iowa

U. S. GRANT POST NO. 13.

NAME	RANK	CO.	REGIMENT
Robbins, Thomas	Private	B	Maine Coast Guards
Raymond, S D*	"		1st Colo Ind Bat
Stimson, Thos	Corporal	F	8th New York H A
Sanford, Stewart	Private	G	3d Michigan Cav
Sanborn, Alborn D*	"	A	2d Colorado Cav
Somers, W F	Sergeant	A	2d Missouri Cav
Smith, John H*	Private	E	64th Illinois
Stevens, John J†	1st Lieu't		1st Florida Cav
Stites, Geo D‡	Private	C	34th Iowa
Stevens, G O‡	"	K	4th Michigan Cav
Smith, John F‡	"	I	2d Illinois Cav
Sleigh, Geo W§	Sergeant	A	92d Ohio
Sanborn, John W	Corporal	D	4th New Hampshire
Stevens, Isaac*	Private	B	4th Mass Inf
Southard, S H	Musician	I	1st Ohio H A
Southard, E M†	"	K	161st Ohio Inf
Stockton, Chalmers‡	Private	L	4th Iowa Cav
Tinker, Chas N‡	"	H	81st New York Inf
Teas, J C	"	I	124th Illinois
Thompson, E A	"	A	99th Pennsylvania
Thompson, T G	"	C	16th Michigan
Taylor, Henry W†	"	C	9th New York
Talbot, Nathaniel H*	1st Lieu't	B	58th Massachusetts
Tyroff, A W‡	Private	H	1st U S H A
Thomas, Calvin H	Q M S	C	6th Ohio Cav
Thomas, W C*	Sergeant	D	51st Ohio
Wilkinson, George	Private	H	53d Illinois
Ward, Mark E‡	"	B	1st Ohio Cav
Williams, Eli C‡	"	I	2d Iowa Inf
Wells, Samuel T*	Lieu't Col.		50th Indiana
Williams, James H*	Private	G	58th Indiana
Wolaver, J M	"	I	52d Illinois Inf
Whiteside, C M†	Sergeant	A	19th New York Inf
Wadlia, Andrew J	Captain	E	3d New Hampshire
White, Chas A	Brevet L C		U S Vol
Whitman, Adington	Private	B	86th Illinois
Williams, H M	Sergeant	A	113th Illinois Inf
Williams, J E†	Major		3d U S C T H A
Willard, L B	1st Serg't	K	26th Massachusetts
Watson, H C	Corporal	B	6th Pa Cav
Woodbury, J A§	1st Serg't	F	6th Minn Inf
Warsley, Joseph	Private	B	43d New York
Young, Geo H*	"	A	95th Ohio

A. E. BURNSIDE POST No. 15.
LOVELAND, COLORADO.

Meetings, 1st Monday evenings each month, at 7:30 p. m.

PAST POST COMMANDERS

NAME	YEAR	NAME	YEAR
Emil Boedicker		Geo W Monroe	
J B Bruner		Lucas Brandt	
J A Bowman		Dan Bennett	
C J Foster		J B Harbaugh	
Henry Spotts		G W Krouskop	

OFFICERS FOR 1895

Commander..R S Cox
Sr. V.-Commander ....H C Grivell
Jr. V.-Commander ....Geo W Kempton
Surgeon ....R D Miller
Chaplain ....Lucas Brandt
Quartermaster.....................Frank Harrison
Officer of the Day........................C Apgar
Officer of the Guard ....Hugh Salts
Adjutant ....J B Harbaugh
Sergeant Major.....................Jacob Bental
Quartermaster Sergeant..............John F Alps

MEMBERS

NAME	RANK	CO.	REGIMENT
Emil Boedecker	Private	H	7th New York Inf
J B Harbaugh	Corporal	L	2d Ohio H A
Henry Spotts	"	C	23d Iowa Inf
W D Hemingway	Private		12th Wisconsin Bat
Lucas Brandt	Corporal	C	1st Indiana H A
Sam P Milnert	Sergeant	H	124th Illinois Inf
Ed Watson	"	B	143d Illinois Inf
Jno F Smith	"		6th Ohio Cav
Ed M Rhodes	Private		2d Colorado Cav
Pat Ohand	Sergeant		2d Iowa Cav
Sam N Shepherd	Private	K	8th Iowa Inf
Joseph S Calkins	"	E	29th Indiana Inf
Geo Frogg	"	C	6th Minn Inf
C N Cambell	"	A	42d Ohio Inf
Wm Richardson	"	E	8th Iowa Inf
R E Dickerson	"	H	19th Illinois Inf
Frank Harrison	"	H	206th Pa Inf
H C Grivell	Drummer	G	22d Iowa Inf
James C Foster	Private	C	15th Indiana Inf
W B Sutherland	Drummer	A	21st Missouri Inf

A. E. Burnside Post No. 15.

NAME	RANK	CO.	REGIMENT
F F Bruner†	Captain		2d Missouri
Chas Smith	Private	A	14th New York Cav
J B Bruner†	"	C	15th Kansas Cav
F G Bartholf	"	I	3d Colorado Inf
J W Fergeson†	"	G	1st Michigan Cav
Chas C Smith	"	F	37th Illinois Inf
G W Kempton	"	F	1st Iowa Cav
W W Wright	"	C	77th Illinois Inf
W C Finley	"	D	83d Illinois Inf
Joseph Blair	"	D	66th Ohio Inf
John Lee	"	D	10th New York H A
Jno C Schull	"	E	34th Ohio Inf
Aaron Trindel	Corporal	A	23d Iowa Inf
Hugh Salts	Private	E	178th Ohio Inf
Geo W Monroe	"	C	35th New York Inf
Jehiel Schull	"	A	12th Ohio Cav
Jacob Bental	"	D	1st Ohio L A
J A Bowman	"	I	76th Ohio Inf
W H McCreery	"	D	135th Pa Inf
J F Alps	"	K	78th Illinois Inf
John Wolfe	"	G	9th Indiana Inf
H P Swain	"	I	2d Minn Inf
A F Overholt	"	B	28th Pa Inf
Wm Nagler	"	D	14th Missouri Cav
Geo F Tarbox	"	C	3d Mass Inf
Patrick McNamara	"	C	61st Illinois Inf
Hamilton C Martin	Sergeant	I	2d Colorado Cav
J C Fitnam	Corporal	K	156th Illinois Inf
Wm A Hankins	Private	E	25th Missouri Inf
Benj Van Bramer	"	E	17th Illinois Inf
Theodore A Kibby	"	C	153d Illinois Inf
Geo W Gorman	"	H	15th Maine Inf
Isaac Young	"	B	23d Iowa Inf
Joseph Howard	"		9th Wisconsin Bat
R D Miller	"		19th Indiana Bat
Jackson Petington	"	K	3d Missouri Inf
James K Chambers	Corporal	I	57th Mass Inf
G W Krouskop	Private	L	2d Ohio H A
Geo H Hubbert	"	K	46th Pa Inf
Davis Baxter	Corporal	C	2d Ohio H A
Jno W Seaman	Private	H	96th Ohio Inf
Sal J Krouskop	Corporal	B	132d Ohio Inf
W S Phfaey	Private	C	3d New York Cav
Isaac Braun	"	B	12th Kansas Inf
Daniel Bennett	"	H	1st Michigan Inf
Jno Pennywright	"	H	44th Ohio Inf
Conrad Apgar	"	E	7th New Jersey Inf
Miles Hayden	"	H	1st Iowa Inf
Samuel Shields	"	G	78th Pa Inf
Martin A Davis†			

JOE HOOKER POST No. 16.
Monte Vista, Colorado.

Meeting, 1st Tuesday of each month, at 7:30 p. m.

PAST POST COMMANDERS

NAME	YEAR	NAME	YEAR
J M Critten	1888	J D McDonald	1892
D S Ames	1889	L H Cheney	1893
P W Johnson	1890	J D Lewis	1894
C S Aldrich	1891		

OFFICERS FOR 1895.

Commander......................T H Newton
Sr. V.-Commander.....................A J Sherry
Jr. V.-Commander.....................J M Nash
Surgeon..........................A F Tittle
Chaplain........................Wm B Hawk
Quartermaster....................Jas C Strawn
Officer of the Day..................L H Cheney
Officer of the Guard................W H Pendell
Adjutant.........................J M Cole
Sergeant Major....................M T Danbury
Quartermaster Sergeant...........Daniel Buckley

MEMBERS

NAME	RANK	CO.	REGIMENT
Wm Keiry	Private	E	10th Missouri Cav
Thos E Davis	"	E	1st Colorado Cav
Wm W Mercer	"	E	W Va Vet Inf
John D McDonald	"	B	1st New York L A
Frank Fulton	"	K	15th Marine Art
F L King†	"	K	10th Michigan Inf
H G Henderson	"	H	2d Minn Inf
S T Robbillard	"	K	10th New York H A
Wm Wilson	Corporal	C	117th Illinois Inf
Jos M Critton‡	"	A	129th Illinois Inf
Edward H Shotwell	"	C	Merrill's Horse U S
David S Ames†	Private	D	1st Mass Cav
Frederick Parkhurst‡	Corporal		3d Battery Vt Art
Chauncey S Aldrich	Captain	B	85th New York Inf
Philip W Johnson	Private	I	50th New York Inf
Orlando Bonner	"	E	128th Ohio Inf
Wm Steele‡	Sergeant	A	94th Illinois Inf
Joseph Dawson‡	Corporal	M	34th Ohio Cav
F M Castle†	Private	G	11th Kentucky Inf
David C Cole	"	C	24th Iowa Inf
J N Baker	"	D	2d Arkansas Cav
T A Robb†	Sergeant	D	19th Iowa Inf

Joe Hooker Post No. 16.

NAME	RANK	CO.	REGIMENT
J D Hill‡	Private	H	44th Indiana Inf
John R Williams	"	G	58th Indiana Inf
John D Lewis	"	G	7th Iowa Cav
H Nettelbeck§	Sergeant	B	M S M V
Ira Howard‡	Private	E	50th New York Eng
Wm Chas Dyer‡	"	E	14th Pa Cav
D C McNeal‡	"	G	—— Illinois Inf
W W Carpenter§	1st Lieu't	K	7th Indiana Cav
Lewis H Cheney	Sergeant	D	4th N H Inf
H F Sickles†	Brig Gen		
M A Mills§	Private	D	3d Colorado Cav
Joseph Campbell‡	"	H	—— Missouri Cav
Saml Nardom	Hos St'd		120th Illinois Inf
H C Gallaher	Private	B	46th Illinois Inf
W H Pendell	"	M	1st N Y Vet Cav
A F Tittle	"	A	50th Ohio Inf
Robert Lewis	"	G	86th Illinois Inf
Carl W Fingardo	"		30th New York L A
Chas D Botkin	"	A	13th Kansas Inf
Henry Jagger	Corporal	F	17th New York Inf
Thos H Newton	Private	E	94th Illinois Inf
Marshall Anson	Sergeant	D	5th Iowa Inf
Cyrus J Richardson†	Private	F	146th Pa Inf
Norbert La Rock	"	D	16th New York Inf
J H Newton	"	C	33d —— Infantry
Jas C Strawn	Corporal	B	3d Kansas
Peter Fornwald	Sergeant	B	3d Pennsylvania Cav
Henry Norris	Corporal	F	1st Colorado Cav
Wm Milligan	"	F	102d Pa Inf
Wm W Turk*	Private	B	6th Heavy Art
Wm B Ogg	"	C	2d Cavalry
John M Nash	"	F	73d Illinois Inf
J W Nelson	"	H	154th Infantry
J M Green	"	D	78th Illinois Inf
A J Sherry	Corporal	F	4th Indiana Cav
Sam'l Libby	"	E	126th Illinois Inf
Geo S Hill	Private	D	125th Ohio Inf
Robt W Moffat	"	F	2d Colorado Cav
Herchell V Smith	"	H	45th Iowa Inf
Jeffrey O'Connell†	"	H	43d New York Inf
Aaron B Page	"	E	73d Illinois Inf
W A Graham	"	E	10th Illinois Inf
Geo F McReynolds	"	B	10th Illinois Cav
Wm B Hawk	"	G	2d Colorado Cav
James M Cole	"	D	60th New York Inf
Julius M Parker	"	G	9th Indiana Inf
John K Fisher	Sergeant	G	8th Iowa Inf
Ralph M Winn	Private	B	13th Michigan Inf
Ezra Saunders	"	H	18th Ohio Inf
John Irwin	"	F	106th Pa Inf
John Burns	"	M	2d California Cav
Mark T Danbury	Drummer	D	28th N J Inf
Lawrence Duggan	Private	H	5th U S Art
Daniel Buckley	"	A	98th New York Inf
Edward Bolin	"	K	9th Illinois Inf
Geo Bernard*	R Q M S		1st N Y Mtd Rifles

GUNNISON POST No. 17.
GUNNISON, COLORADO.

Meetings, 1st Wednesday in each month, at 8 p. m.

PAST POST COMMANDERS

NAME	YEAR	NAME	YEAR
J C Mann	1882	John J Potter	1888
Alexander Gullett	1883	J P Piper	1889
Alexander Gullett	1884	W C Adams	1890
John J Thomas	1885	Henry F Lake	1891
S M Tucker	1886	Henry C Olney	1892
A J Bean	1886–87	James La Count	1893
E W Burton	1887	H C Herrick	1894

OFFICERS FOR 1895

Commander......................................B F Martin
Sr. V.-Commander............................H S Martin
Jr. V.-Commander.............................J C McKee
Surgeon..M C Deering
Chaplain...............................Alexander Gullett
Quartermaster..................................W S Ditto
Officer of the Day...........................J T Phillips
Officer of the Guard..........................L E Lore
Adjutant...................................John J Potter
Quartermaster Sergeant..................James Watt

MEMBERS

NAME	RANK	CO.	REGIMENT
Andrews, Geo W*	Private	E	151st Indiana
Adams, W C	Lieu't	E	2d Kentucky Cav
Bean, A J†	Sergeant	A	119th Illinois Inf
Bowman, J H‡	"	C	3d New York Cav
Burton, E W†	Private	C	9th Michigan Inf
Brennan, Joseph‡	"	A	6th Indiana
Boucher, William*	"	M	5th Kansas Cav
Beckley, Henry C‡	Lieu't	F	129th Indiana
Bates, Ralph‡	"	A	129th Indiana
Blindbury, Albert†	Private		7th N Y Ind Bat
Beckley, George*	"	D	118th Indiana
Bleeker, J C‡	"	G	45th Illinois
Bazan, C E*	"	B	1st Colorado Cav
Brooks, C A‡	As't S'g'n		10th Minnesota
Brewer, Valentine G	Lieu't	A	7th Maryland Inf
Cox, O E‡			No record
Campbell, Thos J*	Captain	A	118th Illinois
Clark, Lee W*	Musician	G	152d Illinois
Clark, William‡	Sergeant	H	1st Kansas Inf

GUNNISON POST No. 17.   71

NAME	RANK	CO.	REGIMENT
Corum, Jesse‡	Lieu't	M	3d Mo S M Cav
Cook, C W‡	Musician		53d Illinois
Douquette, Alfred*	Private	H	17th Vermont
Deering, Matthew C	"	A	1st Missouri Cav
Dougherty, William	"		U S N
Ditto, Walter S	Lieu't		Bat 1 Pa L A
English, W H‡	Mast'rM'te		U S N
Edgley, William	Bl'ksm'th	F	1st Indiana Cav
Folger, Fred*	Private	E	5th Vermont Inf
Fluke, Henry D‡	"	D	35th Missouri
Gullett, Alexander	"	F	69th Indiana
Gibbons, Robert E‡	"	D	77th Ohio
Getchell, M P	Adj't		80th U S C T
Hammond, C M*	Colonel		100th Illinois Inf
Herrick, H C	Private	H	45th Iowa Inf
Harlan, Eli H*	"	K	7th Iowa Inf
Hamlin, C H‡	"	H	4th New York H A
Havre, Wm W‡	Lieu't	D	44th New York
Howe, John‡	Private	F	10th Minnesota
Hazen, N F*	"	E	50th Illinois
Haymaker, Jas A‡	"	I	193d Ohio
Inman, John‡	"		Ind Bat Colo V Art
Jennings, Nathaniel§	"	B	31st New Jersey
Johnston, Thomas†	"	H	13th Indiana
Jarvis, W E	"	D	142d New York
Keefer, Henry B†	Lieu't	G	40th Iowa
Kingsbury, Lemuel‡	Private	A	15th Michigan
Kane, John	"	A	27th New York Cav
Kelmel, Joseph‡	"	C	6th Missouri Cav
Ludwig, L‡	"	I	2d Missouri Cav
Lore, Louis E	"	C	31st Missouri
Litchfield, J V*	"	F	5th Massachusetts
Long, John W‡	Captain	E	197th Ohio
La Count, James	Lieu't	D	5th Wisconsin Inf
Lake, Henry F	Sergeant	H	22d Michigan Inf
Mann, J C*	Lieu't	C	1st Wisconsin Cav
Moses, George N*			No record
Mullin, Louden*	Captain		Davidson's L H C
McIntroy, W‡	Sergeant	C	12th New York Cav
Miller, A J*	Captain	F	16th Kansas Cav
McIntire, J E‡	Musician	K	7th Iowa Cav
Moore, R S*	Colonel		85th Illinois
McKee, J C	Corporal	G	39th Illinois
Martin, H S	Private	C	12th Kansas
Marsh, Benj‡	"	F	179th Ohio
McAllister, C E‡	Landsman		Miss Squadron
Millspaugh, J R‡	Private	F	1st Iowa Inf
Moore, Wilson	"	F	13th West Virginia
Martin, B F	"	K	5th K V M
Nichols, C Sum*	Corporal	C	10th Illinois
Oliver, S F‡	Private	D	140th Illinois
Ordway, E N‡	"	D	7th Kansas
Olney, Henry C	Captain	A	52d Wisconsin
Peters, Philip‡			No record
Potter, John J	Private	E	1st Iowa Cav
Pfisterer, Julius‡	Sergeant	G	6th California

Gunnison Post No. 17.

NAME	RANK	CO.	REGIMENT
Pettit, Ezekiel*	Sergeant	H	92d Illinois
Parmenas, Elmer*	Corporal	I	37th Illinois
Pickering, A W*			Ch'f Sc'ts I'd'n Brig Mo
Powell, G N*	Sergeant	G	27th Missouri
Phillips, John T	"	F	2d Colorado Cav
Piper, Jas P‡	Private	C	32d Illinois
Purrier, Henry	"	I	1st New York Eng
Phelan, James*	"	H	21st Missouri
Pogue, John R‡	"	B	94th Illinois
Riley, James‡	Corporal	D	6th Iowa
Reynolds, J H*	Private	E	19th Illinois
Ramsdell, L B‡	"	A	53d Illinois
Root, George S†	"	G	114th New York
Robertson, Thos‡	Corporal	A	7th Mo S M Cav
Spurgeon, E T†	Private	D	17th Ohio
Shandall, T J*	"	D	5th Connecticut Inf
Smith, Almon W*	"	H	8th Ohio
Stuart, James	"	G	7th Iowa
Stilwell, A W*	"	B	5th Wisconsin Inf
Sapp, Dexter T*	"	L	1st Michigan Cav
Slaughter, J D‡	"	M	2d Colorado Cav
Seaman, A J‡	"	I	9th M S M
Schwartz, Benj F	Sergeant	F	5th Pa Cav
Tucker, S M‡	Lieu't	B	10th Kansas
Tidd, Henry A§	Sergeant	F	22d Iowa
Thomas, John J*	Private	L	1st Colorado Cav
Thurber, Abner‡	Musician	G	1sth Mich Sh'psh'rs
Thompson, M N‡	Private	G	184th New York
Trimble, J R	Corporal	K	65th New York
Tapscott, H C‡	Private	G	5th Kansas Cav
Trine, Saml L	"	B	45th Iowa Inf
Wadsworth, W H‡	"	E	150th Ohio
Woodward, J‡	"	A	3d Bat U S I
Williams, D W‡	"	C	2d Virginia
Wardwell, W S‡			2d Minnesota Bat
Watt, James	Private	E	1st Colorado Cav
West, Julius B‡	"	E	17th Illinois
Whalin, W H*	"	K	2d Michigan Cav
Williams, Jas J	"	G	29th Iowa
Winters, Frank S	"	M	1st Michigan L A
Yule, George*	Lieu't	I	40th Iowa Inf
Yeldham, C H‡	Private	A	3d Iowa Cav

PHIL SHERIDAN POST No. 18.
BUENA VISTA, COLORADO.

Meetings, 1st and 3d Mondays in each month, at 7:30 p. m.

PAST POST COMMANDERS

NAME	YEAR	NAME	YEAR
H A E Pickard	1882	Hugh Crymble	1889
R W Taylor	1883	Geo D Childs	1890-1
A V P Day	1884	L Barron	1892
N D Corser	1884-5	A K Purcell	1892
Henry Logan	1886	A R Kennedy	1893
P Hartenstein	1887	Phil Groves	1894
A R Kennedy	1888		

OFFICERS FOR 1895

Commander.................................Philip Groves
Sr. V.-Commander......................Henry Butler
Jr. V.-Commander......................B Shade
Surgeon.......................................C P Roff
Chaplain......................................J E Cole
Quartermaster...........................A H Wade
Officer of the Day ....D Flinchpaugh
Officer of the Guard...............Wm Hawkins
Adjutant.....................................T H Price
Quartermaster Sergeant ....Peter Brakkin

MEMBERS

NAME	RANK	CO.	REGIMENT
Allum, J F†	Wagoner	L	3d Colorado Cav
Anderson, Wm‡	Private	E	5th Ohio Inf
Ashley, C‡	Captain	C	1st Michigan L A
Allen, H J	"	F	156th Illinois Inf
Arthur. R B‡			
Baker, C A‡	Private	E	7th Iowa Cav
Bailor, Richard‡	Sergeant	E	23d Kentucky Inf
Barger, Geo‡	Musician	C	29th Illinois Inf
Belcher, Joseph‡	Private	K	6th Illinois Cav
Bottorf, A J‡	Corporal	K	17th Indiana Inf
Barron, Louis‡	Private	G	3d U S Art
Behrman, J H H	"	C	1st Bat Minn Cav
Bagley, Walter G‡	"	B	54th Illinois Inf
Brewer, Geo H‡	2d Lieu't	I	49th Illinois Inf
Bracklin, Peter	Private	A	15th Wisconsin Inf
Butler, Henry	"	K	13th Vermont Inf
Barnes, Isaac A*	"	A	140th N Y Inf
Berry, C R*	Captain	K	17th Illinois Inf
Butler, A D*	Private	H	14th New York Inf

PHIL SHERIDAN POST No. 18.

NAME	RANK	CO.	REGIMENT
Buck, John‡	Private	D	61st Pa Inf
Bott, Anthony*	"	D	3d Colorado Cav
Beardsley, H L*	"	I	18th Iowa Inf
Best, J S‡	"		
Brown, C S‡	Captain		
Byrd, Geo H†	Private	A	36th Indiana Inf
Beck, Geo A†	"	K	8th Iowa Inf
Cook, Philip†	"	I	87th Pa Inf
Cummings, Alfred*			39th Iowa Inf
Crymble, Hugh	Corporal	E	15th Ohio Inf
Connor, W B‡	2d Lieu't	F	5th Michigan Inf
Charville, W H‡	Private	E	3d Indiana Art
Cole, J E	Lieu't	B	12th U S Colored
Childs, Geo D‡	Captain	K	11th Indiana Inf
Coon, John D	Private	C	3d Wisconsin Inf
Clark, Daniel†	2d Lieu't	H	15th Michigan Inf
Chase, Wm J‡	Private		3d Iowa Art
Corser, N D‡	"	C	5th N H Inf
Cline, J J‡	Corporal	H	54th Illinois Inf
Cole, H W*	Private	K	2d Mass Inf
Delaney, M G‡	"	C	140th Illinois Inf
Daniels, H H*	"	B	2d Michigan Inf
Dugutte, Alfred‡	"		
Day, A V P†	Captain	F	10th Ohio Cav
Day, S E‡	Private	I	86th Ohio Inf
Ellis, Wm H‡	"	E	12th Kentucky Cav
Ennis, James†	Corporal	C	14th Minn Inf
Evans, J G‡	Captain	F	12th Kentucky Inf
Edwards, L J†	"		51st Wisconsin Inf
Eldridge, W G‡	Private	A	11th N Y Inf
Flinchbaugh, David	"	D	101st Illinois Inf
Fayette, Mike‡	"		
Fitzpatrick, P H‡	Captain	C	153d New York Inf
Fitnam, John C‡	Corporal	K	156th Illinois Inf
Fulton, F J†	Private	H	64th New York Inf
Fitzgerald, James‡	"	F	46th New York Inf
Fletcher, W W‡	Farrier	I	3d Colorado Cav
Fehling, Wm	Private	G	3d Colorado Cav
Filkins, Wm	"	I	3d Iowa Inf
Fletcher, J C†	Corporal	A	1st Iowa Cav
Groves, Philip	Private	D	17th Illinois Inf
Gonsalves, W B‡	"	G	1st Conn Cav
Greenstreet, David†	"	D	32d Missouri Inf
Gibbs, Milton‡	"		
Hamilton, S J‡	"	B	86th Illinois Inf
Hawkins, Wm	Corporal	G	111th Illinois Inf
Hamill, C M‡	2d Lieu't	D	48th Missouri Inf
Hartenstein, Peter†	Private	H	175th Pa Inf
Holtschneider, Jos‡	"	A	2d U S Cav
Humphrey, Aaron	"	D	2d Colorado Cav
Halfield, John	Corporal	C	1st Colorado Cav
Hemes, Robert	Private	H	1st Mass Cav
Hennessey, James‡	"		U S Navy
Hale, T P‡	"	H	25th Iowa Inf
Johnson, R M‡	"	A	7th Illinois Inf
Jenkins, Robert‡	"	E	64th New York Inf

Phil Sheridan Post No. 18.

NAME	RANK	CO.	REGIMENT
Jessee, Wm§	Private		1st Colo Mtd Mil
Jones, P T*	"	K	9th Iowa Inf
Kennedy, A R‡	"	G	13th Iowa Inf
Logan, Henry	Colonel		64th Illinois Inf
Lander, C F‡	2d Lieu't	A	51st New York Inf
Lane, D S‡	Landsman		U S Sloop Lackawana
Linehan, Dan†	Corporal		4th Mass Cav
Luher, Geo‡	Private	H	47th Ohio Inf
Lydon, Chas‡	"		3d Pa Art
Merriam, G D†	Musician		64th Mass Inf
Mathias, Francis	Private	C	107th N Y Inf
Martin, Ed‡	"	B	3d Missouri Cav
Morce, C A‡	"	B	38th Missouri Inf
Morrison, O B‡	"		
Marion, Jesse†	"	H	1st Colorado Cav
Mitchell, C‡	"	F	9th Illinois Cav
McCoy, J R‡	"	D	11th Kansas Cav
McLaughlin, James*	"	I	166th Ohio N G
May, Chas‡	"	F	2d Iowa Inf
Marshall, R A‡	"	F	47th Illinois Inf
Moore, Wm*	"	B	58th Illinois Inf
Manning, Thos*	"	E	20th U S Inf
Nash, J N	Corporal	A	37th Iowa Inf
Nash, C P‡	Private	F	2d Iowa Inf
Niles, Lafayette‡	"	I	37th New York Inf
Noble, Geo D‡	"	H	4th U S Inf
O'Hanlan, Luke‡	"		15th New York Eng
Paine, E W‡	Musician	D	2d New York H A
Purcell, A K‡	Sergeant	I	4th Iowa Cav
Pierce, W H‡	Private	K	73d Illinois Inf
Price, Thomas H	Drummer	E	63d Indiana Inf
Prichard, J H	Private	D	10th Indiana Inf
Painter, R M‡	"	H	9th Iowa Inf
Reed, James	Captain	C	1st Kansas Cav
Ralston, James‡	Private	G	33d New York Inf
Roff, C P	"	I	46th Illinois Inf
Rhoades, C C	"	H	1st Colorado Cav
Roberts, J T‡	"	A	2d Mass Cav
Shay, John R†	"	G	33d New York Inf
Smith, Mike‡	"	F	14th New York H A
Sanders, J S‡	2d Lieu't	I	64th New York Inf
Shade, B	Private	B	136th Ohio N G
Steinacker, C H	Corporal	H	1st Kansas Inf
Struthers, C P	Vet S'g'n		7th Wisconsin Bat
Sadler, Thomas‡	Private		7th New York N G
Sindlinger, S S‡	"	B	46th Illinois Inf
Shadowitz, F‡	"	K	7th Illinois Inf
Tyler, W H‡	"	G	9th U S Vet Vol
Taylor, R W‡	Captain	H	3d U S Colored
Whitney, J N*	Private	F	2d Oregon Cav
Wilber, Walter*	"	A	18th Michigan Inf
Willard, Joseph*	"	G	45th Pa Inf
Wade, A H	"	C	22d Kansas Cav
Whelan, C A‡	"	H	2d Wisconsin Inf
Warden, M W§	"		14th Kansas Cav
Weaver, D C‡	Sergeant	F	46th New York In

Phil Sheridan Post No. 18.

NAME	RANK	CO.	REGIMENT
Wilson, C B‡	Private	B	53d Mass Inf
Ware, D E‡	Sergeant	F	39th Missouri Inf
Wilson, Henry‡	Private		39th N J Inf
Webber, J F‡	"	B	1st Calif Vet Inf
Webb, G D*	"		
Yelton, J W*	Lieu't	H	38th Illinois Inf

PHIL KEARNEY POST No. 19.
(Disbanded, 1889.)
DENVER, COLORADO.

PAST POST COMMANDERS

NAME	YEAR	NAME	YEAR
C T Harkison	1882	H A Bagley	1887
Jacob Downing	1883-4	J M Snively	1888
J E Wurtzback	1885	W F Smith	1889
J M Chivington	1886		

MEMBERS

NAME	RANK	CO.	REGIMENT
Ames, E L	Private		2d Ohio Bat
Ake J W	"	A	125th Pennsylvania
Austin, J W	Artificer	M	50th New York Eng
Barter, Thomas	Private	E	1st Wisconsin Inf
Birdsall, S L*	"	K	150th Pa Inf
Burrows, G S	"	H	21st Wisconsin Inf
Bigelow, J W	Sergeant	E	51st Massachusetts
Birdsall, C S†	Surgeon		3d Colorado Cav
Bates, Oscar M†	Sergeant	C	1st New York L A
Brooks, John H	"	B	38th Iowa
Bagley, H A	Private	A	211th Pennsylvania
Baker, Jacob	"	B	129th Indiana
Butler, John	Sergeant	G	1st Nebraska
Brinkley, R V*	Private	H	155th Indiana
Burton, H S*	"	B	72d Illinois
Betts, John C	Seaman		U S Navy
Bereman, A H†	Captain	C	18th U S Inf
Burgy, Abram	Private	B	115th Illinois
Burns, Etson	"	H	52d New York
Crass, H Wm*	Sergeant	C	47th Ohio
Carroll, A C	Private	F	1st Colorado Cav
Cook, D J	"	D	1st Colorado Cav
Crain, Ozias†	"	I	11th Minn Inf
Cox, Richard*	"	B	10th New York
Carson, P N	"		1st Wisconsin Bat
Carberry, Patrick	"	A	2d Wisconsin Cav
Covey, John H*	Sergeant	E	11th Minnesota
Cornwall, W T	Corporal	B	18th Iowa
Chapman, W B	Private	A	3d U S A
Cullum, Joseph	"	A	3d Illinois L A
Chaffee, Jerome†	Sergeant	D	141st Pennsylvania
Cassell, A N	Corporal	K	195th Pennsylvania
Cannon, Patrick	1st Lieu't	L	16th New York Cav
Chatinier, Wm	Private	E	25th New York
Caldwell, M	"	I	111th Pennsylvania
Cree, Alex	Corporal	F	1st Colorado Cav
Chivington, J M	Colonel		1st Colorado Cav
Downing, Jacob	Major		1st Colorado Cav

PHIL KEARNEY POST NO. 19.

NAME	RANK	CO.	REGIMENT
Dailey, M C	Private	H	1st Colorado Cav
Dailey, Anthony	"	G	1st Nebraska
Duffey, John	"	C	7th V R C
Dickson, A M*	1st Lieu't		48th Missouri
Duncan, Geo M*	Private	G	2d N Y Rifles
Day, J D	Corporal	H	12th Mass Inf
Davis, H A*	Private	B	1st Michigan
Earley, Peter	"		2d Indiana Inf
Evans, N H	"	I	8th Iowa Cav
Fahey, Edward*	"	B	1st Mass Cav
Fry, Alex	1st Lieu't	I	95th Pa Inf
Gillis, William*	Private	G	2d U S Dragoons
Grimes, W S	As't S'g'n		4th Iowa
Green, W H	Captain	E	2d Colorado Cav
Goss, Wm E	Landsman		U S S Princeton
Green, George	Private	L	15th Illinois Cav
Gril, John	"	F	1st Colorado Cav
Griffey, Geo W	Musician	A	1st Colorado Cav
Greenhill, John S	Private	I	134th Illinois Inf
Hurley, Alonzo	"	K	2d Michigan Inf
Harris, C O	"	I	16th Wisconsin Inf
Higgins, Patrick	"	D	48th New York
Hughes, John A	"	K	57th Illinois
Havender, Robert*	Seaman		U S S Ironsides
Hoag, B S*	Private	F	128th Illinois
Helms, D A	Corporal	E	8th Wisconsin
Helms, Virgil*	Sergeant	G	18th Wisconsin
Hester, W R	Captain	K	110th Illinois
Hare, Patrick	Sergeant	B	66th New York
Hemphill, W H	Corporal	F	22d Iowa
Hopkins, Henry*	Private	B	43d Missouri
Hapman, Elam	"	H	4th U S Inf
Hobson, W B	"	K	3d Colorado Cav
Hayman, John	"	H	2d Wisconsin Cav
Hoyt, S N	Captain	G	7th Illinois Cav
Hamilton, R J†	Private	G	2d Colorado Inf
Hopkins, G M	"	G	1st Colorado Inf
Howard, Amos B	"	D	42d Massachusetts
Inman, L F	1st Serg't	C	7th Missouri Cav
Johnson, William	Private		18th Ohio Bat
James, J H	Corporal	I	2d N H Inf
Kopenhoffer, Geo	Private	I	1st Colorado Cav
Kerns, Richard	"	I	1st Colorado Cav
Lynds, George†	"	E	29th Vet Vol
Liddele, James	Sergeant	A	1st Kansas Cav
Lockbruner, Chas	1st Lieu't	C	14th New York H A
Lithgow, William	Private	B	1st Colorado Cav
Lacy, Michael†	"	H	10th Illinois Inf
Livermore, E W	"	D	28th Illinois
Levacy, Taylor	"	I	45th Iowa
Langton, J C	Corporal	D	49th Pennsylvania
Loveclass, P	Private	G	6th Iowa Cav
Leonard, W L	2d Lieu't	C	8th U S Vet
Lanzer, William†	Private	D	194th Ohio
McIntire, J H	Sergeant	B	6th West Virginia
McDonald, S	Corporal	K	2d Illinois L A

Phil Kearney Post No. 19.

NAME	RANK	CO.	REGIMENT
McCullough, P	Private	C	50th Pennsylvania
McCullough, D	"	A	122d Ohio
Murray, Samuel	"	E	8th Minnesota
Marshall, A D	"	G	18th U S Inf
Moon. Michael	"	I	11th Michigan
Morgan, William	"	E	8th Michigan Cav
Miller, John	"	G	1st Ohio L A
Miller, Geo W	"	B	36th Illinois
Moon, W E	Sergeant	F	2d U S Cav
Mauff, August*	Captain	E	24th Illinois
Nelson, Tename	Private	B	118th Illinois
Nichols, Benj F	"	I	3d New York L A
Olmsted, C	"	B	1st Colorado Cav
O'Brien, John	"	B	8th Illinois Cav
Pollard, Eugene F	"	F	8th Illinois H A
Pollock, Edwin†	Captain		— U S Inf
Phillips, J T	Private	A	1st N H Cav
Piatt, Wm	"	H	7th Illinois
Powers, John	"	A	1st New York
Powell, A J	"	I	38th Iowa
Ruggles, B F	"	I	205th Pennsylvania
Read, Judson W*	Captain	D	67th Illinois
Roaf, Joseph	Private	H	49th Missouri
Richards, Michael†	Corporal	A	1st U S Cav
Rosencrans, J A	Sub		— U S Inf
Romine, A G	Private	A	2d Colorado
Ruff, Francis E*	"	I	26th Illinois
Rooney, Michael	"	C	16th Wisconsin
Ruble, C S*	"	I	31st Indiana
Rush, John	"		22d Ohio L A
Ramsden, Thomas	"	G	42d New York
Smith L Jay	"	H	20th Pa Cav
Sanders, Chas	"	D	49th New York
Simmons, John	Seaman		Constellation
Schmidt, F	Private	I	38th Illinois
Smith, Wm A	"	D	1st Colorado Cav
Selser, John W	"	A	198th Pennsylvania
Sarwash, A M	"	B	98th Ohio
Sedam, W Y	"	C	Fremont's Body Guard
Silvey, John O	Corporal	E	6th New York
Shrove, W H	Private	C	12th U S
Schmidt, C	Petty Offi'r		Ship Saranac
Snively, John M*	Private	C	7th Kansas Cav
Swainson, L D	"	C	43d Illinois
Stoddard, A K*	"	H	2d Bat V R C
Spencer, F A	"	C	85th New York
Schwentzenburg, Alb't	Musician		Fort Vancouver
Smith, W F*	Private	I	78th Illinois
Tinsdale, E E	"	I	56h–11th N Y
Taylor, P	Farrier	B	1st Pa Art
Tappan, S F*	Lieu't Col.		1st Colorado Cav
Violet, O H*	Q M		65th U S Colored
Weaver, J L§	Corporal	C	31st Iowa
Wolfram, Hy	Private	M	14th New York Cav
Watterson, Richard	"	F	103d Ohio
Wiggins, J S	"	K	12th New Hampshire

Phil Kearney Post No. 19.

NAME	RANK	CO.	REGIMENT
Wilson, John R	Private	D	43d Ohio
Wurtzbach, J E†	Captain	I	2d Delaware Cav
Worstell, William	Corporal	E	140th Indiana
Wheeler, Charles	Adjt		1st Colorado Cav
Weisbach, M J	Private	D	7th Wisconsin

Denver Music Company

M. H. COLONEY, President.

Pianos, Organs, Sheet Music and Musical Goods.

Catalogues Mailed Free.

The Herndon Guitars and Mandolins are the Best made.

1637 Champa Street,

Telephone 1148. DENVER, COLORADO.

The Steele Grocery Co.

WHOLESALE AND RETAIL

GROCERS,

Also deal in the following lines of

BICYCLES: The IDE,
" ECLIPSE,
" PASTIME.

900 FIFTEENTH STREET, corner Champa,

Telephone 111. DENVER, COLORADO.

HENRY P. STEELE, PROPRIETOR.

W. T. ARNOLD,

DEALER IN

Groceries and Meats

VEGETABLES A SPECIALTY.

ORDERS SOLICITED.   GOODS DELIVERED.

1048 Santa Fe Avenue.

DENVER, COLORADO.

For Shoes

That will wear,
That will fit,
At Prices that are right,

CALL ON THE

Glasgow & Graham Shoe Co.

938 FIFTEENTH STREET,

Corner of Curtis,

GLASGOW, KEESE & Co's
OLD STAND.

Denver, Colorado.

ELLSWORTH POST No. 20.
(Disbanded, 1894.)
CENTRAL CITY, COLORADO.

PAST POST COMMANDERS.

NAME	YEAR	NAME	YEAR
Thos Hooper	1883–4	B F Reese	1890
H P Josselyn	1885	M Houser	1891
Alonzo Furnald	1886–7	W C Fullerton	1892
Alonzo McDonald	1888–9	Wm Woodruff	1893

MEMBERS.

NAME	RANK	CO.	REGIMENT
Ashbaugh, T L	Private	K	102d Illinois
Agnew, James P	"	H	3d Wisconsin Inf
Blake, Edward S	"	F	26th Maine
Burrell, James	1st Lieu't		2d Colorado Cav
Bales, J W	Private	F	1st Colorado Cav
Bond, James F	"	B	17th Iowa Inf
Bostwick, Jos W	Lieu't	L	3d Colorado Cav
Bolsinger, M D	2d Lieu't	L	3d Colorado Cav
Bull, Carpenter	Corporal	B	8th Illinois Inf
Brock, Joseph D†			Home Guards
Bradley, Lem L	Private	F	2d Colorado Cav
Brewster, Robt C			1st Colorado Bat
Beebe, Warren M	Private	F	8th Illinois Cav
Carr, Ezra T	Sergeant	B	9th Minn Inf
Cox, Wm J†	Private	B	3d Colorado Cav
Crandall, Caleb	"	B	39th Iowa Inf
Carstens, Alex†	"	E	2d Missouri Inf
Clare, James	"	E	Ind Battery
Collins, James	"	I	1st Iowa Cav
Cole, Eugene	"	B	10th Michigan
Clark, Hiram	"	I	141st Illinois
Davidson, Thomas	Sergeant	E	17th Massachusetts
Fullerton, Wm	Corporal	A	Minn Ind Bat
Furnald, Alonzo	"	C	24th Massachusetts
Franks, Jacob C	"	D	Ringold's L A
Galler, Joseph	"	B	1st Colorado Cav
Gray, H M	Private	F	3d U S Art
Gibney, David	"	E	170th Ohio
Griffith, John Q	"	D	44th Missouri
Hooper, Thomas	Sergeant	H	2d Colorado Cav
Houser, Michael	Private	E	8th Pa Cav
Hafer, Jos B	"	I	3d Colorado Cav
Hicks, C D	"	D	1st Colorado Cav
Hocking, John	"	A	49th Wisconsin Inf
Harper, Wm H	"	E	22d Wisconsin Inf
Holbrook, Preston	Corporal	C	35th Massachusetts

ELLSWORTH POST NO. 20.

NAME	RANK	CO.	REGIMENT
Hoefle, Jacob			Berningham's Art
Hathaway, R R	Captain	H	102d New York
Hamilton, J F	Private	A	81st Illinois
Hamor, David A	"	L	3d Colorado Cav
Josselyn, H P†	1st Lieu't		20th Ohio Art
Kreager, John	"	F	31st Ill'inois Inf
Kelly, Michael	"	B	23d Lllinois Inf
Kest, Adolph	Corporal	A	2d Missouri Inf
Katzeneeyer, J Ernest	Private	A	20th New York Inf
Ladd, James A	Captain	C	39th Missouri Inf
Lee, John			
Lorah, Saml I	1st Lieu't		3d Colorado Cav
Lucky, Saml M†	Private	I	3d Colorado Cav
Logue, Wm O	As't Eng'r		Ship Red Rover
Lyon, William	Private	L	3d Colorado Cav
Lutz, Hermann	"	A	35th New York
Mabee, Geo W	Act Ens gn		U S Navy
Miller, John R†	Corporal	D	26th Ohio Inf
Madden, Robt	"	E	43d Wisconsin Inf
Miles, Wm C	"	H	142d Illinois Inf
Murtaugh, James	Private	B	59th New York Inf
Nicholson, Henry	Corporal	A	141st Illinois Inf
Osborne, Josiah	"	A	16th Iowa
Orahood, H M	Captain	B	3d Colorado Cav
Olden, E lis F	Private	B	22d Ill'nois Inf
Parker, Hiram F	"	B	147th Illinois Inf
Pratt, Chas H	"	H	3d Colorado Cav
Reynolds, Ames	"	I	9th Indiana
Rudolph, Fred A	"	B	1st N J Inf
Reese, B F	"	L	8th Iowa Cav
Ratliff, Lewis L	"	C	30th Iowa Inf
St Clair, David H	"	B	78th Illinois Inf
Shepherd, Samuel	"	C	1st Colorado Cav
Sanford, Stewart	"	G	3d Michigan Cav
Sessull, Antony	"	F	3d U S Art
Stroekle, George	Musician		45th Illinois Inf
Sparks, Geo	Corporal	F	1st Colorado Cav
Steele, Robt M	Private	K	10th Michigan Cav
Shaw, Wm S	"	L	3d Colorado Cav
Scott, Morton	2d Lieu't	B	3d Kentucky Inf
Stearnes, La Motte	1st Lieu't	D	61st U S C T
Sperry, Ashbil	Private	D	22d Iowa Inf
Shively, Peter	"	G	1st Colorado Cav
Thomas, James	"	B	194th Pa Inf
Teats, Silas R	"	G	22d Michigan Inf
Tennison, Luke	Sergeant	B	1st Colorado Cav
Tuttle, Almon P	Private	I	3d Missouri Cav
Tucker, A W	"	L	3d Colorado Cav
Tolles, Larkin C	Surgeon		1st Colorado Cav
Woodruff, Wm	1st Lieu't	H	4th Kansas Inf
Wier, Sheldon	Corporal	G	107th Illinois
Wright, Alfred	Private	B	4th New York H A
Whitney, L M	Captain	E	83d New York Inf

COLORADO SPRINGS POST No. 22.
COLORADO SPRINGS, COLORADO.

Meetings, 1st and 3d Tuesdays, at 7:30 p. m.

PAST POST COMMANDERS

NAME	YEAR	NAME	YEAR
L E Sherman	1883	Otis Renick	1889
D W Robbins	1884	A H Corman	1890
M W Everleth	1885	E J Smith	1891
F B Wells	1886	D Heron	1892
G O Nevins	1887	Geo De La Vergne	1893
T A McMorris	1888	John W Chapman	1894

OFFICERS FOR 1895

Commander......................A S Holbrook
Sr. V-Commander................Charles Hewitt
Jr. V.-Commander...............H A Wattson
Surgeon........................Geo H B Hall
Chaplain.......................A T McDill
Quartermaster..................D W Robbins
Officer of the Day.............John W Chapman
Officer of the Guard...........D C Work
Adjutant.......................L E Sherman
Sergeant Major.................N L Rouark
Quartermaster Sergeant.........William Hebard
C. of A........................L E Sherman

MEMBERS

NAME	RANK	CO.	REGIMENT
Abby, H J‡	Private	K	11th Minnesota
Adamson, Lloyd		A	122d Ohio
Aux, Geo	Private	B	1st Colorado
Allen, C H	Corporal	D	27th Wash Inf
Allen, A A	Private	D	31st Maine
Baker, S G	"	C	33d Illinois
Bartlett, E C‡	"	I	12th Maine
Barnett, S W	"	J	13th Indiana Bat
Beamer, L O	"	F	126th Ohio
Barr, Dolphin†	"	F	35th Missouri
Bridenstein, Jacob	"	E	29th Iowa
Bentley, Ianthus†	"	D	79th Pennsylvania
Boyinton, Daniel	"	G	42d Wisconsin
Basworth, H P	"	C	8th Iowa
Burrett, Chas H	"	E	1-t Conn H A
Baldwin, M M	"	C	3d Tennessee Cav
Butzn, Ferdinand	"	B	8th Illinois
Baldwin, B F	Captain	B	46th New York

84 COLORADO SPRINGS POST NO. 22.

NAME	RANK	CO.	REGIMENT
Bowen, Chas D†	Private	K	44th New York
Bott, Anthony	"	G	3d Colorado
Border, Artemus	"	E	10th Michigan
Barbour, W H	"	C	8th Iowa Inf
Blake, H T	"	F	6th Ohio
Burson, D F	"	K	5th Ohio
Brusoe, Edward	"	F	10th New York H A
Berry, Geo A	"	E	10th Michigan Cav
Bean, H H	"	E	10th Michigan Cav
Bell, James W†	"	F	33d Iowa
Chapman, John W	Corporal	F	23d Missouri
Crissey, Giles	Private	H	83d Illinois
Cotton, E P R	"	A	46th Ohio
Custer, Geo W	"	D	26th Ohio
Curtice, Henry A	"	K	157th New York
Caulsberry, Simon	"	C	24th U S C T
Chandler, Jacob C	"	C	8th Delaware
Crimm, Shelby W	"	I	110th Illinois
Calloway, Chancy	"	C	17th Illinois
Clark, John E	"	I	152d Illinois
Charles, N W‡	"	E	70th Illinois
Casteel, G W‡	"	C	14th Kansas Cav
Coby, Henry	"	C	2d Colorado Cav
Carrier, W C	"	G	2d Conn Inf
Corman, A B†	"	H	54th Illinois
Coon, W S†	"	C	1st Colorado
Cree, Alfred	"	C	9th Pennsylvania
Cowles, Henry T†	2d Lieu't	C	18th Connecticut
Casteel, Isaac	Private	H	23d Iowa
Collins, H W	"	K	144th Illinois
Clark, Jesse W	"	D	48th Missouri
Cooper, H T	"	B	31st Iowa
Crosby, William	"	B	17th Kansas
Cobb, Henry	"	F	147th Illinois
Coates, John	"	B	18th New York Cav
Crusley, William	"	B	17th Kansas
Critchell, C R	"	G	48th Ohio
Davis, Isaac†	"	D	2d New York
Dutton, Albert M	Drummer	E	29th Washington
Dana, L C	Private	H	145th Illinois
Dow, F E	"	F	147th Illinois
De La Vergne, Geo	Lieu't Col.		8th Tennessee
Dwinell, L E	Private	A	Merrill's Horse
Davenport, W D†	"	H	3d New York Cav
Danks, Thos R	Serg't Maj.		6th Kentucky Inf
Dillon, Chester H		G	1st Reg N Y Eng
Dowing, James M	Private	K	48th Indiana
Dockstader, Simon	"	A	105th Illinois
Dunnington, O R	"	G	33d Iowa
Donnell, Thomas	"	B	36th Illinois
Dorr, James W	"	C	15th Indiana
Everleth, M W	"	F	1st Maine Cav
Etchison, W A‡	"	L	1st Missouri Cav
Ensign, Edgar T	"	D	2d Pa Cav
Essick, Chas P‡	"	H	116th Illinois
Eslinger, John O	"	K	19th Iowa

Colorado Springs Post No. 22.   85

NAME	RANK	CO.	REGIMENT
Estes, John J‡	Private	I	4th Iowa
English, Albert	"	D	46th Washington
Fosdick, J H	"	A	24th Ohio
Fussell, John O	"	I	1st Arkansas Inf
Farrar, L B	"	G	47th Massachusetts
Fical, James K	"	F	153d New York Inf
Fields, Jehu	"	D	11th Missouri
Feltwell, B H	"	L	71st Pa Cav
Frazzier, Eli	"	C	1st Arkansas Cav
Fidler, J A‡	"	C	92d Illinois
Gillmore, H C‡	"	A	13th Indiana
Gibson, James S	Corporal	B	2d Nebraska Inf
Gray, James F‡	Private	F	10th Illinois
Gibbs, Thomas B	"	I	8th Missouri Cav
Grow, A K‡	"	C	1st Missouri Eng
Givens, J M†	Captain	K	4th Kentucky
Gale, Samuel‡	Corporal	K	51st Illinois
Gossard, Willis	Private	A	23d Iowa
Goodell, J C	"	F	51st Illinois
Gaby, W D	"	K	53d Ohio
Hammond, L B	O Serg't	A	31st Pennsylvania
Henry, Alfred N	Private	C	2d Colorado
Holmes, W C	"	C	120th Indiana
Hopkins, W G‡	"	B	14th Illinois
Hodge, J B‡	"	C	8th Indiana
Hemenway, Alvaro	"	F	92d Illinois
Himebaugh, John A	"	H	7th Ohio
Huston, J S†	"	L	8th Missouri Cav
Hooker, John J†	"	B	39th Ohio
Howbert, M L	"	E	13th Indiana
Holbrook, W E†	"	D	9th Kansas Cav
Hardwick, Joseph A	"	C	Hatch Battery
Hicks, A E	"	D	2d Mo Cav Merrill's H
Helmer, Mathew‡	"	C	2d Iowa Cav
Hewitt, John F	Union Spy		21st New York
Holbrook, A S	Private	K	16th Vermont
Hebard, William	Captain	H	17th Illinois Cav
Heron, David	Sergeant	B	5th Iowa
Hunter, A L	Private	B	63d Illinois
Hewitt, Charles	"	A	146th New York
Hall, G H B	Musician	H	8th New Jersey
Huffman, Thomas	Private	D	21st Illinois
Hendrickson, M C†	Musician	E	29th Illinois
Horner, Nathan M	O Serg't	A	1st Pa Inf
Ingraham, Almon†	Sergeant	A	2d Missouri Cav
Johnson, Eli‡	Private	K	46th Massachusetts
Jackson, A T‡	"	A	1st Kansas Inf
Johnson, Wm J‡	"	A	10th Maine
Johnson, Sylvester	"	C	66th Indiana
Johnson, W F	"	I	35th New York
Johnson, John M	"	B	20th Iowa
Jaques, Alma	"	C	27th Illinois
Kirk, S W	"	G	34th Ohio
Keiffer, A R	"	A	8th Ohio
Kittridge, Chas W	Colonel		36th Col'd Troops
Kelley, Albert W	Private	F	8th Illinois Cav

86 Colorado Springs Post No. 22.

NAME	RANK	CO.	REGIMENT
Kiser, Jacob	Private	F	35th Illinois
Laramer, James	"	G	93d Illinois
Love, E Y	"	A	35th Iowa
Long, J R	"	I	135th Illinois
Long, John H‡	"	B	93d Illinois
Lovell, D G	"	L	6th Michigan Cav
Limbach, Henry	"	B	41st New York
Lloyd, W H	Landsman		U S S Cora Doleson
Lott, Frank W†	Private	F	132d Illinois
Losey, Natban M	"	F	54th Ohio
Libby, ——	Sergeant	A	12th Wisconsin
Martin, E L	Private	D	2d Nebraska
Marsh, Eli T	Corporal	C	13th Vermont
McMorris, Thos A	Private	B	86th Illinois
McGee, Michael‡	"	A	7th Indiana
Merrin, G W‡	"	I	1st Ohio Cav
Merrill, W H D‡	"	C	11th Indiana
Matthews, Albert	"	H	106th Illinois
Mansfield, Cyrus‡	"	D	126th Ohio
McCloskey, E F	"	I	192d Ohio
Morgan, B J‡	"		Signal Corps U S A
McDill, A T	"	G	48th Illinois
Millis, W J	"	B	138th Indiana
Morgan, Thomas	"	C	1st Kentucky L A
Martin, H H	Sergeant	I	19th Iowa
Morse, J H	Private	L	107th New York
McAllster, Henry	"	L	15th Pa Cav
Milhoun, Thomas E	1st Lieu't	A	10th Kansas
Mitchell, W F	Private	G	155th Illinois
McKinnie, James R	"	A	25th Iowa
Meserve, W N	Captain	K	35th Massachusetts
McGlashen, William	Private	I	22d Illinois
Nevins, Geo O	"	B	155th Indiana
Nickell, T N‡	"	A	6th Missouri Cav
Nickell, Alfred‡	"	B	6th Missouri Cav
Nutt, E O‡	"	D	32d Iowa
Oakley, J W‡	"	I	79th New York
Oliver, R S	"	G	3d Colorado
Ogan, Jacob	"	E	2d Kansas
Pixley, John‡			14th Ohio Bat
Patterson, S B	Private	F	10th New York
Pearcy, Samuel	"	E	46th New York
Peck, E O‡	"	C	6th New York
Pruden, L H	"	B	2d Colorado
Primer, Sylvester	"	E	105th New York
Payton, John	"	E	6th Kansas
Platt, O H‡	Lieu't	L	2d Connecticut
Robbins, D W	Corporal	D	32d Iowa
Reynolds, R R	Private	A	144th New York
Reed, Jacob	"	C	7th Pennsylvania
Reece, L W	"	F	18th Illinois
Rummer, William	"	E	6th Pennsylvania
Renick, Otis	Major		11th Wisconsin
Renk, Daniel T	Sergeant	G	157th New York
Rouark, Nathel	Private	D	1st Maryland
Rouse, F L	Corporal	B	46th Iowa

COLORADO SPRINGS POST NO. 22.

NAME	RANK	CO.	REGIMENT
Rorer, Jonathan	1st Lieut..	I	138th Pennsylvania
Randolph, R H	Captain	I	138th Pennsylvania
Sherman, L E	"	A	9th Vermont
Shock, L W	O Serg't	B	99th Illinois
Saxton, William‡	Private	L	20th Pennsylvania
Snyder, L T	"	A	2d Missouri Cav
Sullivan, J W‡	"	B	5th Missouri Cav
Speilman, David	"	B	2d Colorado Cav
Stenhouse, E	"	G	3d New York
Skinner, D J	"	B	15th Iowa
Smith, E B	"	H	20th Pa Cav
Schamp, L A‡	"	K	32d Iowa
Starr, James	"	K	2d Missouri Cav
Shank, John	"	K	16th Kansas
Searles, Ambrose†	"	K	1st Illinois Cav
Simon, E E	"	I	104th New York
Stewart, R J	"	E	26th Iowa
Smith, F R	Sergeant	L	5th Kansas Cav
Sprague, Ira G	2d Lieu't	B	44th New York
Squires, W J	Musician	G	1st Conn Art
Sellars, John C	Private	H	9th Missouri Cav
Smith, Henry A	"	G	18th Connecticut
Stone, Geo H‡	"	M	2d Pa Art
Smith, C C‡	"	F	148th Illinois
Slocum, Geo W	"	F	3d Michigan Cav
Smith, Joel R	Corporal	F	2d Pa Cav
Sutton, F J	Private	H	132d New York
Steffa, Daniel	"	G	74th Illinois
Slone, J L	"	A	68th Indiana
Shofield, John	"	A	1st Wash Art
Thomas, Geo W†	"	L	12th Illinois Cav
Truex, H F	"	K	10th Illinois Cav
Thayer, C D‡	"	A	71st Illinois
Tarner, Geo A	"	H	51st Wash Inf
Templeton, A J	2d Lieu't	G	3d Colorado Cav
Unroh, William‡	Private	F	20th Illinois
Van Meter, John W	"	G	189th Ohio
Vest, Arthur E	"	F	57th Indiana
Wells, F B	"	F	15th New Hampshire
Wolfe, John‡	"	G	3d Colorado
Wright, Chas J†	"	B	52d Pennsylvania
Woodward, A F	"	I	192d Pennsylvania
Wanless, John‡	Captain		Marshal
Williams, P B‡	Private	K	2d Nebraska Cav
Walden, B F	"	C	29th Illinois
Wheeler, F P	"	B	10th New York Bat
Williams, J H	"	H	86th New York
Watsin, C B*	"	K	65th New York
Whitlock, Ogden‡	"	F	105th Illinois
Wing, J T	"	K	92d New York
Watson, Henry A	Seaman		U S N
Work, D C	Private	A	64th Ohio
Whaite, Geo N†	Corporal	C	27th Iowa
Wheeler, D N	Private	B	10th New York Bat
Walker, A J†	Captain	K	15th Illinois
Woodworth, John B	Private	G	11th Iowa Inf

AKRON POST No. 25.
AKRON, COLORADO.

Meetings, 1st and 4th Friday evenings of each month.

PAST POST COMMANDERS

NAME	YEAR	NAME	YEAR
R S Langley	1887	J N Tague	1891
J R Williams	1888	Henry Jewett	1892
J M Aitkens	1889	H G Pickett	1893
B F Rawalt	1890	F M Seeley	1894

OFFICERS FOR 1895.

Commander.................................Albert Derby
Sr. V.-Commander..........................G W Ball
Jr. V.-Commander..........................S M Caldwell
Surgeon...................................I C Stephens
Chaplain..................................Henry Jewett
Quartermaster.............................J K Williams
Officer of the Day........................J M Aitkens
Officer of the Guard......................John Pendroy
Adjutant..................................J N Tague

MEMBERS

NAME	RANK	CO.	REGIMENT
R S Langley†	Corporal	K	122d Illinois Inf
F M Seeley	Private	H	207th Pennsylvania
Wm Bagley*	Chaplain	H	35th Iowa
J R Williams	Private	A	100th Illinois
Solon W Johnson*	"	G	143d Illinois
D H Ferman*	"	H	1st Iowa Cav
A F Stephenson*	"	B	139th Illinois
J E Rippetoe*	"		18th Indiana Bat
A D Bonner*	"	I	9th Michigan Cav
H C Henry*	"	B	36th Ohio
S M Caldwell	"	K	28th Iowa
Albert Derby	"	A	9th New York
Frank A Norman*	Sergeant	H	80th Ohio Inf
C C Tyler*	"	G	132d Illinois
H A Lewis*	Corporal	B	124th Illinois
G W Ball	Lieu't	K	87th Indiana
R C Ferry	Private	K	1st Ohio L A
H G Pickett	"	A	37th Illinois
R D Pine*	"	D	53d Illinois
W F Brewster*	"	G	189th Ohio
C P Highshew	"	B	53d Illinois
Joseph Hilty*	"	F	15th Pennsylvania
A B Throop	"	F	1st Pa Art

Akron Post No. 25.

NAME	RANK	CO.	REGIMENT
John N Tague	Private	H	5th Indiana Cav
E A Haskins*	"	A	112th New York
Ira Thompson*	"	B	112th New York
W P Thompson*	"	B	12th Illinois
L S Yocum*	"	I	179th Ohio
M C Seaton*	"	K	146th Illinois
Thos Reilley	"	D	4th Minnesota
Henry Jewett	"	B	47th Illinois
John Pendroy	"	A	14th Iowa
James Nelson*	"	E	3d Massachusetts
Thos Jones*	"	G	76th Ohio
A C Bailey*	Corporal	E	40th Wisconsin
S A Robinson†	Private	B	4th Illinois Cav
T B Mitchell	Lieu't	E	4th Missouri
Stephen V Clute*	Private	C	1st Minnesota
Wm S Gilcrist	"	E	86th Ohio
D T Story*	"	I	136th Illinois
D Townsend	"	A	9th New York H A
Robert Duncan	"	F	17th Illinois
B F Rawalt	Captain	G	8th Minnesota
Hugh Baker*	Private	I	4th Wisconsin
I C Stephens	"	M	8th Iowa Cav
Jacob Bowers	"	F	182d Ohio
H J Stoops	"	M	1st Iowa Cav
N R Hatch	"	H	81st Illinois
H P Merrill*	Lieu't	E	108th New York
Joel B Stephens	Private	H	23d Iowa

E. R. S. CANBY POST No. 26.
Trinidad, Colorado.

Meetings, 2d and 4th Tuesdays in each month, at 7:30 p. m.

PAST POST COMMANDERS

NAME	YEAR	NAME	YEAR
J M Williams	1883-4	W E Howlett	1890
John Gross	1885-7	Thos R Locke	1891-2
D D Finch	1886	Jos H Hower	1893
Robt B Campbell	1888	John Bell	1894
Geo Schornherst	1889		

OFFICERS FOR 1895

Commander..Joe Ewing
Sr. V.-Commander.....................W H Stevenson
Jr. V.-Commander......................A H H Baxter
Surgeon...John Gross
Chaplain......................................C A Bowers
Quartermaster..............................John Bell
Officer of the Day.....................Jas H Hower
Officer of the Guard...............David Eckhart
Adjutant..................................John C Baldwin
Sergeant Major.............................T R Locke
C. of A...............................W H Stevenson

MEMBERS

NAME	RANK	CO.	REGIMENT
Archibald, Fred W‡	Corporal	M	11th Kansas Cav
Abbott, Oscar B*	Private	M	11th Michigan Cav
Alley, Samuel‡	"	K	198th Pa Inf
Allen, Bradford‡	"	F	155th Pa Inf
Aguero, Toribio‡	Sergeant	B	1st N M Cav
Alexander, Wm H‡	Private	F	11th Ohio Inf
Akers, F M	"	C	65th Illinois Inf
Ashbaugh, T L‡	"	K	102d Illinois Inf
Abbott, Webster H	"	E	4th Michigan Inf
Bloom, R R‡	O Serg't	G	2d New York Cav
Bullock, Wm W*	Private	E	6th Iowa Cav
Beatty, P L*	1st Serg't	B	9th Vet Res
Burkhard, Frederick*	Private	C	140th Illinois Inf
Brigham, E‡	Sergeant	G	134th Illinois Inf
Bobbett, Hardy G*	Private	I	84th Illinois Inf
Bohl, Perry W§	"	C	16th Ohio Inf
Borland, M J‡	1st Lieu't	D	10th Ohio Cav
Blakemore, Chas W‡	Captain	C	9th Illinois Cav
Betts, Fred G‡	Private	A	10th Michigan Cav
Bancroft, F H‡	2d Lieu't	F	31st Wisconsin Inf

E. R. S. CANBY POST NO. 26.   91

NAME	RANK	CO.	REGIMENT
Baldwin, John.........	Private....	K	......17th Ind Mtd Inf
Brown, Webster.......	"	E	......10th Kansas S M
Barton, Jas S*.........	"	D	.... 4th Iowa Cav
Bell, John	Captain...	F	........33d Iowa Inf
Brown, Geo W‡........	Private....	D	...... 154th Indiana Inf
Bowers, C A..........	"	C	..... 11th Michigan Inf
Butler, J M†.........	"	B	.......137th Illinois Inf
Baker, J O*...........	"		........2d Maine Bat
Belorde, Antonia†.....	Sergeant..	E	......1st N M Cav
Baxter, A H H	Private....	B	......12th Indiana Inf
Campbell, R B†........	1st Serg't..	C	....132d Illinois Inf
Clelland, C G*.........	1st Serg't..	I	...... 1st Colorado Cav
Conkie, John‡.........	1st Serg't..	I	....70th New York Inf
Carpenter, Geo M‡....	Private....	F	.... 6th Missouri Inf
Chaplain, F B*........	2d Lieu't..	M	.... 2d Nebraska Cav
Clark, Thos A‡.........	Sergeant..	K	.... 10th Ohio Inf
Crowley, Wm‡.........	Corporal...	B	.....9th Tennessee Cav
Chapman, W A§.......	Sergeant ..	B	.... 46th Iowa Inf
Champion, W J‡.......	Private....	B	....1st Michigan Art
Chacon, Rafael........	Major..		..........1st N M Cav
Coine, James*.........	Sergeant ..	C	....12th Tennessee Cav
Chase, D B‡..........	Private....	F	....13th Kansas Inf
Curtis E A‡...........	"		.... 1st Conn L Bat
Conroy, Stephen*......	"	E	....2d Colorado Cav
Crosby, Jas K*........	"	I	........27th Mass Inf
Davis, Joseph.........	2d Lieu't..		.... 30th Mass Inf
Duling, Anderson*.....	Private....	K	...... 101st Illinois Inf
Duling, J W*..........	Corporal...	H	.... 80th Ohio Inf
Donnelly, Thos C†.....	Sergeant ..	E	..........84th Pa Inf
Dodd, Reevel*.........	"	I	........29th Pa Inf
Duling, John	Private....	G	....1st Nebraska Cav
Ewing, Joe............	"	C	........5th Iowa Cav
Evans, John†.........	"	C	.... 19th Ohio Inf
Eckhart, David........	"	A	........2d Kansas Cav
Ermine, J W‡.........	"	A	.......111th Pa Inf
East, Milton...........	"	L	......7th W Va Cav
Finch, D D*...........	Lieu't......	F	..........3d Iowa
Fuller, W C†..........	Private....	I	...... 8th Iowa Cav
Fisher, John H‡.......	"		
Fulton, Horatio*......	"	K	........69th Illinois Inf
Fullager, Wm‡........	Corporal...	D	....168th New York Inf
Foster, O G	"	M	........1st N M Cav
Flores, Francisco......	Sergeant ..	L	..........1st N M Cav
Grasmuck, Frank‡....	Private....	B	.......2d Kansas Cav
Gross, John...........	"	I	........5th Illinois Cav
Garner, Henry C......	"	A	.... 38th Ohio Inf
Garner, N D	Sergeant ..	G	....10th Tennessee Cav
Gleason, A F‡.........	Corporal ..	B	...... 1st Michigan Art
Griffin, H H	Private....	I	.... 10th Michigan Inf
Greene, J W‡.........	"	L	...... 1st New York Cav
Harrison, W H*.......	"	E	....19th Wisconsin Inf
Heins, Albert*........	"	E	..........48th Pa Inf
Hogue, Ithamer*......	"	G	...... 19th Indiana Inf
Holton, John J‡.......	"	F	...... 40th Ky Mtd Inf
Howlett, W E........	"	F	..........106th Pa Inf
Hermann, Geo F......	Corporal...	H	......82d Illinois Inf

NAME	RANK	CO.	REGIMENT
Howes, Jas H	Private	F	135th Pa Inf
Hastings, Alonzo‡	Lieu't	C	1st Kansas S M
Hughs, John S†	Sergeant	L	7th Missouri S M
Humphreys, Jonathan*	Private	F	109th Pa Inf
Houseworth, Robt†	"	C	78th Illinois Inf
Headley, Reuben*	"	E	21st Ohio Inf
Jacobs, Geo H*	"	C	88th Illinois Inf
James, Morris	"	D	1st Illinois L A
Jones, W N‡	"	M	12th Pa Cav
Jackson, Ezra	Corporal	A	12th Conn Inf
Kadie, Alexander	Private	F	9th U S Inf
Kinny, Edward J‡	"	B	7th Illinois Cav
Kendig, Jacob†	"	E	73d Indiana Inf
Lenhart, Philip†	1st Serg't	I	58th New York Inf
Lockwood, Wm E*	Captain	E	13th Missouri Inf
Lucas, Thomas‡	Sergeant	C	10th Indiana Inf
Litz, Abram E‡	Private	C	3d Ohio Inf
Locke, Thos R	"	E	63d Illinois Inf
Loppin, Mahlon*	"	I	9th Iowa Cav
McCurdy, S H*	"	E	2d Ohio Cav
Mulford, E T§	"	A	4th Ohio Cav
Murphy, John‡	Sergeant	D	3d Colorado Inf
Milliken, Wm*	1st Lieu't	C	27th Maine Inf
McEnerny, Patrick‡	Private	F	3d U S Cav
Murphy, Jas H	"	C	3d Colorado
Morse, J H*	"	I	107th New York Inf
Morrill, W A*	"	A	148th Illinois Inf
McKeith, Duncan†	Sergeant	H	3d Colorado Cav
Moore, F T‡	Captain	L	2d Illinois Cav
Meeks, Joseph	Sergeant	E	172d Ohio Inf
Morris, Shadrach	Private	I	69th Indiana Inf
Macomber, G A	Sergeant	G	53d New York Inf
Martines, Jose M	"	K	1st N M Inf
Newsham, James‡	1st Serg't	D	10th Illinois Cav
Nesbitt, J P	Private	F	1st Nebraska
Neal, Geo W‡	"	K	17th Ohio Inf
Norton, Horace*	"	K	2d Colorado Cav
Olmsted, W A*	Lieu't Col.		2d New York Inf
Orme, E J†	Private	B	195th Ohio Inf
Palmer, H K‡	Corporal	D	7th Illinois
Purrington, R H	Captain	F	24th Maine Inf
Perley, Thos A*	Private	A	50th Mass Inf
Pensil, John R‡	"	C	4th Iowa Cav
Pearson, Jas D‡	Landsman		U S S Kingfisher
Roosa, John*	Sergeant	G	102d New York Inf
Reeves, Riley A‡	Private	B	48th Indiana Inf
Reck, Benj F*	Sergeant	A	6th Kansas Cav
Rouse, D B‡	Bugler		76th Indiana Inf
Rose, John†	Captain	D	105th Pa Inf
Reinohls, Jonathan	Private	G	2d Pa Cav
Ridenour, Frank*	"	A	187th Ohio Inf
Ross, Wm W	"	I	3d Wisconsin Inf
Smith, Chas F*	"	H	7th Illinois Inf
Schornherst, Geo‡	"	H	15th Kansas Inf
Sturgess, Henry‡	Captain	G	61st U S C T
Sherman, P B‡	2d Lieu't		2d Conn L Bat

E. R. S. Canby Post No. 26.

NAME	RANK	CO.	REGIMENT
Sherman, H M*	Private	K	36th Mass Inf
Sanford, A W*	"	H	144th New York Inf
Spencer, D W‡	"	A	43d Missouri Inf
Scarce, W W‡	Major		51st Indiana Inf
Sivyer, David‡	Private	G	141st Illinois Inf
Sylvester, W S‡	"	F	1st Maine Cav
Strawbridge, J B*	"	C	31st Pa Inf
Stockwell, M H‡	"	C	45th Iowa Inf
Shumway, H H‡	"	B	166th Ohio Inf
Stowell, Abishia*	"	C	2d Kansas
Sheets, Monroe‡	"	I	6th Kansas Cav
Smethers, W R	"	E	39th Indiana Inf
Seybold, Gates*	"	G	3d Illinois Cav
Stapleton, Wm	"	B	16th Pa Cav
Stevenson, W H	"	C	8th Illinois Cav
Thomas, Samuel‡	"	E	1st California Inf
Tiberghein, L*	Corporal	I	13th Kansas Inf
Taylor, John M‡	Private	I	57th Pa Inf
Thompson, S J	"	E	18th Pa Cav
Thornton, C W‡	"	B	1st Nevada
Thomson, Thos B‡	"	B	8th Missouri S M
Taylor, A H	"	C	3d Pa Inf
Umpleby, John‡	Lieu't	L	7th Pa Cav
Vandyke, J W S‡	Private	H	2d Iowa
Wilson, Geo N*	Corporal		2d Conn Inf
Williams, J M§	Colonel		79th U S C T
Wrigglesworth, W J†	Corporal	C	31st Wisconsin Inf
Walsh, W H‡	Private	B	16th Illinois Cav
Westcott, Chas A‡	"	L	3d Ohio Cav
Wood, R C*	Corporal	F	13th New York Inf
Wallace, James*	Captain	C	145th Ohio Inf
Walsh, John J*	Private	B	1st Dakota Cav
Wetmore, J M‡	"	G	16th Wisconsin Inf
Webber, Geo H*	"	C	4th Vermont
Whiteford, Edward†	Captain	G	6th Pa Cav
Wolfel, Fred	Private	I	7th New York
Yockey, B F	Corporal	G	107th Ohio Inf

PUTNAM POST No. 27.
(Disbanded, 1892.)
DEL NORTE, COLORADO.

PAST POST COMMANDERS

NAME	YEAR	NAME	YEAR
P F Barclay	1883	J Ewing	1887
John H Shaw	1884-5	J Cary French	1888-9
Alden Bassett	1886	J W Smith	1890

MEMBERS

NAME	RANK	CO.	REGIMENT
Barclay, P F	Mate		U S S General Price
Bassett, Alden	Private	B	3d Colorado Cav
Babog, Mathew	"	D	171st Pennsylvania
Carey, W F	"		McLain's Colorado Bat
Crane, H E	2d Lieu't	A	29th Conn Inf
Campbell, C W	Sergeant	D	6th Kansas Cav
Coryell, Chas A	1st Lieu't	A	141st New York
Downs, Allen	Private	A	74th U S Inf
Dwyer, H M	"	G	12th Vermont Inf
Ewing, John	"	D	186th Ohio Inf
Ellison, Jacob	"	C	121st New York Inf
French, J Carey	Lieu't	A	2d Kansas Inf
Fairchilds, Chas	Private	G	21st Illinois Inf
Goodaker, Samuel C	Q M Serg't		2d Colorado Cav
Gates, A E	Private	D	171st Pa Inf
Hathaway, R A	"	H	11th Kansas Cav
Hoover, D W	Sergeant	L	16th Kansas Cav
Jones, James A	"	H	45th U S Inf
Jones, E Paul	Private	H	1st Colorado Cav
Leach, Leander	Artificer	F	1st Illinois Art
Mercer, L D	Sergeant	B	52d Ohio Inf
McLeod, J R	Private	H	89th Indiana Inf
Morrison, James W	"	F	Merrill's Horse
Needham, Levi	"	D	114th Illinois Inf
Osgood, F M	Corporal	I	2d Michigan Cav
Shreve, Caleb A	Private	E	39th Iowa Inf
Shaw, John H	1st Lieu't	C	7th Illinois Cav
Schrader, Herman	Private	A	1st Texas Cav
Shields, Jas W	"	A	130th Indiana Inf
Smith, J W	"	F	83d Illinois Inf
Shidler, Gabriel	"	L	15th Indiana Cav
Wilson, Milo	"	D	148th Ohio N G

JOHN A. RAWLINS POST No. 28.
LAKE CITY, COLORADO.

Meetings, 1st Friday of each month, at 8 p. m.

PAST POST COMMANDERS

NAME	YEAR	NAME	YEAR
Henry C Olney		Chas McDougall	
Geo W Henry		W I Edgerton	
J K Mullin		A Greenfield	
O A Baker		J M Essington	
Geo J Richards		J B Michaels	

OFFICERS FOR 1895

Commander .... W I Edgerton
Sr. V.-Commander .... J A Hunt
Jr. V.-Commander .... Robt Goodwin
Surgeon .... Wm Borie
Chaplain .... T S Kirker
Quartermaster .... Geo J Richards
Officer of the Day .... J B Michaels
Adjutant .... Chas McDougall

MEMBERS

NAME	RANK	CO.	REGIMENT
Henry C Olney	Captain	A	52d Wisconsin Inf
Thos S Kirker	Sergeant	L	1st L A—Ohio
Francis A Cook	Captain	B	3d U S C V C—Ohio
Thos E Barnhouse	Private	B	8th Illinois Vet Inf
Thos H Higgins	Sergeant	K	76th Illinois Inf
Geo W Henry	Captain	D	11th Missouri Inf
Geo A Kellogg	Corporal	G	23d Ohio Inf
S C Dunkle	Private	C	1st Bat 6th Pa Cav
Cyrus B Williams	"	B	1st Ohio H A
James W More	"	C	7th Wisconsin Inf
Joseph I Howard	"	G	16th Illinois Cav
Joseph A Hunt	Corporal	B	7th Mo S M Cav
Henry Finley	1st Serg't	F	1st Bat Nev Inf
Wm P Hunt	Private	I	23d Missouri Inf
Chas McDougall	1st Lieu't	C	6th U S Vet
J E Whinnery	Corporal	A	14th Indiana Inf
W I Edgerton	Private	E	3d New York L A
E H Smith	2d Serg't	B	16th Michigan Inf
H D Adams	Private	F	8th Iowa Cav
H L Franklin	Adjt		1st Wisconsin Inf
B P Taft	Private	F	10th Wisconsin Inf
Wm Morehead	"	G	6th Illinois Inf

John A. Rawlins Post No. 28.

NAME	RANK	CO.	REGIMENT
N P Ellsbree	Private	A	23d Iowa Inf
J P Fluallen	"	C	15th Indiana Inf
Gideon Sutton	"	M	2d Colorado Cav
Belden Spence	Captain	G	1st Pa Art
Geo P Childs	2d Lieu't	A	7th Missouri Cav
Benj F Allen	1st Lieu't	G	3d Colorado Inf
Geo J Richards	1st Serg't	D	14th New York Art
Joseph C DuBois	Corporal	A	40th Ohio Inf
J K Mullin	Q M S	A	1st Nebraska Cav
Timothy Clawson	Corporal	F	37th Illinois Inf
Clark Thompson	Private	A	60th U S C Inf
Wm H Andrews	"	K	19th Ohio Inf
Albert Greenfield	Corporal	H	3d New York Art
Jas A Chapman	Captain	B	16th Illinois Inf
Elliott C Wager	Private	A	10th Kansas Inf
Lawson H Worthingt'n	"	K	6th M S M C
David Karl	"	A	7th Illinois Cav
James H Johnston	"	A	102d Pa Inf
W H Parcels	"	D	12th Indiana Inf
L P Ward	Corporal	I	3d California Cav
W W Ferguson	Sergeant	H	4th New York H A
Otis A Baker	Captain		18th Mass Inf
Chambers Copeland	Corporal	K	7th Missouri Cav
Wm H Borie	"	D	2d U S Dragoons
Thos Burr	Private	A	3d Colorado Cav
Jas Ainsworth	"	F	3d Illinois Cav
Thos S Rowan	"	I	25th Iowa Inf
W C Brownlee	"	M	11th Kansas Cav
J B Michaels	"	G	7th Indiana Cav
Geo Smeltzer	Corporal	F	2d Mass Cav
J M Essington	Captain	B	7th Pa Cav
Robt Goodwin	Private	B	9th Missouri Cav
Robt W Morris	Bugler	K	1st Colorado Cav

JOHN ABERNATHY POST No. 29.
Trinidad, Colorado.

Meetings, 2d and 4th Thursdays in each month.

PAST POST COMMANDERS

NAME	YEAR	NAME	YEAR
D D Finch	1887	William Milliken	1891
John Roosa	1888	William Milliken	1892
Wm A Olmstead	1889	D D Finch	1893
F D Wight	1890	P L Beatty	1894

OFFICERS FOR 1895

Commander......................William Milliken
Sr. V -Commander....................D D Finch
Jr. V.-Commander................J J W Thompson
Surgeon................................E F Green
Chaplain............................Fred Burkhard
Quartermaster.....................W A Littlefield
Officer of the Day...............Jas H Bartlow
Officer of the Guard................Jas White
Adjutant..............................A L Stone
Sergeant Major.......................J S Barton

MEMBERS

NAME	RANK	CO.	REGIMENT
Aultman, C F‡	Private	A	40th Ohio Inf
Adair, Marion	"	C	33d Iowa Inf
Albertson, Harrison	"	D	6th Missouri Cav
Beatty, P L†	Sergeant	G	7th Illinois Inf
Barnhouse, John	Private	F	9th Iowa Inf
Burnhard, F	"	F	140th Illinois Inf
Bowne, A J§	"	I	7th New York Inf
Bartlow, Jas H	Corporal	B	37th Indiana Inf
Barr, Henry S	Private	E	152d Illinois Inf
Barton, J S	"	G	4th Iowa Cav
Clelland, C G‡	Sergeant	I	1st Colorado Cav
Conroy, Steven	Private	E	2d Colorado Cav
Coe, John P	"	E	10th Iowa Inf
Collins, W A	"	A	2d Missouri Cav
Cronk, William	"	E	1st Missouri L A
Duling, Anderson	"	K	101st Illinois Inf
Duling, Joel W‡	Corporal	H	80th Ohio Inf
Drury, Geo	"	I	12th Illinois Inf
Darrow, Homer‡	Musician	H	3d Iowa Inf
Eidson, A M§	As't S'rg'n	K	2d Indiana Cav
Finch, D D	1st Lieu't	F	3d Iowa Inf

98   JOHN ABERNATHY POST NO. 29.

NAME	RANK	CO.	REGIMENT
Flynn, Edward	Private	C	1st Colorado Cav
Greenfield, R A	"	G	88th Indiana Inf
Green, E F	"	E	21st Illinois Inf
Hague, I	Sergeant	B	9th Vet R C
Holt, A M	Private	K	20th Maine Inf
Haley, Anthony†	Corporal	I	147th New York Inf
Hughes, J P	Private	B	2d Iowa Cav
Hamilton, M E	Q M S	A	N M Mtd Inf
Hohn, Lewis	Private	E	4th Pa Inf
Kelley, M H†	Serg't Maj		1st N M Cav
King, W M§	Sergeant	F	130th New York Inf
Kelley, M A‡	Private	B	13th Ohio Cav
Littlefield, W A	"	A	148th Illinois Inf
Lucas, J§	"	C	10th Indiana Inf
Leighton, H W	"	G	19th Maine Inf
Lewelling, J W	Sergeant	H	N M Ind Cav
Lash, T J	Corporal	D	1st California Inf
Loomis, Henry	Private	G	14th Iowa Inf
McCurdy, S H§	Corporal	E	2d Ohio Cav
Milliken, William	1st Lieu't	C	27th Maine Inf
McGrew, Leander‡	Private	B	33d Iowa Inf
Murphy, Jas H§	"	C	3d Colorado Cav
Martin, Fred	"	G	1st New York Cav
Nott, S P	Corporal	H	17th Ohio Inf
Olney, James	1st Lieu't	C	1st Colorado Cav
Olmstead, Wm A	Colonel		59th New York Inf
Ortloff, August	Private	K	3d Iowa Cav
Roosa, John	Sergeant	G	102d New York Inf
Robinson, Wm‡	Corporal	C	73d Ohio Inf
Reck, Benj F	Sergeant	A	6th Kansas Cav
Segura, Francisco	Private	A	1st N M Cav
Scaggs, Lewis‡	Corporal	F	6th Tennessee Cav
Smith, Arthur	Private	H	140th New York Inf
Stowart, Henry B	Sergeant	H	34th Indiana Inf
Stone, Albert L	"	E	4th Wisconsin Cav
Thompson, Wm†	Private	E	1st Colorado Cav
Tiberghien, L	Corporal	I	13th Kansas Inf
Thompson, J J W	Private		5th Wisconsin Bat
Taylor, Will H‡	"	A	135th Indiana Inf
Vail, Robert‡	Corporal	H	2d Illinois Cav
Wight, F D	Captain	A	1st Me Sharpsh't'rs
Wilkins, J W	Private	B	32d Mass Inf
White, James	"	E	1st California Inf
Williams, C A	"	K	21st Missouri Inf
Yockey, F B*	Corporal	G	107th Ohio Inf

E. D. BAKER POST No. 30.
Idaho Springs, Colorado.

PAST POST COMMANDERS

NAME	YEAR	NAME	YEAR
J J Elliott............	1883-7	W H Boule..........	1888
Henry Bowman......	1884	Andrew Phening.....	1889
Dan S Kooken.......	1885	A R Comstock.......	1890
Hugh H Tarbet......	1886		

MEMBERS

NAME	RANK	CO.	REGIMENT
Brooks, Nathaniel†....	Private....	E	........2d Colorado Cav
Bowman, Henry......			..........36th Mass Inf
Blair, Jas M			...............36th Iowa
Boule, W H..........	Navy......		......Ship Chillicothe
Beers, L N...........	Surgeon...		....50th New York Eng
Boles, J W...........			......11th Missouri Inf
Clute, Sanford........	Private....'	C	........140th New Yook
Comstock, A R.......	"	E	......11th Illinois Cav
Crapo, Francis M.....	1st Lieu't..	F	..........111th U S C T
Doyle, Wm A.........	Private....	M	......3d Colorado Cav
Doherty, W F........	Sergeant ..	A	..........1st R I Cav
Dalrymple, H........	Corporal...	A	....50th Massachusetts
Easley, John C	As't S'g'n..	K	........2d Indiana Cav
Elliott, J J..........	Navy......		....Seminole—Penguin
Farrand, Chas E.....	Captain...	B	..........20th U S Inf
Garrabrant, Frank....	Private....	C	..........23d Michigan
Graeff, M B..........	Corporal...	D	......2d Colorado Cav
Garson, M V.........	Private....	H	...........54th Pa Inf
Hoop, G F...........	Surgeon...		...........84th Pa Inf
Hooker, D S.........			
Hart, Michael	Private....	G	........46th Wisconsin
Johnson, John.......			
Kooken, D S..........	Private....	K	..........4th W Va Inf
Kennedy, S P........	"	C	............138th Ohio
Lewis, Dill P†.......	O Serg't...	C	.......176th New York
Laughlin, Philip......	Private....	D	............184th Ohio
Montague, H	Lieu't.....	D	........44th New York
Meade, J S...........	Private....		......1st Colorado Cav
McIntosh, James§ ...	"	A	..........28th Illinois
Miller, G C...........	"	H	........19th Illinois Inf
Menzimer, C	"	C	......140th Illinois Inf
Neeswinder, W			
Phening, Andrew	Private....	M	......2d Colorado Cav
Patten, Ambrose B†...	"		......28th Maine Inf
Patterson, John M	"	E	............45th Ohio
Price, Robt H	"	C	.........50th Illinois

E. D. Baker Post No. 30.

NAME	RANK	CO.	REGIMENT
Quigley, Edward	Private	G	3d Minn Inf
Rea, A B			
Stubbs, Edward			
Smith, Samuel P†	Private	H	N Y Marine Bat
Smith, A P	Lieu't Col.		—— Cavalry
Terrell, Hiram	Private		2d Colorado Cav
Vandusen, David T	"	C	—— Michigan
Webster, Alman	Lieu't	G	9th New York

JOSEPH A. MOWER POST No. 31.
BRECKENRIDGE, COLORADO.

Meetings, 2d Friday of each month, at 7:30 p. m.

PAST POST COMMANDERS

NAME	YEAR	NAME	YEAR
George Puterbaugh	1883	A W Phillips	1889
E Nashold	1884	A B Hough	1890
A S Hall	1885	A L Shock	1891
George Ryan	1886	Walter H McDonald	1892
C L Westerman	1887	John N Westen	1893
Frederick Crome	1888	W J Houghtaling	1894

OFFICERS FOR 1895

Commander...................... Andrew Anderson
Sr. V.-Commander .... E H Mileisen
Jr. V.-Commander .... Daniel Shock
Surgeon .... John Cyphert
Chaplain .... Wm McManis
Quartermaster...................... A W Phillips
Officer of the Day................ C L Westerman
Officer of the Guard.............. W H McDonald
Adjutant .... A L Shock
Sergeant Major.................... John N Westen
Quartermaster Sergeant........... Azro G Donnell
C. of A....E A Mileisen, Wm McManis, Jno Cyphert

MEMBERS

NAME	RANK	CO.	REGIMENT
Andrew Anderson	Private	H	13th Wisconsin Bat
C C Acton‡	"	E	5th U S Inf
L Adamson*	Musician	A	122d Ohio Inf
Alfred Alby‡	Corporal	I	141st Pa Inf
Alomson Andrews‡	Private	H	59th Indiana Inf
C C Arnold‡	"		2d Kansas Cav
A H Bereman*	Colonel		45th Iowa Inf
Samuel Beck‡	Corporal	C	149th Indiana Inf
W R Bartlett‡	Private	B	6th Ohio Inf
C H Bennett*	Corporal	G	138th Illinois Inf
A L Bates‡	1st Lieu't	I	11th Missouri Inf
George Burr‡	Private	G	1st Wisconsin Cav
Webster Ballinger‡	2d Lieu't	A	2d Iowa Inf
Thos C Blaisdell‡	Private	F	11th Missouri Inf
S M Blair‡	"	I	7th Iowa Inf
George A Blanchard	"	B	1st Missouri Eng
L D Bell*	"	H	23d Ohio Inf

102 Joseph A. Mower Post No. 31.

NAME	RANK	CO	REGIMENT
Edward G Bartlett‡	Private	A	4th Ohio Cav
Ambrose Blong	"	I	58th Missouri Inf
William Barry†	"	M	7th Missouri Cav
J A Colbath†	1st Lieu't	E	99th Ohio Inf
John Cyphert	Private	F	63d Pa Inf
Geo C Crossen‡	"	C	7th Iowa Inf
George W Chase‡	Sergeant	G	45th Illinois Inf
Frederick Crome†	"	B	1st Minnesota Inf
Phillip Callen‡	Private	F	3d Colorado Cav
E J Cole*	"	B	10th Michigan Inf
Wm Couest‡	"	A	3d Michigan Inf
G W Davidson‡	"	D	103d Pa Inf
H G Denniston‡	"	G	10th New York Cav
Benjamin Durley‡	"	E	25th Wisconsin Inf
Daniel H Daywalt‡	1st Serg't	B	49th Ohio Inf
Rhodes Davis	"	B	42d Missouri Inf
Samuel De Mott	"	E	130th Ohio Inf
Thomas Dooley	Private	A	1st Pa Cav
Thomas A Dolan‡	Sergeant		1st D C Inf
John Dorble	Private	K	2d Missouri Cav
Azro G Donnell	"	B	48th Iowa Inf
Frank De La Mar‡	1st Lieu't	M	3d Colorado Cav
Smith Frey*	Private	C	15th Ohio Inf
Cannuct Gregory‡	"	I	1st Iowa Inf
C C Graham*	Q M		52d Wisconsin Inf
John H Grote‡	Private	A	42d Illinois Inf
Edward H Gould*	Hos St'w'd		21st Wisconsin Inf
George Hammerschlag	Private	E	5th U S Inf
A S Hall*	Sergeant	H	18th Indiana Inf
E L Hyatt‡	Private	D	8th Tennessee Cav
L N B Hoffmire‡	"	E	43d Ohio Inf
C E Hardy‡	1st Serg't	I	9th Indiana Inf
H G Hamilton*	Captain	K	140th New York Inf
Loren N Hawkins	Fireman		Ship Monongahela
W M Hallowell‡	Private	E	148th Pa Inf
A B Hough†	1st Lieu't		50th New York Eng
William J Houghtaling	Private	E	77th Illinois Inf
J H Johnson‡	"	A	95th New York Inf
Aug Jaucher†	Bugler		2d Illinois L A
W P Jaquess	Sergeant	D	91st Indiana Inf
William D Jett‡	Color S'g't	H	35th Missouri Inf
Stephen Kelly‡	Sergeant	E	13th Illinois Inf
James Kelleher‡	Private		U S Marine Corps
John F Kelley†	"	K	45th Mass Inf
James L Kesler‡	"	K	15th Missouri Inf
Wm Lloyd§	Sergeant	G	34th New York Inf
George L Loop*	Corporal	L	9th New York Cav
Wm J Lusher	Private	C	49th Wisconsin Inf
C McMahan‡	Captain	A	11th Mo Vet Inf
Patrick McCarty‡	Private	D	181st Ohio Inf
H McQueary‡	"	E	27th Missouri Inf
George Mahan†	"	B	5th Iowa Inf
Walter H McDonald	"	K	3d Colorado Cav
Wm McManis	Corporal	A	44th New York Inf
Ephriam C Moody‡	Private		8th Minnesota Inf
C H McCoy‡	"	G	3d Illinois Cav

Joseph A. Mower Post No. 31.

NAME	RANK	CO.	REGIMENT
Wm L Malpuss*	Private	A	102d Pa Inf
George McGeorge	"	I	29th Iowa Inf
John Marony*			Det Ord
John G Myers‡	Private	B	6th Michigan Inf
John S McVeigh*	"	H	69th New York Inf
E H Mileisen	"	B	16th U S Inf
E Nashold‡	"	G	177th New York Inf
Levy L Newcomer‡	Captain	B	13th Iowa Inf
James Nelson‡	Landsman		Ship Atlantic
William Ogden‡	Private	G	3d Illinois Cav
George Puterbaugh*	Captain	E	47th Illinois Inf
J N Paisley‡	Private	A	134th Pa Inf
Andrew M Parks‡	1st Serg't	C	1st W Va Inf
A W Phillips	Private	F	15th Mass Inf
George Ryan	Captain	D	47th Illinois Inf
Robert L Rechey†	"	G	6th Pa Inf
W H Strahm‡	Private	G	23d V R C
A L Shock	Captain	K	3d Colorado Cav
L B Smart†	Private	F	21st Missouri Inf
Ernest Smith‡	"	C	3d Pa Art
S A Simison‡	Colonel		23d Illinois Inf
James H Stahl*	Private	K	14th Iowa Inf
Daniel Shock	"	G	49th Ohio Inf
John W Simms	Corporal	C	10th W Va Inf
Thomas M Tubbs‡	Private	K	14th Iowa Inf
Leonard M Thomas‡	"	D	95th Pa Inf
George F Trappe‡	"	B	31st New York Inf
W A Thompson	Corporal	E	40th Iowa Inf
John A Willoughby‡	Adj't		195th Pa Inf
James Weeks†	Corporal	I	36th Illinois Vet Inf
C L Westerman	Private	B	108th Illinois Inf
Thomas F Walker‡	"	I	16th Illinois Inf
John N Westen	"	F	74th Pa Inf
Richard F Williams‡	Captain	L	2d Michigan Cav
Wm Woodville‡	Private	I	57th Mass Inf
George W Wilson‡	"	A	9th Illinois Cav

JOHN F. REYNOLDS POST No. 33.
CHEYENNE, WYOMING.

Meetings, 1st and 3d Fridays, at 8 p. m.

PAST POST COMMANDERS

NAME	YEAR	NAME	YEAR
J W Fisher........	1883	N J O'Brien..........	1890
J K Jeffrey.............	1884-5-93	John M Davidson....	1891
J H Goddard..........	1886	Geo G Neil..........	1892
T M Fisher............	1887-8-9	E S Smith............	1894
Wm A Olmsted.......	....	A Gardineer..........	....
A A Maher......	....	F A Stitzer..........	....

OFFICERS FOR 1895

Commander..N J O'Brien
Sr. V.-Commander......................D S Swan
Jr. V.-Commander......................H W Moore
Chaplain..W D Pease
Quartermaster..............................J F Crowley
Officer of the Day ....J A Palmer
Officer of the Guard................J W Rockafield
Adjutant ....J A B Apperson
Sergeant Major.........................M F Maley

MEMBERS

NAME	RANK	CO.	REGIMENT
Apperson, J A B.... ..	Captain...	E	.......117th Illinois Inf
Adamsky, Simon*......	Private....	G	.... 7th Connecticut
Artist, Andrew M......	Saddler ...	G	.... 7th Iowa Cav
Adcock, J E‡.....	Private....	L	.......7th Illinois Cav
Adams, J O	"	I	.... 178th Ohio Inf
Anderson, Thos M§....	Lieu't Col.		.... 9th U S Inf
Alquier, Levi‡.... ..	Private....	I	.... 47th Ohio
Bresnahen, Timothy*..	"	F	.... 11th Maryland
Burns, J M§............	Captain...		.........17th U S Inf
Bennett, C E...........	Lieu't-Col		.....1st Calif Cav
Bard, I N‡...........	Private....	C	.....26th New York Inf
Bradley, Geo W‡......	"	A	.......4th Illinois Cav
Bruner, J W‡..........	"	F	......2d Pa Reserve
Brower, William‡.....	"	B	......94th Illinois Inf
Benham, D W‡	"	E	.... 5th U S Art
Benhoff, Herman‡.....	"	G	..... 13th Indiana Cav
Billows, James‡.......	Bugler.....	E	......4th U S Cav
Balmer, Solomon‡.....	Private	H	.... 99th Ohio Inf
Bartlett, I S‡..........	"	H	..........10th N H Inf
Brady, E W†...........	Chaplain...		.... 116th Ohio Inf

John F. Reynolds Post No. 33.

NAME	RANK	CO.	REGIMENT
Buffon, H P	Private	K	54th Illinois
Bristol, S A	"	C	27th Connecticut
Boulter, Collingsworth	"	B	1st Colorado Cav
Brookhart, Jno W	"	F	35th Iowa Inf
Bostwick, Julian‡	"	E	12th Minnesota
Bainam, B F	"	I	83d Indiana Inf
Barkwell, M C*	Musician		5th Kentucky Inf
Brisban, Jas S†	Brig Gen		
Bowle, W H‡	Private	I	6th Illinois Cav
Burke, Jno‡	"	K	1st Missouri Cav
Benjamin, H N†	Colonel		113th Ohio
Brown, Geo H*	2d Lieu't	I	65th Illinois Inf
Corey, Geo W*	Surgeon		12th Missouri Cav
Conroy, Jno J‡	Private	D	151st Illinois Inf
Conroy, Jno*	Lieu't	D	1st Texas Cav
Clark, Jas‡	Private		17th Ohio Bat
Conley, Jno‡	Musician		12th New York Cav
Curtis, Frank	Private	E	4th Minn Inf
Crowley, J F	Musician		60th New York
Carroll, W P	Sergeant		3d Vermont L A
Carrier, George‡	Private	K	2d Illinois Cav
Crittenden, Thos L‡	"	I	14th Connecticut
Carr, Jno A‡	"	B	6th Pa Cav
Calles, A H‡	"	E	1st Maryland Cav
Combe, Richard‡	Captain	K	7th U S Inf
Caldwell, M A‡	Private	K	21st Michigan Inf
Clarkson, Joseph†	Sergeant	B	69th New York Inf
Crawford, J F‡	Private	B	123d Indiana
Carroll, Thomas‡	"	G	5th Ohio
Chase, Edward	Captain	F	3d Colorado Cav
Conroy, Patrick	Private	G	Pa Lt Bat
Chapman, Henry L	Lieu't Col		7th U S Inf
Champlin, E P§	A Q M		U S Army
Deavoriux, John‡	Bugler	K	2d U S Dragoons
Duigle, Thomas‡	Private	G	2d Mass H A
Dunn, Jamison C*	"	C	9th Pa Reserve
Dillian, Richard‡	"	A	1st Colorado Cav
Dwyer, Patrick‡	"	I	3d Ohio Inf
Deitrick, B F	"	A	132d Indiana
Devendorf, Nelson‡	"	F	—— Michigan Eng
Downey, Henry	"	D	3d Wisconsin Cav
Duval, L F	"	A	165th New York
Davidson, Jno M*	"	F	167th Ohio
Day, S A	Sergeant	B	12th Pa Cav
Danforth, S H	Private	C	3d Vermont Inf
Dolan, William	Seaman		U S Marines
Durbin, Jno H‡	Lieu't	I	83d Indiana Inf
Durbin, Geo L	Private	I	134th Indiana Inf
Donavan, John	"	A	74th Ohio
Edwards, C H‡	Sailor		U S Navy
Ecke, August*	Sergeant	A	5th Pennsylvania
Emmerson, J H‡	Private	G	6th Missouri Cav
Ellsworth, Allen	"	F	68th Illinois Inf
Essellbonn, Jake†	"	K	43d Illinois Inf
Foster, A P‡	Lieu't Com		U S Navy
Furniss, J G‡	1st Serg't	H	99th Illinois Inf

106 John F. Reynolds Post No. 33.

NAME	RANK	CO.	REGIMENT
Fisher, J W	Brig Gen		Volunteers
Fisher, Thos M*	1st Lieu't	B	190th Pa Inf
Fritz, Joseph†	Sergeant	D	5th U S Cav
Ferris, George‡	Private	K	19th Illinois Inf
Fredendall, Ira L	"	A	40th Wisconsin Inf
Fuller, B F*	"	C	25th Missouri Inf
Freund, F W*	Artificer	B	1st New York Eng
Gonsalis, Jno F‡	Private	A	61st Illinois
Gorrell, Levi‡	"	H	46th Ohio
Garland, W J	Captain	C	28th Illinois Inf
Grant, D C‡	Private	A	3d Minnesota
Green, A J‡	"	D	23d Wisconsin
Goodsell, Chas D‡	Sergeant	G	53d Pennsylvania
Goodsell, W L‡	Private	D	50th New York
Goddard, J H	"	F	1st Mass H A
Gross, Jas F	"	F	3d New York L A
Gardineer, A*	"	A	67th Ohio
Grimes, R B‡	2d Lieu't	F	13th Kansas
Graham, A J†	Private	I	8th Iowa Inf
Gaffney, George‡	"	C	9th Massachusetts
Garretty, F D‡	1st Lieu't		1st Neb Res Corps
Hass, Herman‡	Private	B	1st Ohio Inf
Holliday, Oliver‡	"	H	2d Colorado Cav
Hipple, Jas E‡	"	K	25th Ohio
Herystler, Ottoman‡	"	E	1st Conn Art
Humphrey, C H‡	Captain		U S A
Hewitt, Jas H‡	Private	B	7th Vermont
Hathaway, Rich'd M‡	1st Lieu't	B	87th Indiana
Horn, John‡	Private	E	1st Illinois Art
Helphanstine, H H	"	A	18th Indiana
Hires, Fred‡	"	G	14th Pa Cav
Herrick, T N‡	"	A	52d Indiana
Hauphoff, J J	Captain		6th Kentucky Cav
Hiler, Joseph	Private	G	3d Missouri Cav
Harden, B F*	"	D	15th Iowa
Hilton, Jno H	"	D	11th Missouri
Harper, A	"	D	1st Illinois Art
Hollingsworth, C L†	Sergeant	K	99th Ohio Inf
Hawes, Geo W†	Private	H	10th New York H A
Holdridge, W G†	"	K	3d New York Cav
Hibbard, W H†	"	G	7th Missouri Cav
Hogan, Michael†	"	A	3d New York Art
Heaphy, Michael‡	Landsman		U S Navy
Ijams, H B	2d Lieu't	K	1st Ohio Art
Julian, J P‡	Private	A	40th Indiana
Jeffrey, John K	2d Lieu't	F	5th New York Cav
Jourdan, Patrick	Artificer	C	U S Engineers
Junk, T M‡	Private	A	90th Ohio
Kerr, Jno S‡	"	F	11th Ohio Cav
Kendall, N M‡	"	L	11th Michigan Cav
Kistner, Max W*	"	B	20th New York Inf
King, Edward‡	"	I	8th Massachusetts
Krone, James‡	"	C	5th New York Art
Loeb, Louie	"	K	66th New York Inf
Leiby, E H‡	"	E	2d Colorado Cav
Lawyer, S E‡	Captain	C	7th Illinois Inf

John F. Reynolds Post No. 33.

NAME	RANK	CO.	REGIMENT
Lewis, W F‡	Private	C	119th Illinois Inf
Long, William‡	"	F	142d Ohio Inf
Lewis, W W	"	D	2d Michigan Inf
Loomis, O C‡	"	B	13th New York Inf
Lyon, Jas S	Drummer	C	32d Pa Inf
Lagrange, C L*	Private	A	40th Wisconsin Inf
Law, Thos W	"	H	6th W Va Inf
Lee, Peter S*	"	I	14th Iowa Inf
Lacey, J W	Corporal	B	152d Indiana Inf
Lamm, Geo J	Private	M	2d Calif Cav
Lynch, P H*	"	I	27th Illinois Inf
Loucks, Jerome B†	"	D	13th Vermont Inf
Lane, W W	"	D	1st Iowa Cav
Lupton, J R	"	C	3d Kansas Inf
Mahar, A A	"	C	158th New York
Meldrum, J W	"	G	14th New York H A
Murrin, Luke‡	Lieu't Col.		192d Ohio Inf
McGane, Michael‡	Private	I	58th New York Inf
Murphy, Thomas‡	"	B	1st Kansas Inf
Mayer, Wm	"	D	12th U S Inf
Morecroft, Alex*	"	G	36th New York Inf
Mantey, Franklin‡	"	B	1st Missouri L A
Mills, Benj A†	"	F	13th Missouri Inf
Marsh, Geo H*	Sergeant	A	46th Iowa
Morford, A F‡	Private	E	102d Illinois Inf
Moore, H W	"	B	1st Minn Rangers
Mallin, John	"	C	1st Missouri Eng
McHughe, Michael	"	K	83d Ohio Inf
Maynard, H J	Surgeon		9th Missouri Inf
McFarland, J N*	Private	C	34th Indiana
McKeog, William‡	"	M	2d Conn H A
Maley, M F	"	F	13th New York Inf
McKoun, F L	Paymaster		Paym'st'r Clerk U S N
McCune, John*	Private	E	27th Ohio
Myers, Frank‡	"	G	15th New York
Masten, Geo G‡	Lieu't	C	80th New York Inf
McConnell, John‡	Private	E	27th Ohio
McChestney, Robert*	Trumpeter	K	8th Iowa Cav
Mitchell, Geo H*	1st Lieu't		Hancock's V R C
Nelson, Fred†	Private	D	1st Missouri Cav
Niel, James‡	"	F	2d New York Cav
Neil, Geo G	"	E	62d Ohio Inf
Nason, Wm E‡	"	E	22d Mass Inf
Olmstead, Wm A	Colonel		59th New York Inf
O'Connor, W T	Corporal	A	33d Missouri Inf
O'Donnell, John‡	Private	A	17th New York
O'Conner, M A‡	"	G	4th Pa Cav
O'Brien, N J	Captain	F	7th Iowa Cav
Ogle, Alex†	Mids'p'n		U S Navy
Prater, W G*	Private	F	39th Kentucky
Powell, William‡	"	K	29th Iowa
Powelson, P F‡	"	G	146th Illinois Inf
Pease, W D	"	A	3d Colorado Cav
Parker, W H‡	"	K	29th Ohio
Potter, Allen G‡	"	C	62d New York
Pittman, William	"	G	9th Iowa Cav

NAME	RANK	CO.	REGIMENT
Perry, A J‡	Private	L	12th Missouri Cav
Pollard, Chas A	"	E	144th Illinois
Powers, Robert	"	D	13th Vermont Inf
Powell, William‡	"	K	29th Iowa
Peterson, F M	"	M	3d Iowa Cav
Pierson, B F‡	"	G	116th Indiana
Palmer, J A	Sergeant	H	54th Massachusetts
Quinby, S J	Surgeon		61st U S Col'd Inf
Renck, Andrew J‡	Private	K	188th Pennsylvania
Ryan, John†	"	M	3d New York Cav
Reader, Frank	"	F	2d Iowa
Rucker, L H‡	Captain	G	9th U S Cav
Routson, Jacob	Private	L	9th Iowa Cav
Ryan, Andy‡	Marine		Miss Squadron
Roach, Geo H	Captain		17th U S Inf
Ryder, John	Private	I	4th U S Inf
Rockafield, G W	"	H	8th Ohio Cav
Rabou, A	"	D	22d New York Cav
Roberts, H C‡	Drummer	G	11th Missouri
Rankin, James‡	Private	H	4th Mass Cav
Strache, Julius†	Sergeant	C	24th Illinois
Scott, T J‡	Private	A	4th Ohio Cav
Stanley, N§	Lieu't Col		21st Maine
Snyder, A C†	Private	C	121st Pennsylvania
Southerland, Jas H†	"	L	2d Colorado Cav
Smith, Chester*	"	F	29th Ohio
Smith, E S	Captain	G	4th U S Art
Smith, W A‡	Private	D	2d Kentucky Inf
Smith, D G	"	K	66th Illinois
Smith, Chas F‡	"	A	14th New York Cav
Smith, W O‡	"	D	2d Kentucky Inf
Smith, A F	1st Lieu't	G	35th Wisconsin
Smith, D M	Private	F	11th Ohio
Staffell, Samuel H‡			
Schringer, Peter‡	Private	A	19th U S Inf
Stauff, W J‡	"	I	2d New York Art
Snow, E P	"	H	11th New Hampshire
Smythe, Francis‡	"	A	5th U S Art
Sanno, J M*	Captain		7th U S Inf
Smalley, B F‡	Private	H	128th New York
Sharpless, S K‡	Sergeant	C	187th Pennsylvania
Strahm, Casper‡	Private	K	1st Ohio
Swigart, L D‡	"	G	2d Ohio H A
Sculley, T D	"	E	26th Indiana
Swan, T J‡	"	C	47th Illinois
Scott, H D*	"	E	68th Illinois
Stitzer, F A	Major		48th Pennsylvania
Spoor, L B	Private	D	8th New York Cav
Spoor, C H‡	"	D	8th New York Cav
Sanford, Peter‡	"	A	89th Illinois
Swan, D S	"	A	45th Iowa
Spillaine, T	Sergeant	C	6th Pa Cav
Sparhawk, Samuel	Private	C	8th Massachusetts
Sullivan, Patrick‡	"	B	26th New York
Slack, E A	"	H	19th Illinois Inf
Scriber, P H	"	A	110th New York

John F. Reynolds Post No. 33.

NAME	RANK	CO.	REGIMENT
Southerland, A L*	Seaman		Steamer Pawnee
Thompson, J G‡	Private	K	4th New York H A
Thompson, Allen‡	"	K	81st New York H A
Thompson, W W*	Captain	I	1st Wash Ter
Talbot, John	Major		1st Nebraska Cav
Tucker, E M	Private	E	52d Illinois
Taylor, William	"	D	1st Wisconsin Cav
Underwood, Isaac*	"	A	32d Wisconsin
Vancuren, W D‡	"	A	34th Illinois
Volger, Schultz	"	G	46th New York
Van Voorhees, J W	"	F	10th Iowa Inf
Visscher, Will L*	"	I	24th Kentucky Inf
Waring, Daniel‡	Corporal	B	2d Missouri
Williams, James‡	Private	B	1st California
Whitcomb, W A‡	"	B	16th Vermont Inf
Winckler, N*	"	A	43d Illinois
Williams, Rees§	1st Lieu't	H	116th Ohio
Warren, F E	Corporal	C	49th Massachusetts
Woolens, Thos T	Captain	E	175th Pennsylvania
Whipple, D F†	Q M S		31st Iowa
Williams, A R‡	Private	I	86th Ohio
Wham, J W‡	Paymaster		U S A
Whiteman, W R†	Private	A	134th Illinois
Wolfe, R‡	"	G	2d U S Cav
Yount, H S	Sergeant	H	8th Missouri Cav

THOS. A. McCOY POST No. 34,
LANDER, WYOMING.

Meetings, 2d and 4th Thursday evenings of each month.

PAST POST COMMANDERS

NAME	YEAR	NAME	YEAR
John B Houghton	1884-5	Ervin F Cheney	1890
Herman G Nickerson	1886	James I Patten	1891
James I Patten	1887	Charles H Montague	1892
Joseph H Ansell	1888	Edward T St John	1893
Charley Allen	1889	Samuel Iiams	1894

OFFICERS FOR 1895

Commander......................John B Houghton
Sr. V.-Commander..................James I Patten
Jr. V.-Commander.................... John Phillon
Surgeon........................ Louis B Chapman
Chaplain...................... Edward T St John
Quartermaster..................Herman G Nickerson
Officer of the Day ....Charles H Montague
Officer of the Guard............. Ervin F Cheney
Adjutant......................... Charley Allen
Sergeant Major.................... Samuel Iiams
C. of A.....E F Cheney, Jas I Patten, Ed T StJohn

MEMBERS

NAME	RANK	CO.	REGIMENT
Ansell, Joseph H	Private	D	3d Illinois Cav
Alton, Edward	"	D	13th Conn Inf
Allen, Charley	Captain	K	38th Iowa Inf
Auten, Thomas‡	Private	A	33d Iowa Inf
Battrum, Alexander P.	"	I	16th Illinois Inf
Black, George A	"	E	1st R I M
Bauer, Christian F*	"	D	43d Illinois Inf
Boerner, John G	"	A	25th Wisconsin Inf
Cheney, Ervin F	"	A	83d Pa Inf
Conant, Albert A§	"	F	3d Michigan Inf
Chapman, Louis B	"	D	3d California Inf
Dixon, Enos‡	Musician	F	133d New York Inf
Eldred, Joseph S‡	Private	H	107th New York Inf
Faris, Joseph G	"	B	10th Kentucky Cav
Garrett, Riley‡	"	I	5th Michigan Inf
Goodrich, Jacob‡	"	F	1st Kansas Bat
Gotsrals, Abraham‡	"	E	27th Pa Inf
Gratrix, William B	"	B	21st New York Cav
Gapen, John	"	K	25th Iowa Inf

Thos. A. McCoy Post No. 34.

NAME	RANK	CO.	RIGIMENT
Houghton, John B....	Private	F	.... 8th U S Inf
Harper, Charles‡......	"	B	.... 1st Kansas Inf
Iiams, Samuel.........	"	K	..........81st Ohio Inf
Johnson, John.........	"	B	.... 1st Kansas Inf
Knott, John E.........	"	B	.... 4th Iowa Inf
Knapp, Lindsay‡......	"	E	......1st Kansas Inf
Lanigan, Edward‡.....	"	I	..... 3d California Inf
Linehan, Edward.....	"	F	.....65th New York Inf
Lyons, Frank W.......	"	F	......3d Wisconsin Inf
Laird, James G........	Seaman ...	......	....Tinclad Springfield
Montague, Charles H..	Private....	A	........16th Illinois Inf
McPhadden, Archib'd‡	"	H	.......3d Colorado Cav
Nickerson, Herman G.	"	D	.... 23d Ohio Inf
O'Neil, William F†....	"	A	........1st Nevada Cav
Pratt, George W‡......	"	K	....49th Wisconsin Inf
Patten, James I	"	C	.......134th Illinois Inf
Phillon, John..........	" ...	A	.......2d Colorado Cav
Scott, Hiram‡.........	"	E	.... 39th Iowa Inf
St John, Edward T....	"	I	.......10th Illinois Cav
Slane, William.........	"	G	......34th Indiana Inf
Shafer, William J§....	"	D	.......58th Illinois Inf
Trenholm, Benjamin‡..	"	E	.........42d Illinois Inf
Truckey, Joseph‡......	"	K	......7th Michigan Cav
Wells, S T‡............	"	G	......16th Kansas Cav
Walker, Thomas J‡....	"	A	.... 39th Ohio Inf
Wrisley, Silas P§	"	A	.... 1st Conn Art
Wiggins, Charles B‡...	"	A	.... 177th Ohio Inf

GRAND JUNCTION POST No. 35,

GRAND JUNCTION, COLORADO.

Meetings, 2d and 4th Friday evenings in each month.

PAST POST COMMANDERS

NAME	YEAR	NAME	YEAR
J R Elliott	1883-4-7-9	V A Tambling	1892
C W Steel	1886-90-91	B F Powelson	1893
O D Russell	1885	H A Spencer	1894
T R Thatcher	1888		

OFFICERS FOR 1895.

Commander..A B Hoyt
Sr. V.-Commander..............................A C Grout
Jr. V.-Commander..............................C W Baldwin
Surgeon...Jno R Connor
Chaplain..B F Powelson
Quartermaster...................................E S Reams
Officer of the Day.............................J H Rice
Officer of the Guard.........................Thos Charleston
Adjutant..R P Abbey
Sergeant Major................................Jacob Tellford
Quartermaster Sergeant.................J R Fallis

MEMBERS

NAME	RANK	CO.	REGIMENT
J R Elliott*	Captain	F	1st Iowa
W A E De Beque	Q M S	A	2d Maine Cav
Wm P Harbottle§	Serg't Maj	A	100th Illinois Inf
J W Boulden‡	Private	A	29th Iowa Inf
R D Mobley†	Captain	D	17th Kansas Inf
G W Thurston‡	Private	C	130th Illinois Inf
C W Steel	"	G	69th Iowa Inf
Lon H Eddy‡	"	C	32d Indiana Inf
C B Cozens§	"	F	60th New York Inf
Jno E Clark‡	"	G	152d Illinois Inf
J A Layton	"	K	3d Illinois Cav
D H Buckley§	1st Serg't	F	10th New Jork Cav
E H Dunning‡	Private	I	140th New York Inf
Geo W Melton‡	"	B	27th Iowa Inf
C Musser‡	Sergeant	E	4th Iowa Cav
R P Abbey	"	D	54th Pa Inf
M A Nott§	Private	L	6th Kansas Cav
G S Downing‡	"	D	15th Kansas Cav
O D Russell†	1st Lieu't	C	39th Iowa Inf
J F Baldridge§	Corporal	A	3d Iowa Cav

THE
Denver Novelty Works and Manufacturing Co.

1520 Lawrence Street,

Telephone 809.   Denver, Colorado.

Electric House Wiring,
Electric Annunciators,
Bells,
Burglar Alarms,
Batteries and Supplies;
Rubber Stamps,
Seals,
Stencils,
Badges,
Medals,
Engraved Brass Signs
  and Door Plates,
Check Cancellers,
Ticket Punches,
Pocket Cutlery,

Rubber Type,
Steel Stamps,
Baggage Checks,
Trade Checks,
Brilliant Sign Letters,
Check Perforators,
Numbering Machines,
Keys,
Key Blanks,
Key Tags,
Locksmithing,
Safe Work,
House Numbers,
Dog Collars,
Razors,

Fine Repairing a Specialty.

BICYCLES and BICYCLE REPAIRING

THE FAMOUS
Buffalo Shoe Store,

1752 Larimer Street, DENVER.

Deals IN ALL CLASSES OF GOODS, from the Cheapest to the Best, at Prices DEFYING ALL COMPETITION. Hard times call for low expenses and small profits in my business, and I have both.

REMEMBER THE PLACE.

Lowest Priced Shoe Store in the West.

H. J. PARKS. Proprietor,
A Comrade of the G. A. R.

G. E. Hannan,

1641 Lawrence Street,

DENVER, COLO.

For HANDLES Keating's, Fowler's, Sterling's, Triangles, Crescents, Colorado.

We want an Agent in every Town in the State. Our Wheels are the Leaders.

WHOLESALE AND RETAIL.

BICYCLE SUNDRIES

WHEELS Sold on Easy Payments. Rented and Repaired.

Grand Junction Post No. 35.

NAME	RANK	CO.	REGIMENT
Hugh A Brown‡	Corporal	A	5th Iowa Cav
H C Towner§	Private	G	11th Kansas Cav
B F Jay‡	"	A	45th Iowa Inf
Mart'n Billeter§	"	H	15th Iowa Inf
F E Albers‡	"	C	8th Illinois Cav
R S Mow‡	Corporal	B	13th Indiana Inf
M M Bird*	Private	C	9th Kansas Cav
Frank Burcham‡	Sergeant	C	3d R I Cav
Thos Johnson‡	Private	H	13th Indiana Inf
H V Fondy‡	Landsman		U S S Saranac
Geo A Riggs‡	Private	I	1st Missouri Cav
Wm A Huntley‡	"	K	11th Illinois Cav
J L Fox‡	"	F	65th Illinois Inf
W A Pease§	2d Lieu't	G	7th Kansas Cav
N N Smith	Sergeant	B	25th Michigan Inf
McD Pardue	Corporal	K	8th Indiana Inf
Louis Kuntze	"	H	28th Wisconsin Inf
J H Rice	Private	B	50th Illinois Inf
Wm Loback‡	"	G	98th Illinois Inf
Oscar G Carter‡	"	C	74th New York Inf
Thos R Thatcher†	Captain	G	17th Ohio Inf
John R Shay‡	Private	C	7th New York Art
Felix Tonpain‡	"	H	8th Kansas Inf
Oscar F Weeks	"	I	32d Ohio Inf
J E Barnhouse	"	B	8th Illinois Inf
J W Swaney	Corporal	C	2d Iowa Inf
J C Sumner	"	E	32d Iowa Inf
W H Williams§	Colonel		1st Iowa Mil
G W Sharp*	Corporal	E	7th Reg I N
Charles Ford‡	Private		2d Minnesota Bat
J W Boone‡	"	C	1st Alabama Cav
C W Baldwin	Color S'g't	B	11th Vermont Regt
J R Snyder	Corporal	H	8th Kansas Inf
E G Walcott§	Sergeant	G	1st Michigan Eng
Orsemans B Miller‡	Private	D	4th New York Cav
Wm A Wilson§	"	A	7th Kansas Cav
Geo Davis	"	B	90th New York Inf
John Goldsby	Corporal	G	1st Colorado Cav
A B Hoyt	Private	H	39th Iowa Inf
Henry Hackman	"	B	2d Missouri Bat
Edward Henry	"	I	37th Illinois Inf
Robt Crawford	"	B	88th Ohio Inf
E S Oldham	"	B	140th Illinois Inf
Hugh A Glassford‡	"	B	23d Illinois Inf
Geo H Sharpe	"	E	26th Indiana Inf
Thos Charleston	"	B	115th U S Col'd Inf
John Donnelly*	"	C	11th Ohio Inf
H V Albee, alias H A Spencer	Private	E	5th Vermont Inf
R A Kirker‡	"	B	2d Visginia Cav
Richard Harris‡	"	B	137th Pa Inf
J F Brink	"	D	210th Pa Inf
F M Anderson§	Corporal	D	22d Iowa Inf
Wm Milligan§	"	F	102d Pa Vet Inf
V A Tambling	1st Lieu't	K	13th Reg Col'd Inf
G W Balding	Private	H	15th Ohio Inf

8

Grand Junction Post No. 35.

NAME	RANK	CO.	REGIMENT
B F Powelson	1st Lieu't	G	41st U S C T
Wm Baker‡	Sergeant	D	17th New York Inf
Jno R Connors	Private	K	13th Missouri Cav
H F Reel*	Corporal	A	4th Iowa Cav
J H Greenley	Private	D	3d Colorado Cav
Edward Billings	Sergeant	C	3d Missouri Cav
F J Vosburgh	Private	A	40th Wisconsin Inf
W B Deane*	"	D	101st Pa Inf
G W Kirby	Corporal	C	10th Conn Inf
S N Walling	Private	E	13th Wisconsin Inf
J D Benedict	Corporal	I	4th Michigan Inf
Wm M Van Buren	Private	K	39th Wisconsin Inf
C W Rundle	"	A	116th Illinois Inf
J R White	"	D	40th Ohio Inf
Jacob Telford	Corporal	B	15th Indiana Inf
A C Grant	Corporal	A	2d Mass Inf
W L Gallaher	Private	H	16th Illinois Inf
S W Neal	Corporal	K	20th Vermont Inf
S T Coulter	"	F	56th Pa V M
J H Bowers	"	I	20th Indiana Inf
Henry P Smith	Private	E	16th Iowa Inf
Jacob R Fallis	Sergeant	E	154th Indiana Inf
E S Reams	"	C	17th Ohio Inf

EDWIN M. STANTON POST No. 37.
SALIDA, COLORADO.

Meetings, 2d Tuesday in each month, at 8 p. m.

PAST POST COMMANDERS

NAME	YEAR	NAME	YEAR
E H Webb	1883-4	W P Harbottle	1890
W W Roller	1885	W K Eggleston	1890-1
M R Moore	1886	W G Westfall	1891
N R Twitchell	1887	S M Jackson	1892
L Witmer	1888	W P Harbottle	1893-4
H D Smith	1889		

OFFICERS FOR 1895

Commander .... Jacob Keiser
Sr. V.-Commander .... L Witmer
Jr. V.-Commander .... J D Smith
Surgeon .... Nelson Cutler
Chaplain .... R F Delo
Quartermaster .... George Woods
Officer of the Day .... W W Roller
Officer of the Guard .... Henry Allen
Adjutant .... W K Eggleston

MEMBERS

NAME	RANK	CO.	REGIMENT
Allen, Charles	Private	A	8th Wisconsin Inf
Allen, Lewis A	"	A	7th Tennessee Cav
Allender, George W	Corporal	H	5th Iowa Inf
Amy, S M	"	H	10th Iowa Inf
Allen, Henry	Musician	A	57th U S Col'd Inf
Bell, J W	Sergeant	F	33d Iowa Inf
Boardman, W F*	Musician	E	60th Ohio Inf
Bradbury, Jas	Private	K	2d Illinois Cav
Brown, J B	"	B	10th Illinois Inf
Bond, Jas M	"	F	1st Nevada Bat
Burrington, G N	"	A	122d Illinois Inf
Boyce, A W	"	I	2d Kansas Cav
Booher, Edgar F	"	G	26th Kentucky Inf
Bower, Geo W	"	D	208th Pa Inf
Chedell, Geo C†	"	K	78th Illinois Inf
Cochran, J W			
Collins, Lewis H	Private	E	2d Mo Home Inf
Cole, B T†	"	A	2d Vermont Inf
Cutler, Nelson	"	E	3d Wisconsin
Clark, C H	"	I	138th Illinois Inf
Collins, T J†	"	C	32d New York Inf

116   Edwin M. Stanton Post No. 37.

NAME	RANK	CO.	REGIMENT
Dodge, A L	Private	F	22d Wisconsin Inf
Durham, Reuben	"	G	31st Pa Inf
Davis, John A	"		9th Indiana Bat
Demerest, C H	"		1st Reg N Y Eng
Davis, Henry F*	"	E	30th Maine Inf
Donovan, Jas W	Mate		U S Steamer Niphon
Delox, R F	Chaplain		30th Indiana Inf
Evees, E	Private	I	34th Indiana Inf
Ellis, B M	Sergeant	M	11th Illinois Cav
Eggleston, W K	Private	G	1st Iowa Cav
Foster, M J		H	111th Pa Inf
French, J B	Private	K	15th Kansas Cav
Farr, Henry		B	26th Iowa Inf
Fitch, J F	Private	E	21st Missouri Inf
Frohn, Adolph	"	L	7th Tennessee Cav
Foley, Peter	"	F	1st California Cav
Garrison, B F†	"	C	33d Indiana Inf
Grier, A J	"	A	97th Pa Inf
Granger, Geo T	"	A	149th Pa Inf
Harbottle, Wm Penn	S M	A	100th Illinois Inf
Hilton, C H‡	Sergeant	G	2d Iowa Cav
Hampson, T J	Private	D	4th U S Cav
Hollenbeck, J G	"	F	47th Pa Inf
Hallack, R S†	As't S'g'n.		67th Colored Inf
Hinman, John S	Private	H	8th California Inf
Hatch, E A B	Bugler	D	12th Illinois Cav
Isenberg, Alfred K	Private	D	1st Pa Res L A
Jackson, S M	1st Lieu't	G	13th Illinois Inf
Jones, Ed	Corporal	I	25th U S Inf
Kelsey, D E‡	Captain	E	83d Indiana Inf
King, Jno	Sergeant	C	97th New York Inf
Kapp, Jno‡	Private	I	35th Ohio Inf
Keiser, Jacob	1st Lieu't	F	35th Illinois Inf
Lunsford, O G	Bugler	I	47th Missouri Inf
Moore, M R	Private	A	9th Kansas Cav
Mallory, Chas W	Com Serg't	G	9th Iowa Inf
McKelvey, Wm‡	Private	B	18th Ohio Inf
Morgan, Wm J	"	E	1st Tennessee Inf
Moore, T J	Lieu't	A	101st Illinois
Marshall, Paul	Sergeant	D	30th Missouri Inf
Motz, D L	Corporal	C	4th Iowa Inf
Miller, O B	Private	L	3d New York Cav
March, Jacob C	"	E	7th Iowa Cav
Neely, G W	"	C	2d Nebraska Cav
Norman, C S†	"	B	27th Maine Inf
Ohmertz, Jesse	"	B	34th Illinois Inf
Odor, Gus	"	I	14th Missouri Cav
Orton, Elias	"	B	50th Illinois Inf
Painter, R M	"	K	9th Iowa Inf
Palmer, D F†	"	H	2d Iowa Cav
Pedrick, Z A	"	A	1st U S Cav
Pownell, J L	Corporal	K	84th Pa Inf
Pettiford, Archia	Private	E	29th U S Inf
Roller, W W	Captain	A	64th New York Inf
Records, W P	Private	C	2d Colorado Cav
Royer, H	"	D	77th Indiana Cav

Edwin M. Stanton Post No. 37.

NAME	RANK	CO.	REGIMENT
Rose, J J M	Corporal	D	14th Iowa Inf
Stewart, Jas‡			113th Illinois Inf
Sherman, J M	Private	G	49th New York Inf
Stobough, W	Corporal	C	43d Missouri Inf
Shope, A D†	Sergeant		—— Illinois L A
Smith, C W	Private	I	77th Pa Inf
Smith, H D	"	G	1st Mass Cav
Smith, I C	"	C	36th Iowa
Smith, J D	Corporal	D	15th Indiana Inf
Schwartz, Jos S	Private	H	2d Illinois Art
Swallow, Nahum	"	L	3d Illinois Cav
Twitchell, N R	"	A	44th Mass Inf
Tucker, Chas E	"	E	44th Mass Inf
Titcomb, O P	Sergeant		—— Illinois L A
Tyler, Geo F	Captain	K	11th Minn Inf
Taylor, S W	Private	F	3d Kentucky Cav
Tenbrook, E W	Sergeant	B	32d New York Inf
Toms, John‡	Private	B	27th Ohio Inf
Thurber A R	"	H	38th Ohio Inf
Tabor, J W	Sergeant	B	91st New York Inf
Underwood, Chas A	Corporal	C	15th Illinois Inf
Van Meter, Stroud‡	Wagoner	F	102d Illinois Inf
Volk, Balthas	Private	F	4th Iowa Cav
Webb, Elias H	2d Lieu't	A	51st Wisconsin Inf
Webb, G D	Private	H	4th U S Inf
West, John A	"	I	9th Illinois Inf
Wallace, Chas	Musician	I	120th Ohio Inf
Wallace, Wm W	Private	B	18th Pa Cav
Westfall, W G	"	G	46th Iowa Inf
Witmer, Leonard	"	M	2d Indiana Cav
Wilson, James J	"	C	97th Tennessee Inf
Woods, George	Corporal	A	133d Ohio Inf
Warner, John W	Captain	M	3d Iowa Cav
Young, J H	Corporal		7th Indiana Bat

MONTROSE POST No. 38.

Montrose, Colorado.

Meetings, at call of Commander.

PAST POST COMMANDERS

NAME	YEAR	NAME	YEAR
Francis L Elliott	1891-2	W B Upton	87-8-93-4
A J Miller	1885-6	Chas Zann	1889
Peter B Monell	1890		

OFFICERS FOR 1895

Commander.................................J E McClure
Sr. V.-Commander......................E H Smith
Jr. V.-Commander......................J D Gage
Surgeon.............................J M Reynolds
Chaplain................................J M Barron
Quartermaster....................T Fitzgerald
Officer of the Day................C Zann
Officer of the Guard..............G A Truax
Adjutant...............................P B Monell
Sergeant Major....................W T Ryman

MEMBERS

NAME	RANK	CO.	REGIMENT
Abbott, H H‡	Private	E	7th Indiana Cav
Andrews, George W*	"	I	138th Indiana
Agard, Watson R‡	Corporal	H	2d Missouri Cav
Biedler, David Z‡	Private	C	9th Ohio Cav
Bemin, Andrew†	Sergeant	F	1st Missouri Eng
Burdick, Silas G*	Private	C	85th New York
Barker, John J*	"	E	2d East Tennessee
Butts, Thomas S‡	"	A	3d Illinois Cav
Barron, J M	Captain	E	54th Illinois
Chase, L M‡	Private	D	12th Illinois Inf
Church, Chespu E	"	E	40th Wisconsin
Clark, Asa M	"	K	4th U S Cav
Cornell, Timothy§	"	G	1st Mass H A
Carr, W S‡	Sergeant	D	4th Illinois Cav
Crabbe, J J	Private	A	50th Wisconsin
Camplin, Jacob L	"	F	115th Illinois
Diehl, William F‡	"	D	51st Pennsylvania
Dalrymple, Jacob W‡	2d Lieu't	G	96th Ohio
Duncan, Samuel S‡	Private	L	2d Minnesota Cav
Davis, Newton S‡	"		10th Wisconsin Bat
Edwards, Solomon†	"	H	7th Illinois Cav
Elliott, Francis L	"	H	2d Iowa

MONTROSE POST No. 38.

NAME	RANK	CO.	REGIMENT
Faris, William*	Private	I	9th Iowa Cav
Fawcett, George W‡	1st Serg't	I	1st Ohio
Fisher, John C	Private	H	1st Colorado
Fitzgerald, Thomas	"	I	36th Wisconsin
Gage, James D	Corporal	F	16th Indiana
Galloway, James P§	Sergeant	H	2d Missouri Cav
Graham, Thomas*	Private	C	9th Ohio Cav
Graham, Richard†	"	F	9th Michigan
Goshorn, Thomas G	"	B	1st Colorado Cav
Hellstrom, Gustav‡	"	E	11th Kansas Cav
Hayes, William T	"	E	40th Iowa
Hall, John R‡	"	F	43d Indiana
Hyatt, John§	"	A	1st Michigan Eng
Hill, Montreville‡	Sergeant	G	1st Colorado Cav
Hopkins, Perry D†	Private	B	48th Wisconsin
Hightower, William A	"	B	3d Missouri Cav
Haskill, Allen C	"	A	42d Indiana
Hammond, H J‡	"	I	Pa Bucktails
Johnson, James B	"	A	32d Ohio
Johnson, W F*	Corporal	I	131st Pennsylvania
Jackson, W J	Private	I	35th Iowa
Jones, Thomas‡	Sailor		
Lockett, Enoch S	Chaplain		4th Arkansas Cav
Leonard, William R‡	Private	B	1st Ohio L A
Ladd, James A	Captain	C	39th Missouri
Lann, Louis‡	Sergeant	C	113th Illinois
Mitts, Jacob C‡	Private	F	3d Wisconsin Cav
Morrs, George W*	Bugler	K	1st Colorado
Miller, A J*	Captain	F	16th Kansas
Monell, Peter B	Hos St'd		48th New York
Murdough, Wm B*	Private	M	9th Illinois Cav
Mow, Richard S*	Corporal	B	13th Indiana
Masters, T J‡	Musician	I	164th Illinois
Matthews, Marion‡	Private	G	12th Illinois Cav
Myers, John C‡	Corporal	F	9th Iowa
Marmion, S V†	Private	C	39th Ohio
McClure, James E	"	F	17th Iowa
McCloskey, G H	Sergeant	K	1st Iowa Cav
Niles, Hubbard E†	Private	H	5th Kansas Cav
Osborn, Eli L	"	K	20th Iowa Inf
O'Dowd, Thomas*	Coms S g't	C	2d U S Inf
Patterson, James F†	Private	D	129th Illinois
Robinson, W W	"	H	42d Ohio
Reid, Duncan*	"	B	7th Ohio
Ryman, William T	Captain	C	31st Indiana
Reynolds, J M	Brev Maj		186th New York
Reynolds, Amos	Private	H	186th New York
Soward, J A†	Major		83d U S C T
Smith, George W‡	Private	A	105th Pennsylvania
Smiley, E V†	Q M S	A	10th Tennessee Cav
Steinwandel, P P*	Private	B	3d New York
Smith, Edward H	Captain	B	16th Michigan
Sutemeir, Henry*	Corporal	C	4th Missouri
Temple, Thomas J‡	Private	K	115th Ohio
Truax, George A	Corporal	D	2d Wisconsin Cav
Teague, John‡	"	C	6th Iowa Cav

MONTROSE POST NO. 38.

NAME	RANK	CO.	REGIMENT
Toland, William J*	Private	G	4th Colorado
Truesdale, Eli	"	C	16th Ohio
Upton, William B	Captain	B	1st U S Inf
Woodgate, James H†	1st Serg't	B	13th Missouri Cav
Weaver, D C*	"	F	39th Missouri
Wherry, John M‡	Captain	D	7th Missouri
Webber, George H*	Private	C	4th Vermont
Whalen, W H*	"	K	2d Michigan Cav
Wood, George D	"	D	4th Missouri Cav
Wade, Samuel*	1st Lieu't	A	2d U S Inf
Wilmot, L D*	Sergeant	G	47th Illinois
Woodard, R N‡	1-t Lieu't	B	20th Kansas
Zann, Charles	Private	D	61st Pennsylvania
De Yeager, Edward*			No record

RENO POST No. 39,
DENVER, COLORADO.

Meetings, 2d and 4th Mondays of each month, at 7:30 p. m.

PAST POST COMMANDERS

NAME	YEAR	NAME	YEAR
E P Pitkin		H G Elder	
D I Ezekiel		R H Buck	
A B Place		J L Handley	
J W Browning		R P Andrews	
W H Bell		W B Root	
W S Hickox		O E Adams	
A B Capron		J C McMahon	

OFFICERS FOR 1895

Commander.................................H E Macarey
Sr. V.-Commander.....................P A Simmons
Jr. V.-Commander.....................A J Harder
Surgeon.....................................W E Moses
Chaplain...................................W S Hickox
Quartermaster..........................W B Root
Officer of the Day....................B Osborne
Adjutant..................................Charles Bayliss
Quartermaster Sergeant..........C E Warren
Sergeant Major.......................Sam Howe
C. of A....................................J C McMahon

MEMBERS

NAME	RANK	CO.	REGIMENT
Andrews, A M‡	Private	A	118th Illinois Inf
Adams, O E	"		Chicago Merc Bat
Adams, F C	Sergeant	L	14th Illinois Cav
Archibald, Jas‡	Private	B	41st Illinois Inf
Andrews, R P	Corporal	F	128th Pa Inf
Adams, Wm H	Private		U S Navy
Andrews, Geo W	"	E	151st Indiana Inf
Barngroover, Geo W*	"	C	34th Iowa Inf
Bryant, Joseph‡	"		—— Pa Inf
Butterfield, W A‡	"	G	10th Iowa Inf
Blackstock, D‡	"	H	37th Illinois Inf
Bayliss, Charles	"		1st Minnesota L A
Bair, W R‡	Sergeant	D	7th Iowa Inf
Baker, J A‡	Musician	E	107th Pa Inf
Baldwin, G A*	"	A	7th Kansas Cav
Browning, J W	Lieu't	F	12th New York Inf
Borden, G P	Private	C	121st New York Inf
Bell, W H	Major		U S Army

Reno Post No. 39.

NAME	RANK	CO.	REGIMENT
Bohnenberger, F	Captain	H	4th New York Inf
Barnhart, F H*	"		U S Army
Brady, Geo K*	Major		U S Army
Brown, S J‡	Private	I	18th Ohio Inf
Blaine, M C	"	H	54th Kentucky M I
Berwin, Henry†	"	K	24th Mass Inf
Buck, R H	Captain	K	6th Missouri Inf
Bailey, A D‡	Sergeant	M	17th Illinois Cav
Boorth, F*	Private	E	1st Kansas Inf
Bendix, M‡	"	B	77th New York Inf
Boule, W H*	"	I	6th Illinois Cav
Burchinell, W K	Q M S'g't		Signal Corps
Bostwick, A‡	Private	D	105th Illinois Inf
Cline, L C‡	"	C	49th Illinois Inf
Christen, Wm*	Apprentice		Gunboat Rattler
Capron, A B	Lieu't	K	111th New York Inf
Campbell, L E	Captain		U S Army
Chapman, W H‡	Lieu't	I	16th Maine Inf
Carter, W S‡	Q M Serg't		9th New York Inf
Cook, D J	Private	D	1st Colorado Cav
Carver, J S‡	"	M	1st New York Cav
Critchell, C R	"	G	48th Ohio Inf
Coats, A	Lieu't	A	18th V R C
Cramer, J R‡	Private	K	44th Ohio Inf
Dodd, J W‡	Lieu't	C	7th Indiana Inf
Donovan, A‡	Captain	L	15th Kansas Cav
Daugherty, P‡	Private	F	129th Ohio Inf
Dick, I C‡	"	G	22d Ohio Inf
Dunham, E E‡	"	B	13th Illinois Inf
Davis, C E	Sergeant	E	1st Vermont Inf
De La Mater, G†	Captain		8th New York H A
De Lancy, Michael‡	Private	C	9th Mass Inf
Davison, H O‡	Corporal	A	46th Mass Inf
Downing, Jacob	Major		1st Colorado Cav
Darnell, H L‡	Private	C	137th Illinois Inf
Estey, Geo J*	Landsman		Argosy
Elliott, Wm‡	Sergeant	D	13th Kansas Inf
Elder, H G‡	Lieu't Col.		142d Pa Inf
Ezekiel, D I†	Captain		U S Army
Eames, C O	Corporal		Chicago B of T Bat
Fields, John L	Private	A	132d Pa Inf
Flattery, J H*	"	A	3d New York Art
Fallows, W J‡	Hos Stwd		U S A
Ford, W H‡	Private	K	1st Ohio L A
Ferguson, C L‡	Lieu't		4th U S C Cav
Frankenfield, I	Color S'g't		7th U S Inf
Good, Wm‡	Private	C	47th Pa Inf
Gardner, Eugene*	"	H	59th Illinois Inf
Gray, W C‡	"	C	1st Vermont Cav
Gregory, W M‡	"	I	16th New York Inf
Gebhart, N L‡	"	D	15th Iowa Inf
Gray, J W‡	"	E	21st Pa Cav
Glenn, O J‡	Corporal	F	24th Iowa Inf
Green, Harvey W	2d Lieu't	B	8th Missouri Inf
Harder, S P‡	Private	F	1st Pa L A
Harder, A J	Seaman		Midnight

Reno Post No. 39.

NAME	RANK	CO.	REGIMENT
Hopkins, J J*	Corporal	G	6th Pa Inf
Hunt, B‡	Private	H	136th Ohio Inf
Hobson, Geo H‡	"		21st Indiana Bat
Huff, A D*	"	B	2d Iowa Inf
Hughes, R†	"	D	12th Pa Inf
Hopkins, I J B‡	Sergeant	A	36th Ohio Inf
Hobson, W B‡	Private	K	3d Colorado Cav
Hoffman, E	"	K	45th Mass Inf
Hasselbacker, John†	"	C	1st U S Inf
Harding, C G	Sergeant	C	8th Missouri Inf
Hartman, W F*	Private	K	39th Missouri Inf
Handley, J L	Hos St'd		87th Illinois Inf
Hall, B F*	Private	E	14th V R C
Howe, Sam	Corporal	C	5th U S Cav
Hay, Chas†	C Serg't		U S Army
Hunt, A E	Private	D	10th Conn Inf
Hendricks, A F	"	H	23d Missouri Inf
Heffron, H G	L't Col		79th New York Inf
Hopkins, G M	Private	G	1st Colorado Cav
Hemphill, L H	Corporal	F	22d Iowa Inf
Hickox, W S	Major		10th Ohio Cav
Hadley, E J	Bugler		1st — Cav
Irwin, A E	Private	I	79th Indiana Inf
Inman, S J	Sergeant	C	7th Missouri Cav
Jennings, B*	Private	A	27th Wisconsin Inf
Johnson, J R*	Captain	C	4th Ohio Cav
Johns, Charles‡	Bugler	I	1st Ohio L A
Johnson, J E‡	Private	G	43d Illinois Inf
Kohl, S D‡	Sergeant	K	8th Iowa Cav
King, J B	Private	I	2d Pa L A
Ko'b, Mat	"	B	48th Indiana Inf
Kreuger, A†	Corporal	F	7th U S Inf
Lind, Edw‡	Private		2d V R C
Lyons, F M‡	"	H	23d Ohio Inf
Latta, W H†	Corporal	I	2d U S Inf
Lewis, W H	Private	D	19th Ohio Inf
Linville, J A‡	"	D	5th Illinois Cav
Lorenz, F*	Q M S		U S Army
Larkins, P‡	Private	E	3d Mass H A
Latham, A‡	"	C	60th Ohio Inf
McDonald, O	"	D	2d Iowa Inf
Moore, W S‡	Sergeant	A	150th Pa Inf
Myers, J A‡	Private	E	11th Ohio Cav
Miner, C H‡	"		1st N H Cav
Moore, D A*	"	A	31st Iowa Inf
McAleer, J‡	"	I	127th Illinois Inf
McGuinn, Edw*	"	E	59th Illinois Inf
Miller, Arthur S*	Orderly		U S N
Maxon, W B‡	Private	D	157th New York Inf
Moses, W E	Corporal	E	119th Illinois Inf
McMahon, J C	Private	H	7th Illinois M Inf
Mingay, H M	"	D	69th New York Inf
McDonald, W H	"	L	15th Pa Cav
Macarey, H E	Lieu't	K	28th Michigan Inf
Martin, H D‡	Private	I	14th Illinois Cav
Marker, Eugene	"	B	5th U S Art

NAME	RANK	CO	REGIMENT
Manville, C P	Lieu't	B	9th Illinois Cav
Morrison, Lew	"	F	1st La C T
Naughton, Thos‡	Private	G	127th New York Inf
Nevin, S F†	Lieu't	G	42d U S C T
Nace, U J	Private	B	81st Ohio Inf
Osborne, Bernard	Sergeant	A	121st Indiana Inf
Ober, F H‡	Private	H	8th Mass Inf
Orr, Jackson	Captain	H	10th Iowa Inf
Pitkin, Ed P‡	"	K	20th Michigan Inf
Place, A B	Corporal	B	5th New York Cav
Pancoast, Wm†	Private	F	40th Pa Inf
Perham, J C‡	"	G	5th Iowa Inf
Pawling, Geo‡	"	D	22d Wisconsin Inf
Parmlee, J W‡	"	D	1st New York Art
Parmenter, L G*	Sergeant	G	133d Illinois Inf
Perrine, T A†	"	G	140th Pa Inf
Pangburn, S*	"	H	12th Ohio Inf
Platt, Geo	Private	I	74th Indiana Inf
Pollard, J N	"	B	140th Illinois Inf
Presler, Loamin M‡	Sergeant	H	1st Missouri L A
Quinlan, John	Private	G	73d Illinois Inf
Ridgeway, E D‡	"	H	11th Pa Inf
Rudy, J S‡		F	178th Pa Inf
Richards, M‡	Corporal	I	52d Pa Inf
Rhodes, W A‡	Private	G	2d Colorado Cav
Rouse, D B‡	Musician		16th Indiana Inf
Roberts, F R‡	Private	I	10th R I Inf
Rawson, G N*	Sergeant	C	36th Mass Inf
Rawalt, B F*	Corporal	G	8th Minnesota Inf
Roach, I D‡	Private	G	63d Indiana Inf
Russell, John	As't Surg'n		64th New York Inf
Root, W B	Private	B	3d Colorado Cav
Smith, Chas N‡	"	M	1st New York Inf
Strong, Chas H*	"		— Pa Inf
Shepperson, Thos‡	"	F	1st Pa L A
Smith, E*	Musician	H	128th New York Inf
Smith, W N‡	Captain	B	11th Mass Inf
Swarthout, A†	Sergeant	H	89th Illinois Inf
Spellman, J*	Private	K	110th Ohio Inf
Seavey, M M‡	Wagoner	H	13th Maine Inf
Schannel, F‡	Private		
Sawyer, E H*	Lieu't	G	8th Michigan Inf
Snyder, H C*	Captain	F	8th Indiana Cav
Schofield, P D*	Hos St'd	E	22d Wisconsin Inf
Seavey, Mason M‡	Corporal	E	3d Colorado Cav
Smith W N‡	Sergeant	C	193d New York Inf
Smithers, R G‡	Lieu't		10th U S Cav
Slusser, J B	Private	M	3d Illinois Cav
Smith, Walter A‡	"		11th Kansas Inf
Smith, Wm A	"	D	1st Colorado Cav
Scott, I R*	Captain		25th New York Cav
Simmons, P A	"	K	52d U S C T
Shanahan, M‡	Landsman		U S N Richard
Smythe, F D‡	Captain	D	140th Illinois Inf
Taylor, Geo B‡	Private	A	151st Pa Inf
Tinelli, J J‡	M Mate		U S N

NAME	RANK	CO.	REGIMENT
Trowbridge, O‡	Private	K	1st Iowa Cav
Van Alstyn, Geo W*	"	B	3d New York L A
Voorhees, A‡	"	L	1st Michigan L A
Vandaniker, J*	Corporal	F	10th Maryland Inf
Wildsmith, Thos	Private	F	1st Pa L.A
Webber, L*	"	E	29th Ohio Inf
Wilson, Wm*	Captain	A	2d Wisconsin Cav
Winters, J‡	Private	D	12th Pa Inf
Warren, C E	Lieu't	E	184th Ohio Inf
Wells, E T	Captain	F	89th Illinois Inf
Webster, Walter‡	Private	C	69th Ohio Inf
Willson, M H†	"	I	87th Indiana Inf
Walsh, M M†	Lieu't	B	5th New York Cav
Whitehead, Chas	Private	L	11th Ohio Cav
Warwick, J A			U S Marshal 76th Reg
Zeitz, J L†	Private	C	43d Wisconsin Inf
Zindle, R N‡	"	A	56th New York Inf

PIKE'S PEAK POST No. 40.
Manitou, Colorado.

Meetings, every Saturday, at 7:30 p. m.

PAST POST COMMANDERS

NAME	YEAR	NAME	YEAR
Al Cree	1883	E P Barker	1888–90
W P Allen	1884	A G Lewis	1892
J L Rand	1885	W F Johnston	1893
I Davis	1886–7	C M Elrick	1894
C W Barker	1889–91		

OFFICERS FOR 1895

Commander.................................J M Thornton
Sr. V-Commander......................A H Coshow
Jr. V.-Commander......................W V Rector
Surgeon......................................A G Lewis
Chaplain....................................Geo Kates
Quartermaster..............................Al Cree
Officer of the Day.....................E R Murphy
Officer of the Guard................H H Goslin
Adjutant....................................C M Elrick

MEMBERS

NAME	RANK	CO.	REGIMENT
A G Lewis	Private	D	19th Iowa Inf
E P Barker§	Captain	E	3d U S Inf
J M Thornton	Private	I	135th Indiana Inf
Charles M Elerick	"	I	15th Iowa Inf
Geo W Bain	"	H	135th Indiana Inf
Isaac Davis†	Captain	A	2d New York Inf
Al Cree	Private	C	9th Pa Cav
Homer C Brown	Sergeant	I	4th Pa Cav
E P Downing*	"	B	43d Indiana Inf
N H Emick*	Private	B	17th Ohio Inf
H H Goslin	"	A	45th Missouri Inf
C W Barker	Corporal	I	1st Indiana Cav
A H Coshow	Private	I	1st Kansas Inf
W F Johnston	Bugler	G	6th Michigan Cav
I H Pollock	Private	B	36th Iowa Inf
J W Junkins	Corporal	H	32d Ohio Inf
Charles Rhinehart†	Private		105th Ohio Inf
W H Rogers	"	G	1st Missouri Inf
Thos Kane	"	A	84th New York Inf
J T Henderson	"	H	20th Illinois Inf
E R Murphy	"	K	12th Kentucky

PIKE'S PEAK POST NO. 40.

NAME	RANK	CO.	REGIMENT
Charles Broughton	Private	E	30th Indiana Inf
Geo A French*	"	I	44th Iowa Inf
M Sculley	"	G	8th Illinois Cav
Wm Conley	"	E	4th Tennessee Inf
A J Scott	"	G	27th Missouri Inf
W V Rector	"	E	8th Tennessee Cav
Geo Kates	"		2d Ohio Cav

KILPATRICK POST No. 41,

La Junta, Colorado.

Meetings, 3d Sunday in each month, at 3 p. m.

PAST POST COMMANDERS

NAME	YEAR	NAME	YEAR
C W Dickenson	1883	G M Closson	1891
J T Russell	5 years	J W Douthitt	1892
Charley Balinger	1889	F T Moore	1893
Geo Spane	1890	Jesse Patterson	1894

OFFICERS FOR 1895.

Commander...................................B F Bales
Sr. V.-Commander..........................T J Gibbs
Jr. V.-Commander..........................J N Brown
Surgeon..G W Phillips
Chaplain.......................................F T Moore
Quartermaster..............................D P Bradley
Officer of the Day........................Jesse Patterson
Adjutant.......................................J T Russell

MEMBERS

NAME	RANK	CO.	REGIMENT
Dickenson, C W	Private	A	9th New York Inf
Russell, J T	"	E	2d Iowa Inf
Denney, J C‡	"	K	9th Iowa Cav
Johnson, W M	"	B	3d Vermont Inf
Barnes, Charles	Com Serg't	H	2d Michigan Cav
Spane, Geo	Private	B	9th Missouri Cav
Phencie, J W*	"	H	74th Indiana
Norman, C	"	M	3d Illinois Cav
Burns, Tom	Seaman		Navy
Phillips, Geo W (Dr.)	Surgeon		140th Illinois
France, Cyrus†	Private	K	57th Pennsylvania
Johnson, J J†	"	G	28th Illinois
Denniss, Isaiah*	1st Lieu't	H	28th Illinois Inf
Parks, Ernest‡	Private	I	37th N J Inf
Miller, Wilson	"	G	150th Illinois
Daley, Frank‡	"	B	9th Missouri
Wescot, T S†	"	G	2d Missouri Art
Miller, S H†	"	G	6th Missouri Cav
Coleman, P‡	"	F	2d Wisconsin Inf
Donley, B†	"	F	26th Pennsylvania
Howe, T L‡	"	I	7th Missouri Inf
Thompson, A‡	"	G	6th Missouri
Buley, Geo H*	"	F	19th New York

KILPATRICK POST NO. 41.

NAME	RANK	CO.	REGIMENT
Boughlin, Simon†	Private	K	14th — H A
Vanordstand, J P‡	"	M	1st — L A
Shawl, John B‡	"	D	15th Iowa
Durkee, A S‡	"		4th Indiana Art
Dickins, Thomas‡	"	C	1st California
Morse, E H*	"	I	107th New York
McGeorge, Geo*	Sailor		
Loring, J W‡	Private	A	3d Massachusetts
Flemming, J S‡	"	C	124th Illinois
Reynolds, C W‡	"	D	84th Ohio
Nichols, C A*	"	E	51st Illinois
Allen, C H*	"	H	4th Michigan
Higgins, William*	"	B	5th U S Inf
Skelton, Henry‡	"	K	1st U S Art
Cornell, Thomas‡	"	I	62d Pa Inf
Todd, W H‡	"	M	1st Iowa Cav
Gray, W P‡	"	C	15th Kansas Cav
Fister, P F‡	"	I	6th Regular Cav
Kernan, William‡	"	K	35th New York
Britton, Thomas D‡	"	E	2d Michigan Cav
Dilts, David W‡	"	D	148th Indiana
Thompson, T W*	"	D	35th Massachusetts
Reed, James	Sergeant	H	82d New York
Buell, M D L*	Serg't Maj		38th Ohio
Gunter, R W*	Private	K	33d Iowa
Rising, E J†	"	K	49th Massachusetts
Baldwin, A M*	"		12th Indiana Bat
Fisher, John‡	"	A	28th Illinois
Whaley, James‡	"	H	1st Minnesota
South, F G*	"	L	3d Calif Cav
Coad, J C*	"	K	1st Missouri Eng
Bales, B F	Captain	I	7th Indiana Cav
Decker, W M‡	Private	B	28th Illinois
Patterson, Jesse	"		22d Ohio Bat
Douthitt, J W	"	K	9th Pa Reserve
Bradley, Daniel P	"	F	13th Illinois
Closson, G M	"	A	110th Pennsylvania
Coughlin, John‡	Fireman		U S S Brooklyn
Tuttle, J F‡	Private	I	2d Michigan Cav
Miller, J P‡	Orderly	D	8th Kentucky
Davis, Charles*	Private	E	66th Ohio
Howard, T J‡	"	I	7th Indiana Cav
Gibbs, J M‡	"	D	2d Nebraska Cav
Haskins, B F‡	"	L	9th New York H A
Miller, W L	"	D	106th Illinois
Moore, F T	"	L	2d Illinois Cav
Pierce, G D‡	"	L	3d Ohio Cav
Cockel, E S‡	"	K	33d Illinois Inf
Washburn, C C*	"	C	8th U S C T
Green, Billy*	"	D	140th New York
Ward, E S	1st Lieu't	I	14th Illinois
Bryant, I S‡	Private	B	47th Illinois
Cenyon, H S‡	"	D	169th New York
Sheldon, S H‡	"	A	2d Indiana

KILPATRICK POST NO. 41.

NAME	RANK	CO.	REGIMENT
Ellis, Martin‡	Private	C	39th Iowa
Brown, J N	"	D	2d Virginia Cav
Garnett, Yarnett*	"	E	125th Col'd Troops
Murphy, C A	"	G	10th Indiana Inf
Gibbs, Thomas J	"	K	21st Indiana
Lane, J N	"	F	12th Kansas Inf

The Rocky Mountain Herald

Is the only
G. A. R. paper
in Colorado.
$1. per Year.

Comrade
HALSEY M. RHOADS,
Co. A, 23d Iowa,
EDITOR AND PROPRIETOR,

1633 Champa Street,
DENVER, COLO.

VETERAN POST No. 42,
DENVER, COLORADO.

Meetings, every Thursday, at 8 p. m.

PAST POST COMMANDERS

NAME	YEAR	NAME	YEAR
Geo W Lawson	1883	August Rische........	1889
T B Stuart	1884	A C Fisk	1890
Wm E Holland	1885	H W Todd.............	1891-2
Wm Whist.............	1886-7	Alois Zerr	1893
Thos S Mitchell.......	1888-9	S M French	1894

OFFICERS FOR 1895

Commander..........................Warner A Root
Sr. V.-Commander .... Lewis D Powers
Jr. V.-Commander .... Geo C Braun
Surgeon ....Dr E H King
Chaplain .... Rev R A Cornell
Quartermaster.....................C E Treadwell
Officer of the Day..................... Alois Zerr
Officer of the Guard .... Henry Lloyd
Adjutant ....U S Hollister
Sergeant Major..........................T Tomson
Quartermaster Sergeant................. A L Ellis

MEMBERS

NAME	RANK	CO.	REGIMENT
Adams, William‡	Private	A	.........1st Ky Legion
Armel, David‡	"	F	........88th Illinois Inf
Aiken, Lewis B†	"	E	.... 71st Illinois Inf
Anson, Jas F...........	"	B	.... 2d Illinois Art
Angell, H S*............	"	I	...........11th R I Inf
Alexander, Geo........	"	D	............1st Illinois Art
Acheson, J S...........	"	H	............1st Ohio Inf
Ayers, W W......... .	"	K	............2d Iowa Inf
Abele, Xaver...........	"	K	.........4th Ohio Cav
Anderson, A H W‡.....	Corporal...	C	.......14th Illinois Inf
Abbott, Ed S...........	Landsman		...............S S Vermont
Arnold, Henry T.......	Private	A	...... 8th New York Inf
Baldwin, C W*.........	"	B	...... 11th Vermont Inf
Brown, W R*..........	Corporal...	D	..........82d Ohio Inf
Bair, W R*.............	Sergeant ..	D	.... 7th Iowa Inf
Boggs, Jas F†..........	Private	G	.........38th Illinois Inf
Black, M T‡............	"	D	.... 64th Ohio Inf
Brewster, Albert W....	"	F	.......142d Illinois Inf
Bean, E N	Sergeant...	A	....Chicago Dragoons

NAME	RANK	CO.	REGIMENT
Blake, C E............	Private....	B	........1st Maine Cav
Biggs, Wm‡...........	"		........36th Illinois Inf
Brown, A S...........	"	E	........79th Pa Inf
Barton, Wallace R‡...	"	F	....12th Vermont Inf
Brodtbacker, S D*....	Major......		......12th Iowa Inf
Becker, Adolph†.....	Captain...	I	......52d New York Inf
Bickford, Frank B†...	2d Lieu't..		...... Chicago Mer Bat
Branbien, Joel........	Landsman		.... S S Fairy No. 51
Burkling, Chas	Corporal...	A	.....119th Illinois Inf
Braun, Geo C	Private....	L	............13th Pa Cav
Butler, Wm*..........	"	I	........11th Illinois Inf
Brown, Hiram R‡.....	Sergeant..	G	......3d Colorado Cav
Babcock, Ambrose L..	Private....	E	....8th New York Cav
Bruner, Samuel M†...	Musician...		......108th Illinois Inf
Boyd, Alvin..........	Private....	I	...... 21st New York Inf
Barker, Jas H	"	C	........12th Ohio Cav
Blagg, Jas H.........	"	H	...... 25th Missouri Inf
Braun, John G*.......	"	B	...... 56th Ohio Inf
Burke, Lawrence§....	"	F	...... 10th Vermont Inf
Barry, J A...........	"	K	........87th Pa Inf
Brown, Geo...........	"	G	...... 26th Ohio Inf
Barkus, Solomon	"	M	........3d Ohio Cav
Bryant, John	"	C	........4th U S Cav
Bliss, John...........	"	H	....2d Wisconsin Cav
Brillhart, Peter.......	2d Lieu't..	G	........136th Illinois Inf
Barrows, P W†.......	Private....	C	......18th Mass Inf
Blonger, Louis H.....	Musician...	B	.......142d Illinois Inf
Buerker, H M‡........	Sergeant..	D	........88th Pa Inf
Barry, Thomas	Corporal...	K	...... 116th Ohio Inf
Butler, John..........	Sergeant..	G	.......1st Nebraska Inf
Birkel, John..........	Private....	E	.... 5th Iowa Cav
Brown, Chancey P....	"	G	.....74th New York Inf
Bowen, Daniel........	"	H	.....151st Illinois Inf
Brooks, L T..........	Corporal...	H	...... 1st Colorado Cav
Burson, Joseph*......	Private....	A	.... 8th Iowa Cav
Barnhart, Levant W...	"	E	....6th Michigan Cav
Bryant, Vilas E.......	"	F	....142d New York Inf
Bonnifield, Wm A....	"	M	.....15th Kansas Cav
Barnett, J Warren.....	Sergeant...	G	.... 12th Kentucky Cav
Barnes, R M..........	Chaplain...		...... 6th Indiana Inf
Bronson, J E.........	Sergeant..	E	.....5th New York H A
Boles, Joshua W......	Private....	G	..... 11th Missouri Cav
Bivens, Jas W	"	D	.......138th Pa Inf
Bruce, Geo A.........	Corporal...	I	...... 16th Vermont Inf
Blood, Clark D	Private....	D	..........1st Mass Cav
Budrow, Peter........	"		.... 62d Mass Inf
Bartlett, Francis H...	"	B	.... 12th Iowa Inf
Baker, Carlos.........	"	K	.... 3d Missouri Cav
Bryan, William*......	Landsman		..U S S North Carolina
Barnet, Jas O†........	Private....	D	........28th Pa Inf
Body, John	"	G	..... 8th Minnesota Inf
Brown, Charles.......	"	A	........197th Pa Inf
Bell, Thomas M	"	D	........102d Illinois Inf
Crane, H B*..........	"	H	........59th Illinois Inf
Cole, A L*............	"	G	.... 14th New York Art
Castle, Harvey T*.....	Corporal...	B	........17th Pa Cav

VETERAN POST NO. 42. 133

NAME	RANK	CO.	REGIMENT
Cahill, Thos J*	Private	D	Stroud's Ind Co
Christie, J W	"	K	8th Pa Inf
Carico, Alexander‡	"	H	39th Ohio Inf
Cox, Jesse†	"	G	5th U S Art
Collot, Edward‡	"	B	23d New York Inf
Chamberlain, Will A*	"	F	16th Michigan Inf
Charlton, Thomas	"	E	1st Conn Art
Caton, John S	"	F	14th Pa Cav
Coryell, C A*	"	A	89th New York Inf
Cullens, William‡	"	E	6th Iowa Cav
Churville, Wm H‡	"		3d Indiana Bat
Cotterell, Wm H*	"	G	112th Illinois Inf
Clark, George§	"	D	48th Pa Inf
Cluty, F H§	"	B	7th Wisconsin Inf
Cornell, R A*	"	H	103d Illinois Inf
Crowfoot, David*	"	C	5th Minnesota Inf
Collard, Walter‡	"	E	1st Colorado Cav
Casper, Geo R	"		15th Ohio Bat
Cochran, J N	Sergeant	F	3d Colorado Cav
Crawford, Wm A	Private	B	43d Indiana Inf
Crosley, Isaac	"	F	10th Wisconsin Inf
Clark, John J	"	G	39th New York Inf
Colton, Alva	"	B	6th Michigan Cav
Clark, Joseph P§	"	I	37th Illinois Inf
Colahan, Francis	"	H	122d New York Inf
Carrothers, John M†	"	H	2d Colorado Cav
Coate, D M	"	B	8th Iowa Inf
Casey, Henry	"	F	4th Kentucky Cav
Clark, Chester R†	Corporal	B	18th Missouri Inf
Craven, James	Private	G	78th Pa Inf
Cadwalader, Eli B	"	C	124th Illinois Inf
Currier, Jas F	"	G	4th New York Cav
Cain, David	Captain	A	26th Missouri Cav
Davis, H A§	Private	B	1st Michigan Inf
Davis, F B	"	D	2d Kentucky Inf
Downie, David		C	118th Pa Inf
Deitrick, John‡	1st Lieu't	K	87th Pa R C
Dayton, Ed H	Private	F	22d New York S M
Draper, D M	Captain	C	9th Mo S M Cav
Dratt, David W‡	2d Lieu't	G	87th Indiana Inf
Davidson, John‡	Private		4th Michigan Art
Drake, Clement F‡	Corporal	H	20th Mass Inf
Daggett, B B	Wagoner	F	16th Wisconsin Inf
Denton, E H*	Private	C	9th Kansas Cav
Dickenson, Joseph†	"	A	35th Wisconsin Inf
Dick, Carlisle	"	F	187th New York Inf
Duane, Daniel J	Sergeant	A	3d Iowa Inf
Doolittle, Samuel*	Private	H	2d Mass Inf
Dennison, W Niel	Major		Gen McLellan's Staff
Desmond, Michael	Private	G	41st Wisconsin Inf
Dunn, Wm P*	1st Lieu't	G	80th Indiana Inf
Durbon, John H†	Private		3d U S Art
Dolan, John‡	"		U S Marine Corps
Drury, Martin L	"	F	8th Minnesota Inf
Dresser, Joseph C	"	A	4th California Inf
Donnelly, John	"	C	11th R I Inf

Veteran Post No. 42.

NAME	RANK	CO.	REGIMENT
Douglass, Le Roy	Private	E	11th Iowa Inf
Elderkin, James P‡	"	B	51st Ohio Inf
Engel, Geo	"	M	3d Colorado Cav
Elliott, Wm	"		10th Indiana Bat
Everts, H N§	"	H	6th Minnesota Inf
Esminger, M C	Corporal		8th Indiana Art
Earle, W E*	Saddler	K	9th Illinois Cav
Emmerson, G W*	Captain	E	54th Col'd Inf
Evans, John D	Private	C	173d Ohio Inf
Earhart, W H	1st Serg't	A	82d Indiana Inf
Engle, Homer T	Corporal	A	27th Ohio Inf
Earley, Peter	Private		2d Indiana Bat
Edwards, Wm T‡	Sergeant	E	14th Pa Cav
Edling, Wm	Private	F	13th N H Inf
Esselborn, Jacob†	"	K	43d Illinois Inf
Epeneter, Chas J	Captain		1st Ala Siege Art
Evans, John	Private	E	6th Iowa Cav
Easton, Daniel A	"	C	133d Illinois Inf
Ellis, A L	"	D	33d Iowa Inf
Fitnam, J C*	Corporal	K	156th Illinois Inf
Fowler, John C†	Landsman		U S Navy
Farnsworth, C P	Private	B	1st Colorado Cav
Frye, Chas H	"	B	2d Mass H A
Fisk, Archie C	1st Lieu't	K	23d Ohio Inf
Figary, John H	Private	E	89th New York Inf
Flanders, Geo	"	F	1st Louisiana Cav
Foreman, Jas A	"	D	5th Michigan Inf
French, Selden M	Musician	F	12th Iowa Inf
Fette, Albert	Private	H	116th New York Inf
Fuller, Warren	"	E	20th Indiana Inf
Faust, Wm‡	"	K	67th Pa Inf
Foster, Robert‡	"	B	6th Indiana Inf
Failing, J H§	1st Lieu't	D	12th Michigan Inf
Flaherty, Patrick	Private	F	3d Pa Art
Folster, Fred‡	"	H	25th Illinois Inf
Forsyth, Geo W†	Farrier	A	12th Illinois Cav
Fahrien, C Geo‡	Private	F	1st Colorado Cav
Fletcher, Mathew*	"	F	93d New York Inf
Fay, John P*	"	E	2d California Cav
Flint, Thomas	"	H	195th Pa Inf
Frederick, Henry†	"	F	44th Iowa Inf
Farran, John	"	B	55th Ohio Inf
Golden, John	"	A	7th Vermont Inf
Goodell, Milo B*	Corporal	C	6th New York H A
Gallegos, Andres*	Sergeant	L	1st N M Cav
Gordon, James‡	2d Lieu't	H	47th Indiana Inf
Green, Wm G‡	Landsman		U S Navy
Gallup, John R†	Captain	C	93d Ohio Inf
Gainey, John J*	Private	H	40th Missouri Inf
Gline, C H*	1st Lieu't	H	35th Missouri Inf
George, John‡	Private	C	1st Colorado Cav
Glyckherr, Henry†	"	A	9th Ohio Inf
Gonzales, Mortimer*	Musician	C	1st Reserve Corps
Gilbreath, Joseph	Sergeant	B	6th U S Cav
Goodwin, H S‡	Private	B	2d N H Inf
Grey, W S	"	H	71st Illinois Inf

VETERAN POST NO. 42.   135

NAME	RANK	CO.	REGIMENT
Garland, Chas†	Sergeant..	G	1st Colorado Bat
Gilmore, John W	Private....	C	3d Colorado Cav
Gerard, Alexander‡	"	A	11th New York Cav
Gillis, John‡	2d As't Eng		U S Navy
Gleason, Newton L	Private....	F	5th Iowa Cav
Gammel, Wm F‡	"	E	15th Conn Inf
Gilbert, Wm	"	D	1st U S Col'd Troop
Glenn, Walter C	Landsman		U S Navy
Gardner, Eugene	Private....	H	59th Illinois Inf
Gordy, Jeremiah	"	F	9th Kansas Cav
Hall, G H B*	Sergeant..	H	8th N J Inf
Holland, Wm	Engineer..		U S Navy
Hasie, Geo E*	Private....	D	3d Missouri Inf
Hopkins, O J	Major		59th Ohio Inf
Hiss, Henry	Private....	C	3d Colorado Cav
Hood, Geo W	Major		Paymaster 7th Dist
Hartman, A M†	Private....	E	10th Missouri Cav
Hatch, C O‡	Corporal...	D	1st N Y Mtd Rifles
Hatch, C S*	Private....	M	2d N Y Mtd Rifles
Hull, Andrew J§	Corporal...	H	74th Indiana Inf
Hollister, U S	Captain...	K	13th Wisconsin Inf
Hook, Stanlon	Private....	M	9th Ohio Cav
Handyside, Reuben‡	"	K	13th Michigan Inf
Haswell, Wm S*	Corporal...	F	4th Wisconsin Cav
Hodge, John E‡	Private....	H	8th Indiana Inf
Hayes, F M†	Sergeant..	C	22d Ohio Inf
Holt, Price	2d Lieu't..	G	45th Missouri Inf
Heinig, Louis	Sergeant..	F	39th Ohio Inf
Huff, A D§	Private....	B	2d Iowa Inf
Hamer, S R‡	Hos St'd..		44th Illinois Inf
Hammond, Louis†	Private....	I	46th Iowa Inf
Hickox, J L	"		— Colorado Bat
Hodges, A S†	Sergeant..	A	6th Wisconsin Inf
Herring, F M	Private....	H	50th Illinois Inf
Hanson, Gilbert‡	"	D	23d Wisconsin Inf
Harrington, B F*	"	F	19th Michigan Inf
Half, Jacob	Captain....	D	60th Indiana Inf
Hopkins, Ira K*	Sergeant..	D	11th Illinois Cav
Hullinger, James‡	Hos St'd..	E	4th Michigan Inf
Huber, F Joseph	Private....	M	3d Colorado Cav
Hanson, Peter	"	G	191st Pa Inf
Hendricks, A F*	"	H	23d Missouri Inf
Hanna, Wm S‡	"	D	36th Wisconsin Inf
Henry, David‡	"	K	1st Michigan Eng
Hasson, W H*	1st Lieu't..	F	37th Wisconsin Inf
Harris, Wm E*	Sergeant..	E	1st Conn Art
Hanawald, Leonard*	"	D	10th New York Cav
Hartman, W F‡	Private....	K	39th Missouri Inf
Harpster, Richard‡	"	A	8th Indiana Inf
Hullibarger, Jacob	"	I	19th Iowa Inf
Huff, James P‡	Corporal...	A	14th Missouri Cav
Hoffman, J C	Sergeant..	L	1st Missouri S M
Hipple, E W‡	Private....	B	27th Ohio Inf
Hemmingway, Wm D*	Corporal...		12th Wisconsin Bat
Harrington, Thos M‡	Private...		Signal Corps
Hutchinson, John M	Corporal...	B	9th Ohio Cav

NAME	RANK	CO.	REGIMENT
Hussey, Timothy	Private		U S Marine Corps
Hendricks, Joseph R	Corporal	G	6th Indiana Inf
Inman, James‡	Private	D	Knapp's Pa Bat
Ingraham, Robt K‡	Corporal	K	4th Delaware Inf
Jewett, F D*	Private	L	3d Iowa Cav
Johnson, Edward*	"	A	1st Illinois Art
Jennings, D Homer‡	"	D	5th New York Inf
Jaynes, Thos B*	Major		52d Pa Inf
Jamison, Wm	Corporal	C	17th New York Inf
Jones, Wm†	Private	A	1st Colorado Cav
Jones, Thos W*	Sergeant	L	1st California Cav
Jones, Isaiah*	"	F	1st Ohio Art
Johnson, Samuel E‡	Adj't		66th U S Col'd Inf
Johnson, Benj C*	Corporal		10th Bat Ohio Art
Johns, John	Landsman		U S S Lexington
Johnson, P C	Sergeant		17th Pa Cav
Johnston, Joseph	Com Serg't	A	7th Illinois Cav
Jones, David L‡	Sergeant	A	17th U S Inf
Jordan, Flavius J‡	Corporal	L	13th Missouri Cav
Jamison, Chas	Private	F	10th Iowa Inf
Kinsman, W P*	Corporal	E	16th N H Inf
Kellar, Mathias†	Captain	D	1st Iowa Cav
Kilroy, T E†	Private	F	13th N H Inf
Kirk, Wm M‡	"	G	2d Pa Inf
Knelbs, Peter†	"	H	4th Missouri Inf
Kaempfer, Anton	"	A	26th Wisconsin Inf
King, J B	"	F	2d Pa Art
Kelly, Walter	"	A	3d Wisconsin Inf
Knowles, Wm E	Corporal	D	21st New York Inf
Knoblouck, Emil*	Private	E	6th Conn Inf
Kellar, Oscar	"	B	2d Iowa Inf
Kent, James A*	Musician		8th U S Inf
Keane, Albert	Private	I	1st Illinois Art
King, E H	Corporal	B	107th Illinois Inf
Koch, Chas P‡	Private	I	210th Pa Inf
Kent, Lewis A	Captain	A	6th Wisconsin Inf
Kelly, Patrick*	Private	C	12th Indiana Inf
Kearsing, Henry W†	"	M	2d California Cav
Kelley, Edward	Sergeant	K	15th New York H A
Korting, John	Private	H	17th Michigan Inf
Kirk, James E	"	D	13th Kansas Inf
Keller, Wm C	"		2d Conn Art
Lawson, Geo W†	"	B	165th New York Inf
Lundy, John H*	"	A	9th R I Inf
Lowe, Anson H	Sergeant	I	52d Illinois Inf
Larkins, Wm H‡	Private	D	1st N J Inf
Lynch, James‡	"	A	1st Mass H A
Lehman, Chas	"	H	27th Pa Inf
Lloyd, Henry	"	E	88th Pa Inf
Lebo, Franklin	"	H	93d Pa Inf
Logan, Henry*	Major		64th Illinois Inf
Livesay, Taylor	Private	F	45th Iowa Inf
Lomasney, Michael	"	E	10th U S Inf
Lawrence, John H‡	1st Lieu't	E	3d Ohio Cav
Langton, James C*	Private	D	49th Pa Inf
Longfellow, Jonathan‡	"	D	21st Missouri Inf

Veteran Post No. 42.

NAME	RANK	CO.	REGIMENT
Lyons, James M*	Private	B	40th Iowa Inf
Lawrence, A T‡	Sergeant	H	94th Illinois Inf
Lauman, C A	Private	C	52d Indiana Inf
Lambdin, W R	2d Lieu't	C	16th Kansas Cav
Lithgow, Wm H	Private	B	1st Colorado Cav
Loft, Hans‡	"	M	4th New York Cav
Lewis, John*	"	E	88th Illinois Inf
Loucks, John W	Sergeant	E	24th New York Cav
Lackey, Nicholas†	Private	C	7th Kansas Cav
Lee, Geo W	"	E	2d New York Cav
McKellar, J F	Corporal	F	1st Maine Art
Middleworth, A B	Private	H	53d Pa Inf
Morrison, J H	1st Lieu't	D	16th Pa Cav
Martin, Richard	Private	H	20th Pa Inf
Morse, David N	"	A	2d Minnesota Inf
Mack, John	"	G	102d Pa Inf
Miller, Geo H‡	"	D	1st Delaware Cav
Murphy, John	"	C	5th U S Cav
Martin, Wm†	1st Serg't	G	1st U S Dragoons
Mahone, Jas W*	Private	G	5th Ohio Cav
Munk, Bernard	"	I	2d New Jersey Inf
Martin, Jacob	"	H	20th Pa Inf
Mathews, J E*	Hos St'd		101st Ohio Inf
Mitchell, Thos S	Sergeant	A	1st Pa Art
Morse, Edward W‡	Private	B	19th Indiana Inf
Manning, J D	"	C	128th New York Inf
Maggi, Chas B	"	I	78th Pa Inf
Mules, A H‡	Sergeant	D	13th Maryland Inf
Marrs, David L†	Private	B	48th Iowa Inf
Maxon, John J‡	"	E	3d New York Art
Muller, Johann†	"	K	37th Iowa Inf
Morrison, W A	"	I	149th Pa Inf
Menser, Geo	"	I	15th Illinois Inf
Manning, Andrew	"	B	1st U S Art
McGill, R H	"	E	142d New York Inf
Murray, M D	1st Lieu't	G	Flagg's Mo Mil
Merkel, Ernest	Private	A	17th Missouri Inf
Miller, Frederick	"	D	3d New York Inf
Mueller, Carl	Sergeant	B	9th Wisconsin Inf
Macken, James*	Private	D	1st Ohio L A
Martin, Wm	"	C	1st Ohio L A
Major, J S	"	B	36th Iowa Inf
McGann, Henry‡	Corporal	B	5th N H Inf
Murphy, Timothy	Private	C	Ind Pa Bat
Morey, Frederick K	"	E	35th Illinois Inf
Murphy, Shadrach W	Musician	D	31st Ohio Inf
McCain, John*	Sergeant	B	26th Pa Inf
McLaughlin, Chas B*	Private	G	47th Illinois Inf
Muhlenfurt, Geo	Corporal	A	178th New York Inf
Miller, Henry	Private	L	7th Pa Cav
Manley, Foster W	"	B	157th Ohio Inf
Miller, Fred J†	"	A	1st Colorado Cav
Morehead, Daniel B*	"	G	83d Illinois Inf
Morrison, James†	"	D	89th Ohio Inf
Monte, John†	"	A	3d U S Inf
McCrimmon, Malcom‡	Corporal	D	6th Kansas S M

Veteran Post No. 42.

NAME	RANK	CO.	REGIMENT
McGowan, Stephen	Corporal	F	146th New York Inf
Myer, Michael‡	Private	A	1st Colorado Cav
McDonald, Allen†	"	E	1st Michigan Art
McCord, Wm	1st Lieu't	A	12th Missouri Cav
McNear, Chas H	Sergeant		12th New York Bat
Matler, Frederick‡	"	M	3d Pa H A
Munter, William‡	Private		Vet Reserve Corps
McDonald, John†	Hos St'd		66th New York Inf
Millis, Chas H	Private	B	1st Ohio Art
McGahey, John T	"	F	1st Colorado Cav
Miller, Jonathan G‡	"	B	23d Iowa Inf
Milin, Patrick	"	F	24th Indiana Inf
Miller, Frederick N	Corporal	M	3d U S Art
McIlvain, John	Sergeant	I	47th Indiana Inf
Milhoun, Thos E	Captain	A	10th Kansas Inf
Meadowcroft, James	Private	K	4th Minnesota Inf
Morgan, Thos B	"	H	96th Pa Inf
Miller, Henry L	"	K	143d New York Inf
Miller, John R	"	B	157th New York Inf
Niles, A B‡	"	I	5th Iowa Cav
Newkirk, R R†	1st Lieu't	F	4th Michigan Inf
North, John	Corporal	B	5th Illinois Cav
Nessler, Joseph	Captain	F	108th Ohio Inf
Newcomb, J H	Private	A	1st Wisconsin Inf
Noyes, A E	Sergeant		2d Iowa Bat
Neff, Rudolph	1st Lieu't	G	47th Ohio Inf
Norman, Francis A*	Sergeant	H	80th Ohio Inf
Neff, Fridolin	"	C	10th Missouri Mil
Napp, Chas	Private	G	115th Ohio Inf
Noonan, Thos C	"	C	64th New York Inf
O'Toole, John§	"	C	1st Mass H A
Odenheimer, Wm	1st Lieu't	M	6th Pa Cav
Owens, E G‡	Artisan		U S Arsenal
O'Neal, James E*	2d Lieu't	K	2d Wisconsin Inf
Opitz, Gustav	Private	G	2d Pa Mil
Osten, Geo	B'nd M'st'r		9th Illinois Inf
Ost, Anton‡	Private	A	75th Pa Inf
Oburg, Francis N‡	"	H	86th Illinois Inf
Parshall, McD*	"	E	2d Iowa Vet Inf
Price, Samuel C	"	A	197th Pa Inf
Pitschner, Ernst L	Sergeant	G	16th Iowa Inf
Pounds, Robt W*	Captain	D	38th Indiana Inf
Parkinson, Fountain‡	Corporal	F	10th Missouri Inf
Pawling, Geo	Private	D	22d Wisconsin Inf
Phelps, John H*	"	I	2d Illinois Art
Phillips, Joseph L	2d Lieu't	C	6th Ohio Cav
Peddie, Alexander	Private	D	5th New York Inf
Patton, Thos J*	Sergeant	E	2d-3d Iowa Inf
Putnam, Frederick A‡	Private	H	2d Mass H A
Peek, Geo W†	2d Lieu't		3d Tenn Mtd Inf
Perry, Albert	Private	E	2d Mass Cav
Parmenter, L*	Sergeant	G	133d Illinois Inf
Pridmore, Charles	Private	B	151st New York Inf
Powell, James M	Sergeant	H	7th Iowa Cav
Pierce, Horace‡	Private	F	119th Indiana Inf
Porter, Henry C‡	"	F	9th Iowa Cav

NAME	RANK	CO.	REGIMENT
Paull, Chas M	Private	H	33d Iowa Inf
Passino, Stephen	"		14th U S Inf
Phelps, Walter S	Sergeant	C	17th Kentucky Cav
Powers, Lewis D	Private	I	3d Iowa Inf
Pilsen, John G†	Lieu't Col.		3d Bat N Y Art
Powers, John‡	Private	H	1st New York Inf
Rothleder, George	"	G	91st Pa Inf
Roberts, Sidney E‡	"	I	136th New York Inf
Russ, Geo A‡	Corporal	D	8th U S Vet Inf
Ramsey, Robt K‡	"	B	1st New York L A
Randall, Jonathan L	Private	F	40th Wisconsin Inf
Rankin, Henry W*	Corporal	E	1st Colorado Cav
Reed, John C‡	Private		21st Indiana Art
Roberts, Thos T	"	F	32d Wisconsin Inf
Rhodes, Daniel R*	2d Lieu't	M	3d R I Cav
Rische, August*	Sergeant	G	12th Missouri Inf
Roeder, Henry	Private	M	5th U S Art
Rust, Ernest H	Corporal	E	182d Ohio Inf
Ruffieux, Louis E	Private	A	6th Kansas Cav
Reiss, Nathan†	"	M	2d New York Cav
Redelemyer, Henry	"	G	16th Iowa Inf
Rodenberg, Henry	"	A	28th Ohio Inf
Rigney, Patrick	"	G	1st New York Art
Robertus, Chas	"	A	8th New York Inf
Reno, L A	Musician	C	4th Iowa Inf
Rodgers, James A	Sergeant	B	142d Indiana Inf
Roger, Balthaser*	Private	B	88th Pa Inf
Redfield, Geo S	Sergeant	D	8th New York Cav
Reed, Wm H‡	Musician	I	93d Illinois Inf
Rider, Thos M‡	Corporal	I	72d Indiana Inf
Rahn, Hans	Private	G	1st Iowa Inf
Rosenberger, Anton	"	I	15th New York Art
Russell, Thos J‡	"	M	10th Ohio Cav
Rexroad, Adam F	"	A	34th Illinois Inf
Richardson, Richard‡	"	G	45th Illinois Inf
Robinson, J B‡	"	B	42d Wisconsin Inf
Roof, Anthony	"	A	15th New York Art
Rickoff, Henry S*	"	I	78th New York Inf
Reynolds, Wm H	"	E	129th Indiana Inf
Root, Warner A	"	G	2d Mass Inf-S of O
Ritter, David†	"	A	1st Indiana H A
Ralls, Wm C	"	C	33d Illinois Inf
Rodgers, Martin†	"	C	113th Illinois Inf
Roeschlaub, Robt S	Captain	E	84th Illinois Inf
Smith, Samuel	Private	K	33d N J Inf
Spreyer, Jacob‡	"	E	17th New York Inf
Schaeffer, Christian	Corporal	I	15th Illinois Inf
Stuart, T B	"	C	18th Iowa Inf
Smith, J A	Private	G	150th Illinois Inf
Shaw, Joseph R‡	"	C	11th Missouri Inf
Smith, C Edgar‡	"	F	60th Mass Inf
Sick, William	Sergeant	A	54th Ohio Inf
Singer, John C	Private	I	38th Pa Inf
Schneider, Jacob*	"	G	9th New York Cav
Smith, S W*	Sergeant	B	73d New York Inf
Somers, Augustus*	Private	G	1st Conn Cav

Veteran Post No. 42.

NAME	RANK	CO.	REGIMENT
Schrock, Jonas H	2d Lieu't	H	171st Pa Inf
Sharstrum, S M	Private	H	57th Illinois Inf
Schluter, Joachim	"	I	12th Missouri Inf
Snell, Wm	"	E	107th Ohio Inf
Shaw, Alfred J*	Corporal	A	10th Michigan Inf
Steenson, Christain*	Private	I	82d Illinois Inf
Smith, John P‡	"	I	92d Illinois Mtd Inf
Sturgeon, James M	"	G	6th U S Cav
Schroeter, Chas*	"	C	1st Missouri Cav
Swift, Chas	"	H	83d Pa Inf
Sherill, Henry‡	"	I	2d Illinois Art.
Stuber, Frederick‡	"	B	8th Iowa Cav
Shimer, A M*	"	E	4th Iowa Cav
Schaller, Jacob†	"	D	2d U S R Corps
Shermer, Andrew	"	G	13th U S Inf
Symes, T R	"	K	5th Missouri Inf
Smull, Edwin H	"	B	2d Maryland Inf
Severns, W F*	Corporal	G	36th Illinois Inf
Stutsman, Henry	Private	F	13th Iowa Inf
Schafer, Jacob	Corporal	M	11th Missouri Cav
Smith, Chester*	Private	D	15th Conn Inf
Spahuey, Joseph	"	A	15th New York Cav
Starks, W R*	"	G	1st Ohio L A
Schench, James W†	Captain	M	22d New York Inf
Schmidt, Emanuel	Corporal	F	39th Ohio Inf
Stevenson, James*	Private	B	154th Indiana Inf
Soggs, Dexter H‡	1st Lieu't	I	2d Colorado Inf
Strout, Wm T	Q M		7th Michigan Inf
Simmons, Wallace A	Corporal	B	127th Illinois Inf
Sommers, Elijah‡	Private	B	30th Illinois Inf
Schneider, S*	2d Lieu't	L	62d Mo Mtd Inf
Sykes, J W	Private	H	2d Colorado Cav
Sheehan, Patrick	"	H	28th Mass Inf
Stewart, Charles	"	I	31st Wisconsin Inf
Stroud, Ira M‡	"	C	67th Illinois Inf
Spray, Geo W	Corporal	C	38th Illinois Inf
Strowge Wm*	Private	B	4th Iowa Cav
Smith, Hugh	"	I	10th Missouri Inf
Sucher, Jacob	"	K	13th Illinois Inf
Selleck, Theo W	Corporal	C	23d Michigan Inf
Shirlow, Daniel	Seaman		U S S Great Western
Sutphin, Daniel O†	Corporal	E	3d Colorado Cav
Scanlan, John W	"	F	42d New York Inf
Smith, Walter N	Captain	B	11th Mass Inf
Thompson, Geo R‡	Private	D	137th Illinois Inf
Troxell, J F†	2d Lieu't	I	2d Maryland Inf
Todd, Wm M†	Capt's Cl'k		U S Gunboat Katadin
Thompson, Joseph B‡	Sergeant	F	73d Illinois Inf
Todd, H W	"	H	2d Iowa Cav
Trostel, John C	Private	C	15th U S Inf
Taylor, John	Corporal	A	12th New York Inf
Todtenhoefer, Edward	Private	A	47th New York Inf
Thompson, Archie	"	G	13th Wisconsin Inf
Thenersbacher, C'nr'd‡	"	K	51st Missouri Inf
Till, Henry†	"	K	65th New York Inf
Tredick, W H	Sergeant	B	8th U S Vet Inf

VETERAN POST No. 42.   141

NAME	RANK	CO.	REGIMENT
Thorne, Wm S*	Engineer		U S Gunboat No. 1
Trowbridge, Oscar W	Private	E	67th Ohio Inf
Turner, David B	"	F	29th Maine Inf
Treadwell, Chas E	"	I	7th Michigan Cav
Todd, Geo M	"	B	1st Ohio Cav
Trebel, Fred	"	B	1st Kentucky Inf
Tufford, Elliott B	Corporal	E	65th New York Inf
Tufford, Isaiah*	Private	H	22d New York Cav
Traub, Christain*	Sergeant	I	1st Missouri L A
Thompson, James B	Landsman		U S S S Eutaw
Tomson, Theodore	1st Lieu't	C	17th Iowa Inf
Ulrick, John	Private	C	2d California Cav
Uhse, Ernst	"	F	15th New York Eng
Visscher, Wm L*	Color S'g't		24th Kentucky Inf
Van Horn, E C*	Sergeant	K	35th Illinois Inf
Vorhees, Abram	Private	L	1st Michigan L A
Van Aulstyne, Geo W	"	B	3d New York L A
Wilcox, P H*	Corporal	K	50th Pa Inf
Whist, Wm	Private	E	61st Mo Mil
Wakefield, Wm	"	D	69th New York Inf
Williamson, J A‡	Corporal	M	9th Ohio Cav
Weld, Wm W*	Ens'gn		U S Navy
Weidenheimer, C H‡	Corporal	A	119th Illinois Inf
Whipple, A A†	1st Lieu't	G	55th Illinois Inf
Wilson, James H	1st Serg't	C	30th Ohio Inf
Wells, L W	Corporal	H	3d Colorado Cav
Weaver, Wm L	Mate		U S Frigate Roanoke
Weaver, Chas H†	Mate		U S S Hunchback
Wise, Andrew*	Private	I	11th Illinois Inf
Wilson, Henry W	Seaman		U S Frigate Colorado
Wollschlaeger, Louis†	Corporal	I	4th Vet Res Corps
Weaver, Thos F	Private	D	2d Colorado Cav
Weaver, Jos L*	Corporal	C	31st Iowa Inf
Wehrle, Joseph‡	Private	F	5th New York Inf
Wilson, Benjamin H	Captain	F	7th Missouri Cav
Weber, Gerhart H*	Private	K	43d Illinois Inf
Whipple, Warren W*	Sergeant	B	3d Colorado Cav
Withaup, Louis C	2d Lieu't	B	16th Missouri Cav
Weeks, Chas H	Private	D	1st Bat Frontier Cav
Walker, Hiram C	1st Lieu't	C	10th Illinois Cav
Woods, Chas*	Private	B	3d California Inf
Walker, Irving J‡	"	E	13th Illinois Inf
Webber, Edwin T‡	Coms S'g't	C	3d Wisconsin Cav
Whittaker, Thos J	Corporal	I	2d U S Cav
Wakeman, Peter S†	Private	A	144th New York Inf
Wright, James†	"	G	8th Pa Cav
Wood, John N	"	E	10th Tennessee Cav
Wheeler, Alonzo A	Corporal	I	7th Vermont Inf
Woodruff, Frank M	1st Lieut	H	76th New York Inf
Walker, George†	Private	I	3d U S C H A
Walters, Edward	"	B	4th Delaware Inf
Young, Asa M†	"	D	1st Maine Cav
Zerr, Alois	"	C	U S Res Corps

J. MARSHALL PAUL POST No. 45,
(Disbanded, 1891).
ALMA, ... COLORADO.

PAST POST COMMANDERS

NAME	YEAR	NAME	YEAR
James Moynahan	1883-4	Wm. H. Redpath	1887
T. P. Kennedy	1885	J. W. Sykes	1888-9
John M. Fritz	1886	John A. Shultz	1890

MEMBERS

NAME	RANK	CO.	REGIMENT
Baker, Matt	Private	C	2d Wisconsin Inf
Bommer, James	"	A	2d Illinois Cav
Burlingame, Anson	Corporal	G	146th New York
Blackburn, J S	Saddler	I	10th Missouri Cav
Cass, Chas L	Lieu't	A	3d Colorado Cav
Culbertson, S S	Captain	G	19th U S Inf
Clark, D M	Corporal	G	2d Colorado Cav
Fritz, J M*	Private	I	101st Pennsylvania
Foster, Wesley§	"	F	3d Missouri Cav
Ford, W C	"	I	134th Indiana
Graham, G W	"	A	7th Kentucky Cav
Holden, S A	Corporal	D	1st Missouri Cav
Holliday, V G	Sergeant	B	2d Indiana Cav
Kennedy, T P*	Private	B	2d Colorado Cav
Mills, Sydenham	"	B	2d Colorado Cav
Moore, F O C	Sergeant	H	195th Ohio
Moynahan, James*	Captain	B	27th Michigan Inf
Millerman, Jacob A	Private	C	2d Kansas Cav
Pierce, J A	Sergeant	A	1st Colorado Cav
Phelps, C L	Private	D	157th New York
Pitman, Fred	"	K	10th Wisconsin
Peterson, A L	"	D	116th Indiana
Redpath, William H	"	E	19th Indiana
Rogers, Joseph	"	G	16th Kansas
Robinson, E P*	"	B	2d Colorado Cav
Redfield, A	Corporal	D	132d Indiana
Redpath, Jacob	Private	E	19th Indiana
Schwartz, S B	"	C	110th Pennsylvania
Smith, L S	Q M		9th New York H A
Savage, Franklin	Private	B	2d Indiana Cav
Southwick, G B	"	E	10th Wisconsin Inf
Sykes, J W*	"	H	2d Colorado Cav
Shultz, John A	Corporal	G	Ky M Inf.
Ward, Nelson*	Private	K	113th Illinois
Warner, J E	"	B	126th New York
Wells, I B§	"	D	2d Missouri Art
Wisner, W W	"	F	1st Michigan Art
Weaver, Joseph*	"	L	2d Mass Cav
Wurtz, William*	"	G	2d Ohio Cav

FARRAGUT POST No. 46,
DENVER, COLORADO.

Meetings, every Saturday evening.

PAST POST COMMANDERS

NAME	YEAR	NAME	YEAR
J C Kennedy	1883-8	J W Johnson	1891
J Harrison Mills	1884	W T S May	1892
C W Cowell	1885-9-90	J J Freeman	1893
H B Jeffries	1886	A M Hinsdale	1894
J D Dillenback	1887		

OFFICERS FOR 1895

Commander..................................... M W Rice
Sr. V.-Commander..................... B F Chance
Jr. V.-Commander..................... James Benton
Surgeon... J A Clark
Chaplain.................................... Walter Wilson
Quartermaster......................... Elmer Moses
Officer of the Day .... J M Paget
Officer of the Guard................... Willis Stone

MEMBERS

NAME	RANK	CO.	REGIMENT
Able, Joseph	Private	H	5th U S C Cav
Adams, William	Sergeant	B	46th Pennsylvania
Allen, G M	1st Lieu't	C	39th U S C T
Arnold, A N	Private	I	46th Illinois
Augustine, Frank†	Sergeant	B	8th Kansas
Abbott, Samuel D	Private	E	9th New York Cav
Asb, George	Coal H'ver		U S Navy
Bailey, F D*	Private	E	177th Ohio
Brewster, T C*	Corporal		Ind Colorado Bat
Burton, H S	Private	H	33d Illinois
Bartlett, E	"	G	108th Illinois
Beardsley, J H	Chaplain		188th Ohio
Brinkley, R V	Private	H	155th Indiana
Benton, James	"	E	12th Ohio Cav
Beeson, Richard*	"	C	2d Iowa Inf
Backinsto, W L	"	H	2d Iowa Cav
Brownlow, J T	Landsman		U S S Huntress
Belden, G C	Private	D	64th Illinois
Barrows, A W†	Sergeant	C	18th Massachusetts
Bernisconi, J	Private		1st Iowa Bat

Farragut Post No. 46.

NAME	RANK	CO.	REGIMENT
Burroughs, A S	Private	B	5th Michigan Cav
Brigham, B F*	"	C	24th Michigan
Bohlman, J H	Musician		3d Div 4th A C
Brooks, W O*	Private	A	7th Iowa Cav
Buell, S P	Captain	E	136th New York
Baker, F H	Private	C	8th Illinois Cav
Bassett, Leslie	Captain	K	13th Iowa Inf
Bonland, James†	Sergeant	B	15th Kansas
Beachen, John	Private	C	2d New York H A
Brisack, Justus F†	1st Serg't	A	101st Ohio
Bonnick, H J	Private	G	2d U S Dragoons
Bradley, Zephaniah	"	F	44th Missouri
Bridge, J W	"		5th Wisconsin L A
Billow, H A	1st Serg't		4th-5th U S Cav
Bailey, Wm A	Corporal	K	102d U S C T
Childers, P R*	Private	K	2d Iowa Inf
Cowell, C W	Musician		1st Brig 2d Div 14th A C
Coverston, W A	Corporal	H	3d Iowa
Carter, Nelson†	Private	A	1st Nebraska Cav
Crittenden, F M*	Musician	K	1st Michigan Eng
Coplen, J D	Corporal	G	3d Colorado Cav
Cypher, J F	"	E	76th Pennsylvania
Cramer, H B	Private	I	161st New York
Cooper, Chas H†	"	G	42d Massachusetts
Cavenaugh, John	"	H	20th Wisconsin
Cottrell, Wm H*	"	G	112th Illinois
Cole, Uriah H	Sergeant	H	24th New York Inf
Cotton, Allen†	Private	D	31st Iowa
Cuture, Theo	"	B	6th Minnesota Inf
Cotton, H W	"	B	76th New York
Clark, J K	"	H	3d Missouri S M
Condit, E C	Musician	C	19th Iowa
Chivington, J M*	Colonel		1st Colorado Cav
Carl, Goliath	Private	C	51st Illinois
Chance, B F	"	E	18th Missouri
Cooper, H B	1st Lieu't	E	8th Iowa
Cooper, E H*	Captain	D	1st Illinois Art
Cummings, Mich	Private		5th Indiana Bat
Chenneworth, Isaac	1st Serg't	F	33d Missouri S M
Chamberlain, N A	Surgeon		13th Indiana Inf
Cowell, J R	Musician	C	5th Michigan Inf
Clark, John A*	Private	D	15th Ohio
Cox, Nathaniel	"	A	1st Illinois L A
Camp, Geo W	"	G	18th Iowa
Conbog, T J	"	A	100th Pennsylvania
Castle, Chas H	Sergeant	A	5th Missouri S M
Dillenback, J D	Private	H	4th Michigan Cav
Dack, C J†	Captain	A	9th Illinois Cav
Demorest, G V	Act Ens gn		U S N Vicksburg
Donnelly, Hugh	Private	D	5th California Inf
Douglass, Tracy W*	"	I	17th Illinois Cav
Drew, D F M	"	G	31st N H Inf
Daugherty, Isaac	"		McLain's Colo Bat
Davisson, Isaac	Sergeant	I	4th Ohio Cav
Douglass, Wm B	Private	C	83d Indiana
Dickenson, Thomas	"	L	12th Kentucky Art

ALL WORK FIRST-CLASS.

Designs and Estimates sent on Application.

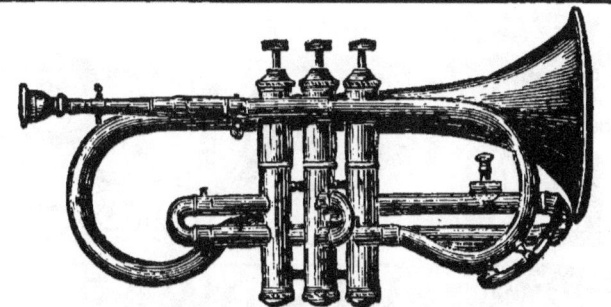

THE ✵ KNIGHT ✵ MUSIC ✵ CO.

1508-10 ARAPAHOE STREET,
DENVER, . . COLORADO,

IMPORTERS AND JOBBERS OF

Sheet Music, Music Books,
And Musical Instruments,

☞ The newest creations in Music always on hand.
Catalogues and Prices on application.

Hardware

As a Trade Term Designates
A Wide Stock, and

Our Stock

As a Trade Supply, covers all
that Hardware means.

1648-54 Arapahoe St.,

DENVER.

Farragut Post No. 46.

NAME	RANK	CO	REGIMENT
Davis, A W	Private	E	79th New York
Eldrige, Roswell	Corporal		92d Illinois
Farmer, A E	Sergeant	I	48th Illinois
Frazier, Caleb	Private	E	150th Regt
Freeman, J J	"	C	6th Iowa Cav
Frye, G M*	"	F	17th Massachusetts
Fitch, Henry	"	B	2d Minnesota Cav
Foster, J W	"	A	15th Kansas Cav
Fritz, J S*	"	I	40th Iowa
Frisbee, R R	1st Lieu't	B	46th Pennsylvania
Flanders, A	1st Lieu't	H	2d Kansas Cav
Fullerton, W J	Private	I	102d Pennsylvania
French, O C	1st Lieu't	G	104th Ohio
Francis, Robt F	Private	B	10th Missouri Inf
Guy, Albert	Corporal	B	109th New York
Geeling, John G	Private	C	137th Indiana
Graves, Phineas	Lieu't Col.		12th Michigan Inf
Goff, S J	Private	L	14th Michigan L A
Gandy, Otho W	"	L	13th Missouri Cav
Grant, G E	"	A	30th Wisconsin
Glaze, Roland B	Sergeant	A	63d Illinois
Gerry, Owen*	Private	L	8th New York Cav
Hargrave, T J	Corporal	G	23d Ohio
Head, D M	Private	F	2d California Cav
Head, L H	"	A	57th Illinois
Harlow, J F†	"	F	42d Massachusetts
Harrington, D M	Seaman		Ship Philadelphia
Hagale, Fredrick†	Private	B	8th Kansas Inf
Holly, F M	Musician		14th Michigan Cav
Herbert, P P	Private	B	3d Colorado Cav
Hill, Geo S*	"	D	125th Ohio
Hensel, Wm S	Corporal	D	66th Indiana
Helm, William*	Private	H	114th U S C T
Hendrick, A	"	F	50th New York Eng
Horner, D H	"	E	53d Illinois
Hinman, C A	"	I	18th Iowa
Haynes, D J	"	F	26th Kentucky
Hall, John	"	H	117th U S C T
Hussey, Geo H	Sergeant	D	1st Wisconsin Cav
Hamlin, H L	Private	A	2d Minnesota Inf
Hiestand, W H	Captain	E	1st Louisiana Cav
Huston, J E	Chaplain		102d Illinois
Hubbard, Robt G	Captain	G	12th Missouri Cav
Hamilton, John D	Hos St'w'd		Steamer Wyandotte
Hinsdale, A M	Sergeant	K	28th Iowa
Isenberg, I W	Private	D	1st Pa L A
Ingalls, W R	"	E	108th Illinois
Jeffries, H B	Captain	B	72d U S C T
James, J F	Private	E	24th New York
Jenks, E A	"	F	100th Illinois
Jackson, O D	"	K	45th Iowa
Jenner, Thos S	Corporal	G	13th Indiana
Justice, James	Private	G	52d Illinois
Juneman, C H	Seaman		Lexington
Johnson, J H	Private	A	31st Pennsylvania
Johnson, J H	"	C	192d Pennsylvania

Farragut Post No. 46.

NAME	RANK	CO.	REGIMENT
Jansen, A	1st Lieu't..	H	21st U S C T
Johnson, James W	Private	H	30th Indiana
Kennedy, John C	Captain	G	13th Illinois Cav
Kellehr, James	Sergeant	H	1st Mass Cav
Krotter, Jas P	Private	D	1st Illinois Cav
Kellog, E E	"	H	8th Missouri Inf
Kessler, M S	Musician	H	3d Kentucky Inf
Kiefer, L*	Private	G	2d New Jersey Cav
Kay, J R	Surgeon		124th Illinois
Kritchfield, W D*	1st Lieu't	C	13th Iowa Inf
Kridler, J C	2d Lieu't	A	1st Tennessee L A
King, H W	1st Lieu't.	H	12th Illinois Inf
Knapp, S S*	Private	G	10th Kansas Inf
Kennison, Bradley	"	K	6th Kansas Cav
Kirkland, W P	"	F	1st Wisconsin Cav
Knight, Geo J	"	B	83d Pennsylvania
Keenan, Charles	"	E	35th Iowa
Kelsey, James S	"	L	2d Colorado Cav
Lesly, James†			1st Minnesota Cav
Lush, D W	Private	F	8th Iowa Inf
Lehman, A S	"	K	28th Massachusetts
Libby, C M	Captain	D	127th Illinois
Lewis, C B	"	D	3d Ohio Cav
Lane, John*	Sergeant	L	12th Illinois Cav
Lyon, J M	Private	B	40th Iowa
Lane, Jno H	"	F	2d U S Art
Leisure, G M	"	A	100th Pennsylvania
Le Claire, F H	Corporal	B	8th Iowa
Lee, Jesse B	Private	E	3d New York Art
Moses, Elmer	Captain	A	41st Ohio
Mogle, Wm*	Private	B	9th Minnesota Inf
Miller, Jacob†	"	K	68th New York
Mills, J Harrison*	"	D	21st New York
Milleson, E	"	A	3d Colorado Cav
Morrison, E A	"	A	1st Minnesota Inf
Moore, S M*	"	E	15th Ohio
Merritt, H	"	H	5th Vermont
Mukle, Chas	Musician		6th U S Inf
McKinsey, Jesse	Private	D	72d Indiana
Mann, J H	"	H	144th Illinois
Meister, George*	Sergeant	B	16th Wisconsin
May, W T S	"	G	1st Ohio Inf
McGreuder, J R	Private	D	36th Iowa Inf
Mardis, Ira A*	Captain	H	85th Illinois
Mullen, H L	Corporal	G	54th Illinois
McCulbin, Ira E	Private	I	45th Missouri
May, Robt L	Lieu't Com		U S Navy
McCormick, Jas A	Private	E	48th Illinois
McLean, S C*	"	D	13th Iowa Inf
Morrow, Edward	"	A	187th Ohio
Morgan, Lycurgus	"	C	43d Indiana
Merrick, J D	Sergeant	I	1st Wisconsin Cav
McCain, John	Private	B	26th Pa Inf
Newman, S P	Corporal	I	15th Kansas Cav
Neff, Walter S	Private	B	94th Ohio
O'Conner, John	Seaman		Steamer Portsmouth

Farragut Post No. 46. 147

NAME	RANK	CO.	REGIMENT
Obenhause, E J	Private	L	34th Missouri S M
Onderdunk, E J	"	L	7th Michigan Cav
O'Brien, Wm J	"	A	42d Massachusetts
Patterson, G A	"	C	123d Indiana
Patterson, C L	"	I	155th Ohio
Phillips, F M	"	K	1st California Inf
Putman, S P	"	G	17th Illinois Cav
Phillips, Sidney*	Corporal	F	137th Ohio
Petrea, Theo F*	1st Lieu't	F	176th New York
Peak, G W†	Private	I	71st New York Eng
Pollock, Wm J	Sergeant	E	188th Ohio
Pagett, J M	Private	G	40th Wisconsin
Plummer, L	"	C	2d Kansas Cav
Plank. A W	"	B	122d Pennsylvania
Powell. J F	"	K	24th Ohio
Pettis, Hiram	"	D	96th New York
Paddock, A E	"	E	40th Wisconsin
Palmer, H N	Sergeant	G	13th Iowa Inf
Purdy, Daniel W	Private	F	164th Ohio
Pearce, Samuel A	"	B	193d Pennsylvania
Pickett, George B	"	A	37th Illinois
Rose, W H	Musician	B	23d Wisconsin Inf
Rose, W W	Private	K	23d Wisconsin Inf
Robitzer, J P			
Roundtree, J H	Private	G	35th Iowa
Robertson, W M	"	H	3d Iowa Cav
Redding, Wm T	Act Master		Rec'ving Ship Carolina
Ranch, Levi	Private	C	3d Pa Cav
Ruh, John	"	B	—— Pa Art
Rice, M W	Corporal	E	13th Iowa Inf
Rhoads, J M	Private	A	47th Iowa Inf
Robb, S C	"	B	5th Minnesota Cav
Rogers, Gilbert A	"	B	72d Illinois
Roagland, Geo W	Captain	H	129th Illinois
Roberts, James J	Private	G	13th U S Inf
Richardson, James	Sergeant	H	79th U S C T
Richmond, M L	Private	G	12th Illinois Inf
Rogers, Joseph	"	G	45th Iowa
Rolfe, Chester P	Corporal	C	50th New York
Ralph, George	Private	H	14th Tennessee
Smith, Alonzo	"	G	8th Illinois Inf
Swan, A H	"	A	13th Vermont Inf
Snyder, Chas T			
Shepherd, F B			
Streight, Van B	2d Lieu't	A	18th Indiana Inf
Saviers, Albert E	"	K	19th Kansas Inf
Scott, Morton	"	B	3d Kentucky Inf
Schneider, E	Private	G	1st Illinois L A
Sylvester, Daniel R	Captain	K	12th Wisconsin Inf
Spicer, H C	Private	C	6th Michigan Inf
Slothower, Lewis B	"	I	209th Pa Inf
Stoutenburg, I J*	"	G	6th New York Cav
Schilling, Henry	"	F	64th Illinois Inf
Seibert, Mathias	"	I	6th Ohio Inf
Schuyler, Chas M	Bugler	M	22d New York Cav
Sellick, Theo W*	Corporal	C	23d Michigan Inf

148 Farragut Post No. 46.

NAME	RANK	CO.	REGIMENT
Smith, Chas E	Private	A	54th Pa Inf
Shell, A A	Bugler	G	85th Indiana Inf
Sohn, Frank	Musician		2d Brig Band Ills Inf
St John, Myron	Private	B	22d Michigan Inf
Storms, H D	Serg't Maj	D	113th Illinois
Shultz, Chris	Private	C	3d Mo S M Cav
Shrock, E W	"	C	9th Indiana Inf
St Clair, D H	"	B	78th Illinois Inf
Stone, Willis	"	C	5th U S C Cav
Sullivan, Perry	"	L	10th Ohio Cav
Swisher, U H	"	C	46th Ohio Inf
Starks, W R	"	G	1st Ohio Art
Starks, L F	"	G	1st Ohio Art
Swayzee, David E	"	G	150th Indiana
Stewart, Charles	Landsman		U S Steamer Morse
Spencer, Frank A	Private	C	85th New York Inf
Thompson, W H			
Thompson, J B	Sergeant	F	73d Illinois Inf
Thorpe, C S	Private	G	2d Colorado Cav
Tamm, Henry	Sergeant	D	47th Missouri Inf
Tennant, C E*	Musician	H	1st Wisconsin Cav
Talledge, Thos	Private	K	10th Wisconsin Inf
Townsend, Thos	Musician		15th U S C Inf
Townsend, F H	Private	A	9th Michigan Inf
Toohey, Francis	Sergeant	G	2d U S Inf
Vaughn, Thos J	Corporal	G	33d Iowa Inf
Watson, S C	1st Lieu't	E	4th Wisconsin Cav
Williamson, J D	Sergeant	F	6th Pa Cav
Waterman, Geo F	Private	H	7th Illinois Inf
Whitlock, Wm C C	Sergeant	H	1st Illinois Cav
Walker, John E	Private	A	51st Indiana Inf
Welch, Johnson	"	I	4th Ohio Inf
Wood, T H B	"	A	119th Pa Inf
Watson, G D	"	A	137th Illinois Inf
Webb, Robt L	"		6th Missouri Cav
Wilson, Walters	Chaplain		117th U S C T
Welch, C F	Private	A	18th N H Inf
Wright, Geo E	"	E	3d R I Cav
Wright, Geo E	"	F	10th Mass Inf
Winslow, Lester B	Musician	H	7th Minnesota Inf
Yocum, L S	Private	I	179th Ohio

GEORGE G. MEADE POST No. 47,

Denver, Colorado.

Meetings, 1st and 3d Mondays in each month, at 8 p. m.

PAST POST COMMANDERS

NAME	YEAR	NAME	YEAR
David H Moore	1883	A W Hogle	1889
R M Stevenson	1884	John G Fleming	1890
Robt S Roe	1885	John W Anderson	1891
A J Woodside	1886	L H Flanders	1892
S McClanathan	1887	H S Vaughn	1893
Geo A Hamilton	1888	S Davis	1894

OFFICERS FOR 1895.

Commander .... Wm P Babbitt
Sr. V.-Commander .... E L Hobart
Jr. V.-Commander .... S C Shofstall
Surgeon .... Jas S Shaw
Chaplain .... N F Hazen
Quartermaster .... Wm Frederick
Officer of the Day .... G A Hamilton
Officer of the Guard .... C Chapin
Adjutant .... F D Bailey
Sergeant Major .... R M Crane
Quartermaster Sergeant .... E L Ames
C. of A .... G W Cox

MEMBERS

NAME	RANK	CO.	REGIMENT
Adams, Matt	Brevet Col		U S Volunteers
Acres, T A*	Private	E	25th Iowa Inf
Anderson, J W†	1st Lieu't	G	10th Illinois Inf
Allen, C W	Lieu't	M	4th Wisconsin Cav
Ashton, D‡	Private	E	2d New York M R
Austin, J W	"	M	50th New York
Ames, E L	"		2d Bat Ohio L A
Anthony, T D‡	Armorer		U S Navy
Anderson, John C‡	Private	G	1st Colorado Cav
Allen, John W*	"	H	123d New York
Beaty, W R*	"	F	1st Colorado Cav
Bishop, E F	Adj't	A	89th Illinois Inf
Bancroft, F J	Sergeant		3d Pa H A
Beal, H W	Corporal	A	13th Illinois Inf
Brooks, E J	Colonel		4th Arkansas Inf
Burpee, C L	Sergeant	F	74th Illinois Inf
Berkey, J M	Colonel		99th Indiana Inf

GEORGE G. MEADE POST No. 47.

NAME	RANK	CO.	REGIMENT
Babcock, H C*	Lieu't	B	1st Wisconsin H A
Burnham, G A‡	Sergeant	F	4th Iowa Cav
Bailey, F D	"	I	152d Illinois Inf
Babbitt, W P	Private	A	6th Ohio Inf
Brewer, C W	"	D	1st Wisconsin H A
Bagley, H A	2d Lieu't	A	211th Pa Inf
Brown, Chas W	1st Serg't	F	30th Illinois Inf
Brewster, L E	Captain	E	21st Ohio Inf
Bartleson, M A	Corporal	A	1st Illinois L A
Brown, R A‡	Sergeant	B	31st New York Inf
Barnes, R M	Chaplain		6th Indiana
Burns, M J	Private	G	3d Iowa Cav
Bates, A C†	"	B	112th New York
Barkwell, M C	"	H	5th U S Reg
Brasher, L B*	"	B	10th Kentucky Cav
Barr, H W*	"	C	21st Kentucky Inf
Behymer, H M‡	"	I	47th Illinois Inf
Burrows, G S*	"	H	21st Wisconsin Inf
Brown, G W			
Carpenter, M B	Sergeant	I	13th Vermont Inf
Crowell, J H	A Q M		Maine Q M Dept
Cox, Richard	Corporal	D	10th New York Inf
Conard, Wm*	Sergeant	E	15th Pa Cav
Cox, G W	Captain	K	8th U S Colored
Crane, R M	Corporal	D	7th Wisconsin Inf
Cole, G W	Private	C	1st Michigan Bat
Chapin, C	"	D	7th Missouri Cav
Cheever, W D*	Sergeant	K	10th New York Cav
Cassell, A N	Corporal	K	195th Pa Inf
Coolidge, Chas A	Private	H	16th U S Reg
Cory, J B†	Corporal	C	19th Ohio Inf
Cozens, C Z‡	Private	F	60th New York Inf
Clesen, Matt‡	"	F	20th Massachusetts
Darrow, Geo G‡	Captain	A	148th Indiana Inf
Davis, S	Private	G	2d Ohio Inf
Dunn, W T‡	1st Lieu't	G	80th Indiana Inf
Dillon, J S	"	C	118th Illinois Inf
Dixon, Geo H‡	Private	G	112th New York Inf
Daniels, Wm‡	"	C	19th Illinois Inf
Fleming, J G	Sergeant	B	16th Wisconsin Inf
Flanders, L H	Corporal	G	35th Mass Inf
Frederick, Wm	Private	E	9th New York S M
Fletcher, J P	"	B	4th Ohio Inf
Flintham, J W	Sergeant	L	8th Pa Cav
Fluke, O K	Lieu't	B	8th Iowa Inf
Felker, Henry‡	Private	C	41st Wisconsin
Fisher, S H§	"	A	McLaughlin Squad
Flayer, H L‡	"	G	3d Michigan
Gray, John	"	D	11th Wisconsin
Godfrey, W R	1st Lieu't	C	154th New York Inf
Gabriel, H P	Sergeant	G	20th Ohio Inf
Gibson, J T	"	G	86th Illinois Inf
Giles, Geo C	Private	M	4th U S Cav
Green, Geo.	"	L	15th Illinois Cav
Grimes, D S*	"	B	23d Iowa
Granger, E L*	"	F	4th Vermont Inf

George G. Meade Post No. 47.

NAME	RANK	CO.	REGIMENT
Gierger, H H‡	Private	A	85th Indiana Inf
Glendenny, Andrew‡	Artificer	A	1st Michigan
Hamilton, H G†	Captain	K	140th New York Inf
Harrington, B F	Q M S	E	4th Iowa Cav
Hanna, Jas W‡	Captain	L	11th Ohio Inf
Harned, J H*	Corporal	K	44th New York Inf
Howland, J D	Private	B	1st Colorado Inf
Howland, J C‡	"	A	127th New York Inf
Hastings, S H*	Colonel		5th Michigan Cav
Hogle, A W	2d Lieu't	A	76th Illinois Inf
Hamer, Jas M	Private	E	2d Wisconsin Inf
Hamilton, Geo A	"	A	16th Illinois Inf
Hazen, N F	"	E	50th Illinois Inf
Hobart, E L	Lieu't	A	58th U S Col'd Inf
Hall, Jos T H	Brev Capt.	K	1st Reserve Corps
Holley, C E†	Adjt		19th Wisconsin Inf
Hicks, Jas R	Private	B	71st Illinois Inf
Hobbs, E M	Captain	A	6th Kentucky Cav
Harbinson, A K	O Serg't	D	184th Pa Inf
Hess, Henry	Private	C	5th Ohio Inf
Hubbard, E R	Engineer		U S Str Bucktown
Harkison, C T*			
Harbart, Marion*	Private	B	11th Indiana
Hensley, J P†			
Holley, V E†	Private	H	5th Vermont
Howard, T J*	Sergeant	H	52d Indiana
Ingersoll, H J	Captain	K	8th Illinois Cav
Johnson, T W*	Landsman		U S Gunboat
Johnson, W U*	Private		Band of 49th Pa
Jennings, Burr‡	"	A	27th Wisconsin
King, H C*	"	D	137th Illinois Inf
Kanouse, G H	Landsman		Steamer Missouri
Learning, M J*	Major		6th Tennessee Cav
Littell, J S†	Private	F	12th U S Inf
Leimer, C F‡	"	C	4th Missouri Inf
Lacey, L H‡	Chaplain		26th Ohio Inf
Lee, D K	Private	I	166th Ohio Inf
Lunt, E D	Corporal	B	15th Iowa Inf
LeMoyne, J H	Private		77th Ohio Inf
Moore, J D, jr*	Captain	D	57th Pa Inf
Millett, Nelson	Private	I	2d Maine Cav
Myers, J A	"	E	11th Ohio Cav
Metcalf, F A	1st Lieu't	E	2d Maine Cav
McClelland, H R	Q M Serg't	D	6th U S Cav
Mann, J C	Major	C	1st Wisconsin Cav
Marsh, Geo H	Sergeant	A	46th Iowa Inf
Moyer, G F‡	Private	F	201st Pa Inf
McClanathan, S	"	B	44th New York Inf
Morrow, A P	Lieu't Col.		6th Pa Cav
McGrow, C	Private	B	2d Minnesota Cav
Metcalf, M L	"	I	101st Illinois Inf
Mountfort, Jos*	Corporal	I	22d New York Inf
McClain, O S‡	Private	A	93d Illinois Inf
Newton, H H†	1st Lieu't	H	79th Indiana Inf
Northington, H C	"	I	13th Tennessee Cav
Noble, Geo D	Private	E	46th Wisconsin Inf

George G. Meade Post No. 47.

NAME	RANK	CO.	REGIMENT
Nolan, Thos H‡	1st Lieu't	D	82d U S C T (Inf)
Odenheimer, J M‡	Lieu't	L	6th Pa Cav
Oswald, D C‡	Private	K	1st Iowa Cav
Owen, Wm W*	"	B	6th Ohio Inf
O'Haver, H M‡	"	C	149th Illinois Inf
Patten, Thos H	2d Lieu't	I	2d Mass Art
Pond, E H‡	Private	K	61st Mass Inf
Perkins, J A‡	"	C	1st Illinois Art
Peterson, John*	Corporal	A	43d Illinois Inf
Pedrick, W E	"	B	2d Ohio Cav
Parker, Jos S‡	Wagoner	A	22d Illinois Inf
Plimpton, H A‡	Private	G	39th Illinois Inf
Pochin, J L*	"	A	Fremont Brigade
Penrose, J W	"	A	6th Michigan Inf
Pierce, Wm			
Prim, Wm‡	Sergeant	C	77th Ohio Inf
Rockfellow, J A			
Ruppert, M G	Private	C	34th Wisconsin Inf
Reckerd, E T‡	Sergeant	E	4th Maryland Inf
Roe, Robt S	1st Lieu't	G	2d Colorado Cav
Ruple, Geo H	2d Lieu't	C	13th Iowa Inf
Richardson, H F	1st Lieu't	E	108th New York Inf
Ramsey, C J	Private	H	127th Pa Inf
Shaw, Jas S	"	D	18th Mass Inf
Sanborn, C W	Sergeant		10th New York H A
Stone, C B	Private	B	1st Vermont Cav
Sneesby, D B	"	I	17th Illinois Cav
Sprague, W G‡	Captain		16th U S Inf
Sloan, R E	Sergeant	H	15th Pa Cav
Smith, Wm T‡	Private	I	78th Illinois Inf
Storrs, O S	1st Serg't	D	12th New York Inf
Shofstall, S C	1st Lieu't	K	66th Ohio Inf
Silvey, J O	Corporal	E	6th New York Art
Smith, Edward*	Musician	H	128th New York Inf
Spearin, D A‡	Private	B	16th Maine
Steele, G G†	"	E	14th Wisconsin
Stevenson, R M§	"		— Pa Inf
Sleeth, E B*	"	I	20th Illinois Inf
Shaw, A C‡	As't Surg'n		4th Iowa Bat
Shaffnit, Henry‡	Corporal	A	3d Missouri
Scott, L B*	Private	B	23d New York
Sarwash, A M*			
Stoddard, E D*			
Thomas, J W	Private	B	140th Ohio Inf
Twitchell, N R	"	E	44th New York Inf
Tyrrell, H A	"	F	42d Mass Inf
Tarbell, E	"	F	47th Iowa Inf
Thornton, S W*	2d Lieu't	A	137th Indiana Inf
Trounsell, Wm†			
Taylor, J W‡			
Underward, Isaac‡	Private	C	16th Illinois Inf
Van Dainker, John	"	F	10th Indiana Inf
Vaughn, H S	"	A	8th New York H A
Winants, G H	"	A	2d Minnesota Cav
Wadsworth, H L	Corporal	I	29th Maine Inf
Woodside, A J	Private	I	44th Iowa Inf

GEORGE G. MEADE POST NO. 47.   153

NAME	RANK	CO.	REGIMENT
Woodbury, R W	Captain	B	3d New York Inf
Wolfe, Thos‡	Private	I	17th Illinois Inf
Wilson, W F	"	F	69th Illinois Inf
Wilson, W E	Surgeon		10th Illinois Cav
Walker, J K*	Private	H	83d Illinois Inf
Wells, Wm‡	"		4th U S Reg
Wilson, Jas J‡	"	C	97th New York Inf
Waterbury, G H*	Drummer	A	6th Wisconsin Inf
Wheeler, Chas*			
Young, P B	Surgeon		2d Pa Inf
Zollars, Thos J	Captain	F	4th Iowa Cav

The Rocky Mountain Herald

Is the only
G. A. R. paper
in Colorado.
$1. per Year.

Comrade
 HALSEY M. RHOADS,
  Co. A, 23d Iowa,
   EDITOR AND PROPRIETOR,

1633 Champa Street,
DENVER, COLO.

COLORADO CITY POST No. 48.
(Disbanded, 1893.)
Colorado City, Colorado.

PAST POST COMMANDERS.

NAME	YEAR	NAME	YEAR
V A Wilds	1885	J E Clark	1889
Geo A Russ	1884	C E Trowbridge	1890
J H Morse	1888		

MEMBERS.

NAME	RANK	CO.	REGIMENT
Armatrout, J A	Private	A	91st Illinois Inf
Bott, Anthony	"	G	3d Colorado Cav
Burson, David F	"	K	5th Ohio
Blain, J H	Corporal	G	50th Illinois Inf
Brazelton, John	Private	I	1st Wisconsin
Byron, David†	"	D	185th New York
Clark, Hiram			
Caulesburry, Simon	Private	C	24th U S C T
Collins, G W			
Coulter, S L	Private	C	Indiana Bat
Clark, John E	"	G	152d Illinois
Colby, Henry	"	G	3d Colorado Cav
Davis, J H	"	D	14th Wisconsin
Dunington, O R	"	F	34th Iowa
DeToliver, Will	"		8th Wisconsin Bat
Emery, W W	"	G	20th Indiana Inf
Finley, Robt	Com Serg't	G	3d Colorado Cav
Haskins, C P	Private	I	18th Wisconsin Inf
Halderman, Phil	"		104th Pennsylvania
Hardwick, J A	"	C	Minnesota Bat
Ingraham, O F	"	B	2d Kansas
Long, J W	"	A	2d Iowa
Moore, J H	"	I	107th New York
Mather, John	Sergeant	I	10th Iowa
McCoach, John	Private	I	1st Kansas Inf
Millis, W J	"	B	138th Indiana
Nickell, A T	"	A	8th Missouri
Russell, John	"	G	23d Vermont Inf
Starr, James	"	K	2d Missouri
Stewart, R J	"	E	26th Inf
Trowbridge, C E	"	C	26th Wisconsin Bat
Tucker, Granville	"	I	48th Missouri
Shorter, Wm F	"	H	12th Iowa
Watts, Hiram	"	F	50th Missouri
Van Meter, J W	"	G	189th Ohio

WINFIELD SCOTT POST No. 49,
ASPEN, COLORADO.

Meetings, 1st and 3d Saturdays of each month, at 7:30 p. m.

PAST POST COMMANDERS

NAME	YEAR	NAME	YEAR
Warner A Root	1884	Milton D Mattoon	1890
John B Brooks	1885	S V Shelledy	1891
Wm B Root	1886	John S Thorn	1892
E D Waterbury	1887	S V Shelledy	1893
J E Freeman	1888	David M Watson	1894
Peter J Carraher	1889		

OFFICERS FOR 1895

Commander..J S Frits
Sr. V.-Commander.....................J W Johnson
Jr. V.-Commander.......................J C Markle
Surgeon..W E Boulton
Chaplain..B F Porter
Quartermaster.........................S V Shelledy
Officer of the Day.................Benj O Marney
Officer of the Guard.................Samuel Hewitt
Adjutant..John T Fitch
Sergeant Major.........................L F Pratt
Quartermaster Sergeant..............J W Warren
C. of A ...D M Waton, J W Johnson, J C Markle

MEMBERS

NAME	RANK	CO.	REGIMENT
Austin, O O	Private	I	17th Wisconsin Inf
Atkinson, W A‡	"	D	14th Iowa Inf
Ashbaugh, T L	"	K	102d Illinois Inf
Brooks, John B*	"	H	39th Missouri Inf
Bracken, Thomas‡	"	F	4th Vermont Inf
Baily, Edward‡	"	K	14th Illinois Cav
Bevier, Charles‡	"	C	20th Michigan Inf
Bryan, Robert L‡	"	C	Pennsylvania L A
Boland, Edward‡	"	I	43d Wisconsin Inf
Ballard, William	"	F	2d Missouri Cav
Burnham, D D§	"	G	21st Wisconsin Inf
Baugher, Joseph T‡	"		U S S S Fairy
Bruner, A B*	"	H	34th Kentucky Inf
Boyce, Harvey W	"	L	15th Kansas Cav
Barnes, R M*	Chaplain		6th Indiana Inf
Bruner, Lee Frederick*	Private		22d Ohio Art
Barnes, Joseph M*	"	D	12th W Virginia Inf
Bohan, John*	"	H	10th Missouri

WINFIELD SCOTT POST NO. 49.

NAME	RANK	CO.	REGIMENT
Boulton, W E	Musician	A	13th Missouri Cav
Carraher, Peter J†	Private	I	73d New York Inf
Cramer, Samuel	"	F	16th Iowa Inf
Cope. W H H	"	D	43d Ohio Inf
Carr, Michael‡	"	H	28th Mass Inf
Carman, Gilman‡	"	H	1st Rhode 1 L A
Coyle, Andrew‡	"	C	2d New York Inf
Conroy, Charles M‡	"	G	108th Illinois Inf
Conroy, James N‡	"	G	108th Illinois Inf
Cooke, Richard A‡	"	M	13th New York Cav
Cochrane, James W‡	"	K	69th Ohio Inf
Collins, James A‡	"	K	90th New York Inf
Carey, George W‡	"	G	11th New York Cav
Cutler, Robert J*	"	D	9th New York Inf
Corthell, Wm H‡	"	I	6th New York Cav
Chatfield, I W	1st Serg't	E	27th Illinois Inf
Chatfield, C S‡	Private	C	2d Illinois Cav
Crafts, W G‡	"	M	3d Indiana Cav
Crofton, W G	"	G	4th Kansas Inf
Dolphin, J W‡	"	E	172d Pa Inf
Edwards, Geo‡	"		1st Iowa L A
Fitch, John T	"	E	2d Missouri Inf
Freeman, Jason E	"	H	16th Vermont Inf
Frits, J S	"	I	40th Iowa Inf
Floyd, Wilson	"	A	6th U S Cav
Givenwien, George	"	B	
Gates, Atles P‡	"	B	22d New York Cav
Glase, H J‡	"	I	203d Pa Inf
Giddings, Thomas C	"		Ind Bat Colorado
Gilliland, G P‡	"	F	1st Ohio L A
Hardy, Harvey‡	"	I	16th Illinois Inf
Hollister, J C‡	"	A	123d New York Inf
Hare, Wm E†	Sergeant	K	19th Illinois Inf
Huffman, Augustus	Private	K	64th Illinois S S
Hunt, A C‡	"	I	45th Illinois Inf
Harrison, W H†	"	D	1st Ohio Inf
Hewitt, Samuel	Sergeant	C	73d Illinois Inf
Ide, James A	Private	M	2d California Cav
Jones, W G‡	"	D	16th Maine Inf
Johnson, Jasper W	Brig Gen		U S A
Kelly, Edward	1st Serg't	D	10th U S Inf
Kelly, James‡	Fireman		U S S S Vindicator
King, Jacob‡	Private	F	19th Ohio Inf
King, W J	"	A	72d Indiana Inf
Kennedy, H C	"	I	105th Pennsylvania
Kennedy, Thomas P	"	B	2d Colorado Cav
Kiggins, Sumuel J	Corporal	L	3d Colorado Cav
Lee, Jason B†	Private	H	8th Iowa Inf
Lawson, J B‡	Sergeant	K	13th Illinois Cav
Lenhoff, John A‡	Private	H	107th New York Inf
Leonard, Benton*	"	A	1st Iowa Inf
LaTourette Court	"	C	154th Indiana Inf
Leach, James‡	"	A	8th Illinois Inf
Mattison, H K	"	1	2d Colorado
Morrisey, Charles‡	Corporal	M	1st Pa Cav
McManis, Geo W	Private	D	22d Iowa Inf

Winfield Scott Post No. 49. 157

NAME	RANK	CO.	REGIMENT
Marney, B O	Private	K	1st Missouri Cav
Mather, Mason W*	As't Eng'r		U S S S Kanawha
Matheney, H H‡	Private	B	5th Ohio Inf
Milligan, D S	"	B	1st Virginia Cav
McMasters, James H‡	"	B	52d Ohio Inf
Mattoon, Milton D‡	Corporal	H	5th Michigan Inf
Markle, J O	Private	B	2d Wisconsin Inf
McNeill, William H‡	"	B	1st W Virginia Cav
Mahoney, J E	1st Lieu't	B	17th Wisconsin Inf
Mooney, Thomas‡	Corporal	B	18th Wisconsin Inf
McFadden, John†	Lieu't	K	107th Pa Inf
Nyce, Geo W	Private	A	1st Colo Cav
Noble C V*	"	F	3d Iowa Inf
Osterhout, F A‡	"	I	1st U S V Eng
O'Riley, Peter‡	"	H	25th New Jersey Inf
O'Kane, Frank†	"	F	7th Vermont Inf
Patterson, William	"	F	16th Iowa Inf
Pratt, Philip W‡	"	I	48th Indiana Inf
Parson, J S‡	"	B	61st Ohio Inf
Parker, H F‡	"	B	147th Illinois Inf
Putney, Joseph J	"	K	8th Wisconsin Inf
Place, John H*	"	B	156th New York Inf
Parks, R B	"	D	65th Illinois Inf
Porter, B F	"	D	3d Indiana Cav
Pratt, L F	"	C	7th Maine Cav
Phye, James F‡	"	A	3d Iowa
Parker, Geo H‡	"	B	2d California Inf
Root, Warner A*	"	G	2d Mass Inf
Root, W B*	"	B	3d Colorado Cav
Roddy, John	"	D	2d Vermont Inf
Robinson, Kitson‡	"	B	93d Pa Inf
Risling, Christopher	"	H	12th U S Inf
Riley, John B‡	"	I	38th Ohio Inf
Starling, Harvey	"		1st Wisconsin L A
Stevenson, James M*	"	E	139th Pa Inf
Stafford, O P	"	F	4th Iowa Inf
Stevens, Austin	"	B	11th Iowa Inf
Sullivan, D P	"	K	14th Illinois Cav
Shelledy, S V	Corporal	F	18th Iowa Inf
Sanborn, Geo L*	Captain	H	1st Colorado Cav
Stevens, J P	Private	A	3d Pa Art
Steadman, Joseph S*	"	G	60th Ohio Inf
Stiga, William†	"	G	65th Illinois Inf
Tanfield, James W†	"	B	1st N M Cavalry
Tupper, H C	"	G	7th Ohio Inf
Thorn, John S	"	H	47th Illinois Inf
Toomey, Richard	"	K	9th Illinois Inf
Vandagrift, Chas‡	"	I	3d Wisconsin Inf
Willard, J H‡	Lieu't Col.		42d Pennsylvania
Waterbury, E D‡	Musician	E	92d Illinois Inf
Warner, William§	Private		17th Ohio Art
Weakly, William L	Sergeant	F	50th Illinois Inf
Woodruff, James G‡	Private		10th Kansas Inf
Whelan, G W§	"	M	1st Wisconsin H A
Weimer, I R‡	"	B	38th Ohio Inf
Wood, William‡	"	E	20th Illinois Inf

NAME	RANK	CO.	REGIMENT
Weinburg, Chas L	Seaman		U S S S Princeton
West, John A‡	Private	L	3d Illinois Cav
Welch, Mike	"	D	24th Wisconsin Inf
Watson, David M	1st Lieu't	I	78th Ohio Inf
Welch, Patrick‡	Private	K	10th N Y H A
Ward, Nelson*	"	K	113th Illinois Inf
Warren, John W	Captain	E	89th Illinois Inf
Wise, Andrew‡	Private	I	11th Illinois Inf
Welsch, John J	"	D	43d Illinois Inf
Young, William H‡	"	A	197th Ohio Inf

J. A. LOWRIE POST No. 50.
Yuma, Colorado.

Meetings, 1st and 3d Saturdays in each month.

PAST POST COMMANDERS

NAME	YEAR	NAME	YEAR
A L Kissinger	1889	Jesse Williams	1892
Jesse Williams	1890	Jesse Williams	1893
Jesse Williams	1891	Levi Fredrick	1894

OFFICERS FOR 1895

Commander .... Melvin Estes
Sr. V.-Commander .... Benj Ward
Jr. V.-Commander .... Henry Bingaman
Surgeon .... E J Palmer
Chaplain .... Geo J Shopp
Quartermaster .... A L Kissinger
Officer of the Day .... W H Conover
Officer of the Guard .... Levi Fredrick
Adjutant .... M W Haver
C. of A....A L Kissinger, J N Roberts, Melvin Estes

MEMBERS

NAME	RANK	CO.	REGIMENT
John Wilks Moore‡			
Aaron P March†			
George R Ames*			
Robert L Bird‡			
H L Gressell			
Q A Garbet†			
Samuel Shepp‡			
G W Lucas	Private	D	29th Iowa Inf
P J Rosecranse‡			
J K Smith‡			
J A Whitman‡			
James Gardner‡			
J D Burr‡			
G W Gaston	Private	A	132d Ohio Inf
A L Kissinger	"	B	18th U S Inf
M W Haver	"	F	1st N Y Dragoons
J A Williams	"	A	183d Ohio Inf
J S Kough‡	"	E	125th Pa Inf
Joseph Williams	"	A	183d Ohio Inf
J N Roberts			
Joseph Lee	Private		
G J Shopp	"	E	191st Pa Inf

J. A. LOWRIE POST NO. 50.

NAME	RANK	CO.	REGIMENT
L C Warren	Private		20th Indiana Bat
E J Palmer	"		7th Mass Bat
Bossler Phillips	"		2d Iowa Cav
Keller Herst‡			
Henry James			
Ezra Hull			
W H Conover	Private	C	66th Illinois Inf
Bert Striker	"		
Lamson Toler	"	C	55th Illinois Inf
Melvin Estes	"	I	61st New York Inf
Henry Bingaman	"	K	15th Illinois Inf
Benj Ward	"		2d Nebraska Cav
Seth P Brosius	"	G	86th Ohio Inf
Levi Fredrick	"	D	2d Indiana Cav
Wm Fitzgerald†	"	F	15th Iowa Inf
Alex Ludlam	"	E	11th Wisconsin Inf
S D Laine	"	E	22d Iowa Inf

STEVENS POST No. 52,

(Disbanded, 1893.)
MINNEAPOLIS, COLORADO.

PAST POST COMMANDERS

NAME	YEAR	NAME	YEAR
M M Myers	1884	Lewis Brooks	1891
J E Hagerty	1885	Lewis Brooks	1892

MEMBERS

NAME	RANK	CO.	REGIMENT
Benton, W J	Private	M	1st Colorado Cav
Brown, Geo A	"	D	123d Illinois
Burnett, F G	2d Lieu't	A	30th Illinois
Burrgard, L D	Private	L	2d Colorado
Brooks, Lewis	"	K	38th Indiana
Baybrook, C W	"	C	145th Pennsylvania
Brown, Robt	"	H	105th Illinois
Copelan, Lyman	Sergeant	A	26th Indiana
Clark, W C	Corporal	G	144th Illinois
Collins, C W	Private		3d Iowa Bat
Cassidy, J P	"	I	24th Ohio
Dodge, Thomas R	"	I	3d Missouri S'M
Duff, John	"	I	138th Illinois
Day, S H	"	A	76th Ohio
Day, D F	Ch'f Sc'uts		17th Corps
Enlow, M A	Private	H	1st Arkansas Inf
Glenn, J W	Sergeant	L	1st Ohio Art
Hagerty, J E	Adjutaut		8th Ohio
Harbert, Marion	Private	D	11th Indiana
Hargrave, Wm	"	F	141st Illinois
Hopkins, W G	"	B	14th Illinois Inf
Jones, James	"	I	4th Virginia Inf
Jockenck, G L	Captain	I	3d New York Cav
Linel, M H	Private	L	1st Colorado Cav
Long, John S	Musician	I	60th Ohio Inf
Latty, Wm	Sergeant	G	22d Pa Cav
Myers, M M	Private	C	118th New York
Moore, J H	"	F	27th Illinois Inf
Merling, John	"	B	1st California Inf
Mathenia, W S	"	D	64th Illinois
McKane, M D	"	E	2d Missouri Cav
Mills, Geo	M S		U S N
McBride, Ed	Musician	D	13th U S C T
Minter, John	Private	A	1st Illinois L A
McDowell, Joseph T	"	B	23d Kentucky Inf
McGee, Patrick	"	I	137th New York
Overman, J W	"	F	38th Indiana Inf
Park, Jas N	Sergeant	D	27th Ohio Inf

STEVENS POST NO. 52.

NAME	RANK	CO.	REGIMENT
Pierson, J D	1st Lieu't	D	94th Ohio Inf
Pepper, Thos J	Private	E	37th Kentucky
Parsell, Dell			
Parsell, A	Surgeon		4th Michigan
Powell, J L	Private	A	8th Kansas
Ross, J P	Corporal	E	79th Illinois
Russell, R H	Drummer	A	26th Missouri Inf
Scott, Geo A	Lieu't	F	4th W Va Inf
Spicer, Arnold	Private	C	2d New York Cav
Vandever, John	"	E	1st Colorado Cav
Wiles, Jeptha D	"	G	99th Illinois Inf
Wright, W P	"	H	10th Iowa Inf
Wheeler, W D	Paymaster		U S A

FARNSWORTH POST No. 53,
Evanston, Wyoming.

PAST POST COMMANDERS

NAME	YEAR	NAME	YEAR
J W Dykens	1884	John A McGraw	1888
J W Perkins	1885	Chas Delong	1889
Chas H Priest	1886	Thos Wilkinson	1890
Samuel Dickey	1887	W L Moore	1891

MEMBERS

NAME	RANK	CO.	REGIMENT
Auderton, Peter†	Private	F	76th Pa Inf
Blanchard, W H H	"		14th Ohio Bat
Boodry, Geo*	"	A	39th Mass Inf
Baughman, I	"	C	36th Illinois
Bryan, T A	"	G	143d Illinois
Brooks, C A	As't S'g'n		10th U S C T
Baker, Chas S	Ch'f Bugl'r		2d New York Cav
Babcock, D W	Private	G	114th New York
Coffin, Albert	"	K	68th New York
Downs, P J†	"	D	13th New York Inf
Davis, Samuel	"	E	8th Illinois Cav
Delong, Charles	"	B	29th Michigan
Dickey, Samuel	"	F	5th Pa Cav
Davies, Ed N	1st Serg't	C	38th Ohio Inf
Eardinan, G A	Corporal	H	1st Minnesota
Eardley, Josiah	Musician		Utah Mtd Inf
Fritz, Charles	Private	F	3d Pa Art
Fulton, W W O	"	C	25th Ohio
Flynn, T D O	Corporal	I	2d New York Art
Foss, Wm W	Private	H	23d Maine
Goodman, Elias	Corporal		17th New York Bat
Huff, F H	Private	E	88th Illinois Inf
Hayes, Cameron	Corporal	H	11th Illinois Inf
Lezewrt, Daniel	Private	E	46th Wisconsin
Ludwig, Oscar	Captain	C	20th Illinois Inf
Moore, W L	1st Serg't	H	2d Colorado Cav
Morse, M V	Private	B	41st Wisconsin
Mawxice, David W	2d Lieu't	E	11th Ohio Inf
Mather, Frank L	Private	C	38th New York Inf
McGraw, John A	"	C	14th Pa Cav
Platt, Royal G	"	F	1st Mich Sh'psh'rs
Perry, Frank	Sergeant	E	10th Wisconsin Inf
Priest, Chas H	Private	K	5th Massachusetts
Rische, Charles H	Musician	G	20th Wisconsin Inf
Smith, Andrew	Private	L	1st Vermont Cav
Toney, Chas H	"	H	104th New York
Unks, Hudson R	"	C	31st Illinois
Vallnaux, Frank G	"	C	1st Illinois L A

STEADMAN POST No. 54,
Telluride, Colorado.

Meetings, 2d and 4th Thursday evenings, at 7:30 o'clock.

PAST POST COMMANDERS

NAME	YEAR	NAME	YEAR
J M Fox	1885-6	W B Gregory	1891-2
E P Kent	1887	S H Blurr	1893
C E Emery	1888-9	P P Steinwandle	1894
R A Blair	1890		

OFFICERS FOR 1895

Commander..........................P P Steinwandle
Sr. V.-Commander....................J C Weller
Jr. V.-Commander....................W B Gregory
Surgeon.............................C E Emery
Chaplain............................Thos H Shields
Quartermaster.......................C S Harding
Officer of the Day..................Richard Murphy
Officer of the Guard................Chas Shultz
Adjutant............................S H Blurr

MEMBERS

NAME	RANK	CO.	REGIMENT
E P Kent	2d Lieu't	I	15th Indiana Cav
C E Emery	Sergeant	H	5th Maine Inf
F S Elliott	Private	H	2d Iowa Inf
M A Wood	"	A	20th Mass Inf
Wm Raymond	1st Lieu't	B	5th New York Inf
Robt Blair	Private	K	33d Iowa Inf
W F Merrifield	"	I	100th New York Inf
S H Blair	Sergeant	C	7th Iowa Inf
A F Lichfield	1st Lieu't		—— Pa Troops
Chester Greenwood	Private	D	25th Massachusetts
J M Fox†	Captain	F	1st Wis Vt Inf
J R Grant	"	K	4th Pa Cav
Robt Burns	Private	H	2d Ohio Cav
J Priest	"	C	113th Ohio Inf
M Pruyn	"	A	5th Iowa Cav
L Platt	"	C	2d Maine
W B Middaugh	"	M	9th Illinois Cav
W E Smiley†	"	A	10th Tennessee Cav
J E Mahoney	1st Lieut	B	17th Wisconsin
Geo Bernard	Private	E	1st N Y Rifles

Steadman Post No. 54.

NAME	RANK	CO.	REGIMENT
J W Vance	Private	F	16th Illinois Inf
H H C Kay†	Brig Gen		13th Pennsylvania
W B Gregory	1st Lieu't	C	25th Missouri
W H Bush	Private	G	5th Missouri Cav
Dwight Andrus	"	B	22d Michigan
T H Wugensler	"	H	135th Illinois
P P Steinwandle	"	B	3d New York Cav
W H Evick	"	M	7th Michigan Cav
Leroy J Pardue	Sergeant	L	3d Colorado Cav
Henry H Hart	Private	B	23d Missouri
J C Weller	"	H	130th Ohio
L Jones	"	H	130th Ohio
Joseph Grant	"	I	2d Wisconsin Cav
A B Cooper	"	H	50th New York Eng
Mathew Myers	"	H	1st New York Cav
Thos H Shields	"	B	7th Ohio Cav
C S Harding	"	H	11th Kentucky
Robt Bruner	"	H	20th New York Cav
Richard Murphy	"		
A M Reid	"	M	1st Kansas Cav
Chas Shultz	"	A	1st Missouri Cav
P O Morris	"	A	3d R I Cav
A C Royce	"	E	99th Ohio Inf
A D Thrasher	"	B	57th Pa Inf

BATTLE MOUNTAIN POST No. 55,
RED CLIFF, COLORADO.

Meetings, every Saturday, at 8 p. m.

PAST POST COMMANDERS

NAME	YEAR	NAME	YEAR
M M Edwards.........	1884	L R Thomas	1890-3
Geo F Burrage....,....	1885-6	John L Campbell....	1891
H W Goodrich	1887-8	W H Gaskill	1892
Reub Thorn	1889	Wm McMillen	1894

OFFICERS FOR 1895

Commander............................ Wm McMillen
Sr. V.-Commander .... S N Ackley
Jr. V.-Commander .... Jesse Riley
Chaplain .... L R Thomas
Quartermaster....................... W H Gaskill
Officer of the Day................... J M Helm
Officer of the Guard................. Wm Dixon
Adjutant .... H W Goodrich

MEMBERS

NAME	RANK	CO.	REGIMENT
Ackley, S M............	2d Lieu't..	F	.....1st Colorado Cav
Burnes, John‡	Private....	B	.........34th Iowa Inf
Baxter, J M............	1st Lieu't..	I	....81st New York Inf
Burrage, Geo F	Private....		..... U S Signal Corps
Burt, W V	"	E	.....11th Illinois Inf
Berry, C R*............	Captain ...	C	.....48th U S Col'd Inf
Bard, Edward	Private....	C	.......2d Colorado Cav
Bearly, Frank‡.........	"	D	.........43d Ohio Inf
Crawford, Robt*........	"	B	.........88th Ohio Inf
Campbell, John L	"	B	...3d New Jersey Inf
Card, I M‡.............	"	F	...... 3d Wisconsin Inf
Conway, Wm‡...........	"	D	........22d Iowa Inf
Drane, Pierce†.........	Corporal...	I	.......3d Colorado Cav
Dixon, Wm	Private....	K	...........57th Pa Inf
Descher, Deidrich‡....	"	G	.........57th Illinois Inf
Daniels, Anthony†.....	"	A	..........14th Conn Inf
Edwards, M N	"	C	....179th New York Inf
Frisbie, B H‡..........	Corporal...	I	.... 44th Wisconsin Inf
Fountain, James M‡ ..	Private....	G	.... 153 Illinois Inf
Fulton, L M‡	Sergeant ..	I	.... 142d Pa Inf
Gray, J B‡.............	Private....	C	.... 193d Ohio Inf
Goodrich, H W	Sergeant ..	A	...118th New York Inf
Gaskill, W H	1st Serg't..	K	.... 2d Ohio Cav
Gilman, W L*..........	Private....	D	.........15th Mass Inf

Battle Mountain Post No. 55.

NAME	RANK	CO.	REGIMENT
Gibson, John C*	Private	D	44th Indiana Inf
Hume, Joel C‡	"	B	120th Illinois Inf
Hashberge, John‡	"	K	2d Nebraska Cav
Harkness, Oscar‡	"	K	78th Illinois Inf
Helm, J M	"	E	31st Ohio Inf
Kelsey, W D‡	"	K	1st U S Sh'psh't'rs
Law, Robert‡	"	C	3d Michigan Inf
McMillen, Wm	"	I	116th Ohio Inf
Marlatt, George†	Sergeant	G	104th Illinois Inf
Maranda, Wm A*	Private	A	12th Ohio Inf
Nash, Joseph J‡	Corporal	E	17th U S Inf
Osterlow, Henry‡	Private	K	1st Missouri Inf
Ostrich, Jas T†	"	E	2d Missouri Cav
Oldweiler, Philip	Corporal		Colorado Bat
Paxton, H D‡	Private	F	17th W Va Inf
Paulner, James‡	"	I	67th Ohio Inf
Rohm, R L‡	"	F	19th Pa Cav
Ryan, Sam'l†	"	F	184th Ohio Inf
Rabaden, Theo	"	C	142d Illinois Inf
Riley, Jesse	"		5th Wisconsin L A
Sharp, Levi	Com Serg't	H	7th Kansas Cav
Stevens, Geo W‡	Sergeant	D	9th Kansas Cav
Smith, Francis†	Private	H	24th Iowa Inf
Shrayer, John C W*	Corporal	I	7th California Inf
Smith, Michael‡	Private	F	14th New York H A
Taggart, Joseph M‡	Corporal	A	16th Vermont Inf
Thomas, L R	Private	H	7th Wisconsin Inf
Thomas, J Q‡	"	B	30th Wisconsin Inf
Thorn, Reub‡	"		12th Ohio Ind Bat
Travis, Wm‡	"	A	1st New York H A
Whitehorn. Sam'l‡	As't S'g'n		5th Kansas Inf
Williams, Seth*	Private	I	85th Indiana Inf

ETHAN ALLEN POST No. 56.
(Disbanded, 1890.)
COAL CREEK, COLORADO.

PAST POST COMMANDERS.

NAME	YEAR	NAME	YEAR
Morgan L Griffith	1884	J C McKillip	1887
Morgan L Griffith	1885	C F Bridges	1888
Joseph Edwards	1886		

MEMBERS.

NAME	RANK	CO.	REGIMENT
Allen, Thomas	Private	I	1st Kansas Cav
Berlin, J W†	"	I	55th Illinois
Bailey, A S	Sergeant	G	117th New York
Baker, J L	Private	I	1st Iowa Cav
Bishop, L G	"	K	20th New York
Bacon, Truman	Lieu't	G	46th Pa Inf
Bottomfield, S M	Sergeant	D	27th Ohio
Briggs, Chas T	Private	M	6th New York H A
Barnes, G A	"	I	3d Arkansas
Clark, S C	"	E	Knapp's Battery
Chellew, J B†	"	G	129th Illinois
Davis, John E	"	F	48th Pennsylvania
Eddy, D S	"	D	11th Missouri
Edwards, Joseph	"	I	55th Illinois
Edling, Wm L	Prof. Band		11th Pennsylvania
Griffith, Morgan L	Private	F	3d Pa Cav
Hopper, H C	Sergeant	K	13th Illinois Cav
Hardy, J S	Private	H	7th West Virginia
Hopkins, Wm	"	B	136th Pennsylvania
Jones, Thomas W†	"	F	7th Pa Cav
Kyle, Edward	"	E	2d Colorado
Loyd, Edwin†	"	C	29th Illinois
Murphy, John F	Corporal	M	2d Arkansas Cav
Melton, A C	Private	F	36th Illinois
McDonald, Richard	"	E	2d Ohio
McKillip, J C	"	K	53d Pennsylvania
Percivial, Lewis	"	K	1st Colorado Cav
Phillips, Samuel	"	A	4th Kentucky
Riley, Geo W	Sergeant	I	19th Michigan Inf
Sheffield, W E	"	G	13th Tennessee Cav
Sheffield, James	Private	G	13th Tennessee Cav
Williams, Henry	"	K	127th Ohio
Willey, Henry*	"	H	46th Iowa

CAPT. C. F. COLEMAN POST No. 57,
MONUMENT, COLORADO.

Meetings, first Saturday on or before full of moon.

PAST POST COMMANDERS

NAME	YEAR	NAME	YEAR
W E Holbrook	1884	David Portis	1890
Jacob Geiger	1888	W B Walker	1894

OFFICERS FOR 1895.

Commander....................... John E Geiger
Sr. V.-Commander................. Henry Limbach
Jr. V.-Commander.................. John Anderson
Surgeon.............................. Jacob Geiger
Chaplain............................... O H Bishop
Quartermaster...................... J W Carnahan
Officer of the Day................... O H Whittier
Adjutant .... S P Putnam

MEMBERS

NAME	RANK	CO.	REGIMENT
Anderson, John	Private	K	18th Massachusetts
Blume, Frank	"	C	8th U S Cav
Borden, Artimus	"	A	187th Pennsylvania
Bishop, O H	"	D	30th Illinois
Bishop, Wm W	"	M	8th Missouri Cav
Agnew, F M	Bugler	E	2d Missouri
Bishop, Michael	Private	B	15th U S R C
Bamber, L E†	"	I	16th Wisconsin
Collins, W H† (?)	"	K	144th Illinois
Carnahan, J W	"	E	40th Iowa
Crans, Peter	"	D	21st Indiana
Flieschman, Frd	"	A	1st Colorado Inf
Geiger, Jacob	"	D	2d U S Inf
Geiger, Jno E	"	H	9th Wisconsin Inf
Holbrook, W E†	"	D	9th Kansas Cav
Harmer, N M	O Serg't	A	1st Pa Infantry
Hammond, M B	Private	H	24th Iowa
Henry, A N	"	C	2d Colorado Cav
Holms, W C	"	C	102d Indiana
Hutchins, Wm	"	A	1st Kansas Inf
Kirk, Jas E*	"	D	13th Kansas Inf
Limbach, Henry	"	B	41st New York
Lee, J W	"	D	97th Illinois
Lee, H F	"	D	3d Colorado Cav

C. F. Coleman Post No. 57.

NAME	RANK	CO.	REGIMENT
Miller, R N	Private	A	74th Ohio
McCrellis, D		I	21st Illinois
Morrow, Edward	Private	B	137th Ohio
Putnam, S P	"	C	17th Illinois Cav
Perrine, T A	"	G	140th Pennsylvania
Plumb, Wm T	"	G	13th Iowa
Smalley, Jno G†	"	F	3d Vermont Inf
South, Elias†	"	C	1st Colorado Cav
Tubbs, Avery B*	"	K	3d Colorado Cav
Taylor, Franklin E	"	G	147th Illinois
Terry, James W	"	E	6th Iowa Cav
Teller, E C	"	I	5th U S Inf
Watkin, Robt	Seaman		U S Navy
Whalen, Thos	Private	G	1st New York Art
Walker, W B	"	C	28th Illinois
Whittier, O H	"	E	1st Colorado Inf
Woodruff, Jos D*	"	I	61st New York
Woodward, A F	"		192d Pennsylvania
Wilson, Paton†	"	E	8th Iowa Cav
Gutshall, Isaac	"	A	20th Pa Cav
Portis, David	Corporal		14th Indiana Bat

CASPER W. COLLINS POST No. 58,

RAWLINS, WYOMING.

Meetings, 2d Saturday in each month, at 8 p. m.

PAST POST COMMANDERS

NAME	YEAR	NAME	YEAR
J C Friend	1884-5	Wm L Ash	1889
Wm McCarty	1886-91	Chas Mann	1892
W S Cox	1890	H Merrell	1893
H Kirk	1888	Jas B Jennings	1894

OFFICERS FOR 1895

Commander .... Geo Volkert
Sr. V.-Commander .... Geo Ferris
Jr. V.-Commander .... Chas Mann
Surgeon .... Jas B Jennings
Chaplain .... Wm L Ash
Quartermaster .... Jno C Friend
Officer of the Day .... W S Cox
Adjutant .... H A Kirk

MEMBERS

NAME	RANK	CO.	REGIMENT
Joseph B Adams‡	Private	F	6th Iowa Inf
Wesley S Cox	Sergeant	D	111th Ohio Inf
Thos G Maghee‡	Private	F	24th Indiana Inf
Samuel M Miller‡	"	K	93d Ohio Inf
David P Hughes‡	"	I	16th Illinois Cav
Alonzo G Edgerton‡	2d Lieu't	G	67th U S Col'd Inf
Guilford Dunsmore‡	Private	F	61st Illinois Inf
Geo W Durant§	Corporal	B	23d Illinois Inf
John Bowers‡	"	A	47th Illinois Inf
Jno C Friend	"	G	11th Ohio Cav
Wm McCarty	Private	C	120th Ohio Inf
Jesse Wallace†	Corporal	H	30th Indiana Inf
Edward Riddell‡	Private	D	16th Indiana Inf
John F Hettle‡	Musician	K	5th Illinois Inf
Geo Valkert	Private	F	4th U S Inf
W L Ash	Sergeant	G	9th Illinois Inf
Jared P Ash‡	2d Lieu't	G	9th Illinois Inf
Augustus Ilse‡	1st Serg't	K	51st New York Inf
Felix Deflin§	Private		Marine Corps
Joseph P Rankin‡	"	G	63d Pa Inf
Richard O'Ber†	Corporal	B	4th Wisconsin
Winfield Ayers‡	Private	A	78th Ohio V V Inf
Patrick Coakley‡	"	A	22d Kentucky Inf

172 Casper W. Collins Post No. 58.

NAME	RANK	CO.	REGIMENT
Joseph B Maghee‡	1st Lieu't	A	143d Indiana Inf
Jas M Young‡	Private	G	87th Pa Inf
Geo Ferris	2d Lieu't	D	7th Michigan Cav
Samuel Morgan	Private	K	1st Kansas
Daniel Spencer‡	"	E	68th Ohio
Dudley K Blake‡	"	G	1st N H Art
Jas H Hammond†	"	F	9th Maine
John A Donnel‡	Serg't Maj		75th New York
H H Bruning‡	Private	K	25th New York Cav
Henry A Kirk	"	K	185th Ohio
O A Hamilton‡	Saddler	E	5th Ohio Cav
P W Copeland§	Ch'f Mus'n	B	45th Illinois
John F Foote§	Private	A	1st Wisconsin H A
F C Hayes‡	"	H	13th Illinois Inf
Peter Heagny‡	"	H	140th Illinois Inf
John McCune‡	Corporal	E	27th Ohio Inf
Henry Timme	Private	I	24th Illinois Inf
Balis Ratliff ‡	"	D	2d Missouri Cav
Chas Mann	Corporal	D	4th Pa Inf
Daniel Jenkins	Private	F	93d New York Inf
Henry F Errett‡	"	K	58th Illinois Inf
Don T Edwards‡	"	A	6th Illinois Cav
Andrew J Moore†	Corporal	F	23d Vet Res Corps
James H Donnelly	Private	G	29th Pa Inf
Peter Smith	"	D	7th Illinois Inf
Albert Flood	Sergeant	A	3d Illinois Art
W A Crabbs‡	Private	D	11th Kansas Cav
Homer Merrell	"	A	13th New York Inf
M H Sowder§	Sergeant	C	5th Kansas
Jas B Jennings	Coms S'g't	M	5th Pa Cav
Chris Eighinger	Private	K	178th Ohio Inf
Alfred B Hildreth	Sergeant	C	41st Illinois Inf
Gebhardt Burgerman*	Corporal	E	29th Missouri Inf

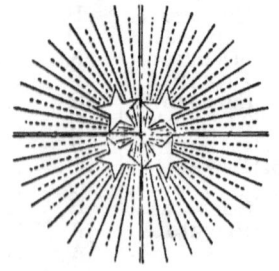

J. B. HAWKS POST. No. 61,
WALSENBURG, COLORADO.

PAST POST COMMANDERS

NAME	YEAR	NAME	YEAR
C F Green	1885	J B Provanc	1888
Wm Kearns	1886	A T Roys	1889
T L Creesy	1887	Isaac Daily	1890

MEMBERS

NAME	RANK	CO.	REGIMENT
Byrne, Richard B	Private	K	13th Conn Inf
Byrne, James	"	H	25th New York Cav
Carter, John D	"	F	153d Illinois Inf
Conine, A A	"	K	26th Iowa Inf
Creesy, T L	Corporal	K	7th Kansas Inf
Capps, S J	Sailor		Forest Rose
Daily, Isaac	Private	K	15th W Va Inf
Githens, S T	"	I	1st Missouri S M
Green, C F*	"	K	50th Illinois Inf
Goode, Wm A	Sergeant	B	2d Kansas Cav
Healey, John	Private	K	137th Pa Inf
Kelly, Dan†	"	C	100th Pa Inf
Kaster, Enoch†	"	G	6th Iowa Cav
Lee, Louis G	"	C	29th U S Inf
Moore, John A C	Sergeant	B	2d Kansas Cav
Parker, J W	"	E	1st Colorado Inf
Provanc, J B	"	L	2d W Va Cav
Roseberry, Harrington	Private	E	1st Colorado Cav
Rhoades, W H	"	A	42d Missouri Inf
Roys, A T	"	A	42d Ohio Inf
Race, Z H*	"	B	156th New York Inf
Stewart, Wm	Bugler	M	2d Colorado Cav
Smiley, Jas K*	Private	H	211th Pennsylvania
Tucker, J J	"	G	21st Iowa Inf

HAZEN POST NO. 63,
Rico, Colorado.

Meetings, 2d and 4th Sundays in each month, at 8 p. m.

PAST POST COMMANDERS

NAME	YEAR	NAME	YEAR
William H Bean	1885-6	J M Tilton	1890
John M Dodd	1887-8-9	S H Burkhardt	1891
John M Dodd	1893-4	T J Tarsney	1892

OFFICERS FOR 1895

Commander................................John Knowles
Sr. V.-Commander...................J F Stephenson
Jr. V.-Commander...................Chas D Stanley
Chaplain..................................J W Winkfield
Quartermaster..............................J M Dodd
Officer of the Day.....................P Cherubine
Officer of the Guard...............Dennis Reardon
Adjutant...................................S H Burghardt
Sergeant Major............................L Eggers

MEMBERS

NAME	RANK	CO.	REGIMENT
W H Bean*	Private	B	10th Maine Inf
Jacob Winkfield	Sergeant	G	3d Pa Cav
Alfred A Waggoner‡	"	L	2d Colorado Cav
W H Doyle‡	Lieu't	B	112th Illinois Inf
P P Steinwandel*	Private	B	3d New York Inf
Thomas B Dawson‡	"	H	43d Indiana
Samuel H Burkhardt	Sergeant	B	3d Colorado Cav
John Stephenson	Private	A	11th Ohio Inf
J M Dodd	"	A	135th Ohio Inf
Geo A Rule	"	B	30th Wisconsin Inf
Sol Enfield	"	E	10th Iowa Inf
H S Tremble‡	Sergeant	E	38th Illinois Inf
Henry E Snyder§	Private	E	18th Wisconsin Inf
Peter Wiese†	"	C	9th Mass Inf
Thomas C Johnson‡	"	D	9th Indiana Inf
J H Woodruff‡	"	E	4th Iowa Inf
Walter Holcomb‡	"	C	12th Indiana Cav
David Z Beidler	"	D	9th Ohio Cav
David Fleisher	"	F	18th U S Inf
William B Norton	1st Serg't	A	70th Ohio Inf
Filer L Thompson	Sergeant	K	24th Wisconsin Inf
Peter Crawford	Private	K	15th Indiana Bat
George P Quinn‡	"	C	10th Wisconsin Inf

HAZEN POST No. 63.

NAME	RANK	CO.	REGIMENT
Frank R Lewis	Private	G	10th R I Inf
Thos H Wagensler*	1st Serg't	H	135th Illinois Inf
Henry L Scott‡	Private	F	3d Colorado Cav
G W Bryant‡	"	C	205th Pa Inf
Henry Philippi†	"	I	175th Ohio Inf
Isaac W Stevens‡	"	A	8th Illinois Inf
B R Reynolds‡	Corporal	A	144th New York Inf
Frank Worthing	Private	K	134th Illinois Inf
James C Rosbrook	"	F	1st Kansas Inf
E S Williams*	Sergeant	E	79th Ohio Inf
P Cherubine	Private	K	58th New York Inf
Aaron Jones†	"	D	2d Iowa Cav
Seth Wardell	"	F	7th Mass Inf
James M Tilton	1st Lieu't	A	1st Michigan L A
J F Robison	"	H	67th Pa Inf
F M Medley‡	Sergeant	C	1st Nebraska Cav
Charles F Bullock	Private	H	17th Iowa Inf
Isaac B Halsey†	1st Lieu't	B	8th Missouri Inf
David A Holmes*	"	H	2d R I Inf
John Gault	Private	G	185th Ohio Inf
Matt H Kalor‡	Corporal	E	18th U S Inf
John Myers‡	Private	B	106th New York Inf
Patrick Elwoord†	"	K	173d New York Inf
Lorenz Eggers	"	E	11th Kansas Cav
Alonzo P Adams‡	Landsman		Ship Macedonia
Charles D Stanley	Private	D	1st Nebraska Cav
John W Foote	"	H	2d Colorado Cav
Thomas J Tarsney‡	"	E	4th Michigan Inf
B M Picker	2d Lieu't	E	13th Missouri Inf
Dennis Reardon	Private	D	1st New York M I
W H Dunning*	"	E	32d Iowa Inf
John Knowles	Q M Serg't	K	1st Mich V V Cav

The Rocky Mountain Herald

Is the only
G. A. R. paper
in Colorado.
$1. per Year.

Comrade
HALSEY M. RHOADS,
Co. A, 23d Iowa,
EDITOR AND PROPRIETOR,

1633 Champa Street,
DENVER, COLO.

WOLCOTT POST No. 64,
(Disbanded, 1890).
BURLINGTON, COLORADO.

PAST POST COMMANDERS

NAME	YEAR	NAME	YEAR
Geo C Fabrion	1887		

MEMBERS

NAME	RANK	CO.	REGIMENT
Brooks, L T	Com Serg't	G	1st Colorado Cav
Brownwell, W H	Private	L	9th Michigan Cav
Clemmons, John F	"	G	8th Kentucky Inf
Folster, Fred	"	H	25th Illinois Inf
Fabrion, Geo C	"	I	1st Colorado Cav
Garland, Chas	Sergeant	G	1st Colorado Cav
Goodwin, H S	Private	B	2d N H Inf
Gleason, N L	"	F	5th Iowa Cav
Huber, Jos F	"	M	3d Colorado Cav
Hansen, Peter	"	G	191st Pa Inf
Lundy, J H	"	A	9th R I Inf
Miller, Fred I	"	A	1st Colorado Cav
Mather, John	"	I	10th Iowa Inf
Michiel, Major	"	A	1st Colorado Cav
Meyer, Michael			
Osten, George	Master		9th Iowa Inf Band
Scholler, Jacob	Private	H	1st Colorado Cav
Ushe, Ernest	"	F	15th New York Eng
Trout, Benj N	"	F	44th Illinois Inf

J. G. BLUNT POST No. 65,

CASTLE ROCK, COLORADO.

Meetings, 1st Saturday in each month, at 1:30 p. m.

PAST POST COMMANDERS

NAME	YEAR	NAME	YEAR
Upton T Smith	1886–7	Marquis Victor	1891
John E Blunt	1888	W I Whittier	1892
Amos G Webster	1889	S H Moss	1893
A H Eggleston	1890	Amos G Webster	1894

OFFICERS FOR 1895

Commander............................John E Blunt
Sr. V.-Commander.........................M Victor
Jr. V.-Commander.......................Geo Varney
Surgeon...............................J F Gardner
Chaplain..............................W I Whittier
Quartermaster.......................Amos G Webster
Officer of the Day.................Upton T Smith
Officer of the Guard....................F W Gott
Adjutant............................A H Eggleston

MEMBERS

NAME	RANK	CO.	REGIMENT
Anderson, Charles	Corporal	F	30th Iowa
Boyer, Jacob	Private	F	3d Michigan Inf
Beardsley, H L*	Sergeant	I	18th Iowa Inf
Blunt, John E	1st Lieu't	C	10th Kansas
Cramer, David I	Private	F	5th Illinois Cav
Dyer, S M*	"	I	5th Wisconsin
Disbrow, Joel W	"	H	2d Colorado Cav
Davin, Richard*	"	C	2d New York H A
Dakan, Wm A	"		
Eggleston, A H	"	L	2d Kansas Cav
Farrell, J W	Serg't Maj		52d Wisconsin Inf
Gardner, J F	Sergeant	M	3d Colorado Cav
Grout, Newton S	Musician		1st Maine H A
Gott, Frank W	Private	G	8th Massachusetts
Green, Wm	"	H	45th Illinois
Hill, Geo S*	"	D	125th Ohio
Haack, Fred	Bugler	F	1st West Virginia
Montgomery, F L	Private	C	46th Wisconsin
Moss, S H	"	L	8th Illinois Cav
Misner, Andrew	"	E	55th Illinois
Nash, Wm	"	L	1st Colorado Cav
Plaisted, John M†	"		

J. G. BLUNT POST NO. 65.

NAME	RANK	CO	REGIMENT
Richardson, C L	Private	D	2d Colorado Cav
Reynolds, C M*	Com Serg't	H	7th Iowa Cav
Smith, Upton T	Private	H	6th Maine
Schriver, Henry*	"	B	107th Pennsylvania
Tallman, John M	"	C	3d Colorado Cav
Victor, Marquis	"	H	5th New Hampshire
Varney, George			U S S Sabine
Webster, Amos G	Sergeant	K	73d Indiana
Welty, Lawrence	Private	M	3d Colorado Cav
Whittier, W I	"	H	17th Vermont
Whittier, O H			
Waldron, J P			
Wagner, Thos	Private	A	5th Wisconsin
Whalen, Edward*	"	C	89th Illinois

W. S. HANCOCK POST No. 66,
GLENWOOD SPRINGS, COLORADO.

Meetings, 1st and 3d Saturday in each month, at 8 p m.

PAST POST COMMANDERS

NAME	YEAR	NAME	YEAR
Geo H Moulton	1887	M M Cantrell	1893
Jas L Hodges	1888-91	J H Pierce	1892
Jas W Ross	1890	Francis Dollis	1894-5

OFFICERS FOR 1895.

Commander.............................Francis Dollis
Sr. V.-Commander.........................J W Ross
Jr. V.-Commander....................P H Van Cleve
Surgeon.................................Jas Leach
Chaplain................................J H Pierce
Quartermaster..........................J L Hodges
Officer of the Day...................McKay Russey
Officer of the Guard................C R Thompson
Adjutant..............................G H Moulton
Sergeant Major..........................C V Noble
Quartermaster Sergeant...............Geo Bennet

MEMBERS

NAME	RANK	CO.	REGIMENT
Arnold, Geo W‡	Private	G	144th Illinois Inf
Blake, John C§	"	B	3d Iowa Inf
Blood, M V B	"	F	6th Kansas Cav
Boyd, Alvin§	"	I	21st New York Inf
Bennet, Geo	"	B	152d New York Inf
Burrows, C A*	"	K	23d Michigan Inf
Cable, Jacob M‡	"	K	14th Pa Cav
Cantrell, Martin M	"	F	14th Missouri Cav
Dunkin, Michael‡	"	A	46th Indiana Inf
Davis, W E§	"	M	5th Pa Inf
Dunscomb, Edward	Captain	K	7th New York Cav
Dollis, Francis	"	D	20th Pa Cav
Friend, Wellington M‡	Sergeant	A	15th Illinois Inf
Fritz, J S§	Private	I	40th Iowa Inf
Ford, Joseph M‡	"		44th Iowa Inf
Hodges, J L	Captain	K	3d Minnesota Inf
Harlan, Eli‡	Private	K	7th Iowa Inf
Harris, Samuel H‡	"	K	140th Illinois Inf
Kline, Jacob†	"	E	94th Illinois Inf
Lyke, Martin D‡	"	D	149th New York Inf
Lantz, Nicholas§	"	E	13th Ohio Inf

NAME	RANK	CO.	REGIMENT
Leach, James	Private	A	8th Illinois Inf
Moulton, G H	1st Lieu't	M	1st Michigan L A
Neville, John B†	Private	G	8th Illinois Inf
Noble, C V	"	F	3d Iowa Inf
Pierce, J H	"	I	68th Ohio Inf
Phelan, Jas‡	"	H	21st Missouri Inf
Russey, McKay	"	I	130th Indiana Inf
Ross, James W	"	C	93d New York Inf
Ragland, Jas A‡	"	E	11th Kansas Cav
Rowden, David C‡	"	K	84th Indiana Inf
Sutton, Sam‡	"	K	8th New York Cav
Swartwood, Jacob‡	"	B	2d Kansas Inf
Thompson, C R	"	B	25th Ohio Inf
Van Cleve, P H	"	I	14th Illinois Inf

The Rocky Mountain Herald

Is the only
G. A. R. paper
in Colorado.
$1. per Year.

Comrade
HALSEY M. RHOADS,
Co. A, 23d Iowa,
EDITOR AND PROPRIETOR,

1633 Champa Street,
DENVER, COLO.

JOHN SHULER POST No. 67,

Sheridan, Wyoming.

PAST POST COMMANDERS

NAME	YEAR	NAME	YEAR
J J Coursey	1889	J D Loucks	1891-2
J W Ferguson	1890		

MEMBERS

NAME	RANK	CO.	REGIMENT
Boulware, C	Private	K	27th Ohio Inf
Buckley, James			
Bishop, A	Private	F	71st Pa Inf
Coursey, J J	"	D	151st Illinois
Coats, J	Corporal	H	9th Michigan Inf
Ferguson, J W	Private	K	1st Michigan Cav
Fullard, E C			No record
Johnson, William	Private	F	71st Pennsylvania
Jackson, W E	Sergeant	A	4th Iowa Cav
Kenney, Benj K	Private	M	2d Illinois Art
Leampton, J P	Corporal	A	2d Ohio Art
Morse, Geo C	"	I	2d Missouri Inf
Murphy, Jeremiah	Private	E	1st R I Cav
Martin, B F	Corporal	D	4th Mo S M Cav
Moon, Robt	Private	F	86th Illinois
McDonald, Fred	"	E	3d U S Cav
Reece, V	"	F	11th U S Inf
Spegel, Charles	Musician		2d Mass Inf
Thompson, S S	Sergeant	G	5th U S Art
Thayer, T O	"	C	57th Pennsylvania
Walston, Philip	Private	K	102d Illinois Inf
Wood, M	"	I	43d Missouri
Wood, D H	"	G	56th Pennsylvania

WRAY POST No. 70,
Wray, Colorado.

Meetings, 1st and 3d Saturday, at 1 p. m.

PAST POST COMMANDERS

NAME	YEAR	NAME	YEAR
David Sisson	1889-90	Wm R Hays	1893
Josephus Brown	1891-2	Joseph A Miller	1894

OFFICERS FOR 1895

Commander........................Thomas A Willson
Sr. V.-Commander ....E S Bateman
Jr. V.-Commander ....J B Ellis
Surgeon...................................Wm R Hayes
Chaplain .... L R Parker
Quartermaster............................. Jacob Cox
Officer of the Day....................F M Boatman
Officer of the Guard ....L Weaver
Adjutant ....Joe A Miller
Sergeant Major........................ E G Howard
Quartermaster Sergeant.................J M Gross

MEMBERS

NAME	RANK	CO.	REGIMENT
Antrim, Mart	Private	I	83d Ohio
Brown, Josephus	"	K	2d Illinois Cav
Boyes, Geo	"	B	2d Iowa Cav
Bennett, Abram	"	D	23d Illinois
Bunn, Wm C	"	B	7th Illinois
Bateman, E S	Corporal	K	127th Illinois
Boatman, F M	"	I	14th Indiana
Byers, John		F	55th Ohio Inf
Bullard, E D			
Cox, Jacob	Private	D	99th Illinois
Cox, Wm	"	D	99th Illinois
Cox, Job	"	D	99th Illinois
Custer, Geo W	"	L	5th Illinois Cav
Colver, J H	"	H	97th Pennsylvania
Cunningham, W W	"	E	147th Indiana
Dorman, W J	2d Lieu't	E	10th Illinois Cav
Easton, Daniel*	Private	C	133d Illinois
Ellis, J W	Sergeant	K	16th Kentucky
Foreman, Jacob	Private	E	28th Illinois
Gross, J M	"	E	211th Pennsylvania
Gaskil, A	"	E	4th Iowa
Hays, Wm R		I	11th Illinois Cav

WRAY POST NO. 70.

NAME	RANK	CO.	REGIMENT
Hitchcock, Henry	Private	C	28th Wisconsin
Henry, J J	"	C	140th Illinois
Howard, E G		E	11th New York Cav
Jennings, Henry	Private	D	20th Michigan
Kline, John F	Corporal	C	101st Illinois
Kelly, Robt	"	I	72d Indiana
Manley, Wm	Private	K	12th Iowa
Miller, Joe A	Sergeant	F	211th Pennsylvania
Newel, W	Private	F	4th Iowa Cav
Pinckney, Elijah	"	A	34th Illinois
Poplin, R G	"	I	4th Iowa
Parker, L R	"	C	17th Iowa
Ridgway, O	"	E	114th Illinois
Rightsell, James	"	D	62d Illinois
Sisson, David	"	A	2d W Va Cav
Smith, Rankin*	"	C	30th Iowa
Tippin, Robt	"	G	1st Nebraska
Taylor, Samuel	"	I	72d Indiana
Tones, John	"	C	5th Iowa Cav
Weaver, Lyman	"	C	9th Vermont
Weaver, J J	"	A	6th Vermont
Willson, Thomas A	"	F	21st Iowa
Weaver, George	"	E	103d Illinois

JOHN M. OLIVER POST No. 72.
(Disbanded, 1891.)
WEST CLIFF, COLORADO.

PAST POST COMMANDERS.

NAME	YEAR	NAME	YEAR
W H Stockton	1889	Josephus Clarke	1890
Geo W House	1886	Henry Steward	
E C Humphrey		W G Gowdy	
A H Lacy		R N Daniels	

MEMBERS.

NAME	RANK	CO.	REGIMENT
Alexander, W P			194th Pa Inf
Clarke, Josephus		G	120th Indiana Inf
Cassedy, E F		F	183d Ohio Inf
Cox, W E		A	95th Ohio
Gowdy, W F		H	47th Illinois
Humphrey, E E		I	102d Illinois
House, Geo W	Private	K	83d Illinois
Kohl, Fred		A	13th Illinois Cav
Lacy, A H		I	3d Missouri Cav
Moore, David		C	27th Missouri Inf
Stockton, W H		K	84th Illinois Inf
Stewart, Henry		B	100th Pa Inf
Teller, E C		I	15th U S Inf
Yeoman, S B	Colonel		43d U S C T
Wing, I Y			U S S Richmond

PHIL KEARNEY POST NO. 73,
PLATTEVILLE, COLORADO.

Meetings, 1st and 3d Saturdays in each month.

PAST POST COMMANDERS

NAME	YEAR	NAME	YEAR
J H Williams	1889-90	L Hiltibiddle	1893
John Beeman	1891-2	A E Beebe	1894

OFFICERS FOR 1895

Commander..................................John Beeman
Sr. V.-Commander........................C Hiltibiddle
Jr. V.-Commander........................Henry Mott
Chaplain....................................W D Ross
Quartermaster............................Henry Mott
Officer of the Day......................H L Beardsley
Officer of the Guard...................Philip Rafferty
Adjutant...................................L Hiltibiddle

MEMBERS

NAME	RANK	CO.	REGIMENT
Armstrong, John J	Sergeant	B	102d Illinois Inf
Beeman, John	Private	C	72d Illinois Inf
Beardsley, H L	"	I	18th Iowa Inf
Beebe, A E	Sergeant	B	2d Illinois Cav
Buttorff, J H	Private	I	1st Ohio Art
Hiltibiddle, C	"	D	2d Colorado Cav
Hiltibiddle, L	"	H	20th Iowa Inf
Johnson, Egbert	1st Lieu't		17th Illinois Cav
Mott, Henry	Private	F	15th Illinois Inf
Ross, W D	"	A	80th Illinois Inf
Rafferty, Philip	"	A	7th Pa Cav
White, Price B	"	G	12th Illinois Inf
Brinkley, R V*	"	H	155th Indiana Inf
Frazier, John N‡	"	A	59th Ohio Inf
Farnsworth, Silas‡	Sergeant	D	23d Iowa Inf
Farnsworth, J N‡	Coms S'g't	M	3d Iowa Cav
Williams, J H*	Private	G	10th Indiana Inf
Todd, Benj F*	"	E	146th Illinois Inf
Rogers, John P*	"	M	1st Michigan Cav
Shaw, P A‡	Corporal	I	11th Iowa Inf
Hill, Simeon‡	Sergeant	D	7th W Va Inf
Winkler, Philip‡	Private	F	11th Indiana Inf
Kline, Henry†	"	F	155th Pa Inf
Montgomery, Wm‡	"	I	9th Illinois Cav
Campbell, Edwin			

V. K. HART POST No. 74,
Buffalo, Wyoming.

PAST POST COMMANDERS

NAME	YEAR	NAME	YEAR
John C Watkins	1889	John C Watkins	1890
....	....	....	....

MEMBERS

NAME	RANK	CO.	REGIMENT
Angus, W G	Private	F	13th Kansas Inf
Brown, Simeon	"	C	27th New York Inf
Bartlett, John A	"	E	36th Illinois Inf
Brown, John R	"	B	1st Colorado Cav
Beals, A C	"	C	151st New York
Davis, Norman	"	C	53d Ohio
Davis, Isaac		C	1st Ohio H A
Fields, Chas	Private	D	52d New York Inf
Gilmore, Henry	Seaman		U S Navy
Hiatt, Henry C	Private	I	17th Illinois Inf
Hopkins, R S	"	D	73d Illinois Inf
Harrington, S W	"	K	53d Pennsylvania
Hill, John	"	B	13th New York Inf
Martin, Parley	"	B	25th Illinois Inf
McGinnis, Peter	"	K	8th New York Inf
Morehead, Wm	"	G	1st U S Cav
McCann, William	"	K	17th Pa Cav
Sleeper, Dan	"	G	10th Iowa Cav
Smith, John R	"	H	34th Indiana
Shannon, Patrick	"	A	88th New York
Snyder, E W	"	B	18th Illinois Inf
Tanner, W B	"	D	121st New York
Watkins, John C	"	G	6th Mass Inf
Webber, Noel T	"	M	3d Colorado Cav
Wallenstrin, J A	"	I	29th Michigan Inf
Williams, James	"	E	1st Louisiana Inf
Weinberger, Max	"	E	44th New York

J. A. CAMPBELL POST No. 75,

Rock Springs, Wyoming.

PAST POST COMMANDERS

NAME	YEAR	NAME	YEAR
C A Cooledge	1891	R D Woodruff	1893
Thos Whitmore	1892	R D Woodruff	1894

OFFICERS FOR 1895

Commander .... R D Woodruff
Sr. V.-Commander .... Geo Pool
Jr. V.-Commander .... L Trunkill
Surgeon .... Geo Spinner
Chaplain .... Sol Rouff
Quartermaster .... Thos Whitmore
Officer of the Day .... H F Menough
Officer of the Guard .... A Hoffman

MEMBERS

NAME	RANK	CO.	REGIMENT
Brown, H F	Private	I	60th Illinois Inf
Brookman, David	"	D	56th Pa Inf
Bartlett, Wm R	"	B	6th Ohio Inf
Campbell, H H	"	E	127th Illinois Inf
Carey, Thos F	"	F	12th U S Inf
Conway, A B	Captain	C	18th Iowa Inf
Cooledge, C A*	Private	A	17th U S Inf
Davis, O E	"	A	3d Pa Cav
Downer, G W†	"	F	139th New York
Eblen, Geo P	"	G	45th Kentucky Mtd
Freeman, W B	"	H	7th U S Inf
Goodman, Frank	"	F	1st New York Cav
Graham, C C*	2d Lieu't	H	13th Wisconsin
Heinzman, Adolph*	Corporal	D	178th New York
Kelly, George	Private	A	91st New York
Lewis, D D	"	F	125th Pennsylvania
Lithgow, Wm	"	B	17th Illinois
Menough, H F	Corporal	G	181st Ohio
Mooney, Jacob	Private	G	21st Pa Cav
Odell, Oris F	"	E	1st Nebraska Cav
Pearson, Thos	Sergeant	D	14th Illinois
Pool, Geo	Private	B	86th Illinois Inf
Rouff, Solomon	Corporal	D	160th New York
Richards, Geo W	Captain	B	155th Illinois
Stiers, Enoch B	Private	H	43d Ohio

J. A. Campbell Post No. 75.

NAME	RANK	CO.	REGIMENT
Spinner, Barnhard	Sergeant	K	2d Missouri
Trunkill, Louis	Private	B	9th Wisconsin
Thomas, F A*	Corporal	A	10th Michigan Cav
Vickey, Philip D	Private	F	12th Maine
Woodruff, R D	Sergeant	B	15th Illinois Inf
Whitmore, Thos	Lieu't	D	153d Illinois Inf
Woods, Thomas	Private	E	9th Illinois Inf

GEO. B. McCLELLAN POST No. 76,
DELTA, COLORADO.

Meetings, 2d and 4th Saturdays in each month.

PAST POST COMMANDERS

NAME	YEAR	NAME	YEAR
G W Henry	1893	H Stowell	1894

OFFICERS FOR 1895

Commander....................................G W Henry
Sr. V.-Commander........................A C Bailey
Jr. V.-Commander........................Geo Beckley
Surgeon..C C Marsh
Chaplain..W J Jackson
Quartermaster..............................J C Barton
Officer of the Day.......................Martin Cade
Officer of the Guard...................G W Dulin
Adjutant.......................Frank Van DeVenter
Sergeant Major...........................J Q Adams

MEMBERS

NAME	RANK	CO.	REGIMENT
A C Bailey	1st Corp'l	E	40th Wisconsin
G W Henry	Q M		11th Missouri Inf
J F Cole	Private	B	11th Michigan Inf
W R Cowell	Corporal	M	6th Michigan Cav
W H Bigelow	Private	G	10th Minnesota
G Beckley	"	D	118th Indiana
G W Duling	Corporal	H	80th Ohio
J J Barker	Private	E	2d E Tenn Inf
H Stowell	"	E	2d Kansas Cav
Wm J Jackson	"		13th Iowa
J W McAllister	"	F	6th Indiana Cav
J Q Adams	"	H	1st Nebraska Inf
Martin Cade	"	E	51st Illinois
J E Cole	"	K	10th Tenn Cav
John Kohnle	"	K	9th Ohio
Wm Mathers	Bugler	E	11th Pa Cav
Frank Van Deventer	Corporal	C	33d Pa Inf
J W Hurst	Private	F	12th Wisconsin Inf
J C Barton	"	F	1st New York Cav
R S Mow	Corporal	B	13th Indiana Inf
B F Cross	Private	D	27th Missouri

JIM LAIRD POST No. 77,

Steamboat Springs, Colorado.

Meetings, 1st Saturday of each month at 7:30 p. m.

PAST POST COMMANDERS

NAME	YEAR	NAME	YEAR
James H Crawford	1889-90	Henry Schaffnit	1893
H H Suttle	1891	F W Parkinson	1894
C C Graham	1892		

OFFICERS FOR 1895

Commander .... F W Parkinson
Sr. V.-Commander .... T N Nickle
Jr. V.-Commander .... E H O'Neal
Surgeon .... Leo Thayer
Chaplain .... H H Suttle
Quartermaster .... Henry Schaffnit
Officer of the Day .... John Geil
Officer of the Guard .... W F Thayer
Adjutant .... James H Crawford

MEMBERS

NAME	RANK	CO.	REGIMENT
Harding, Jacob R§	1st Lieu't	E	123d Illinois Inf
Clark, Rufus†	1st Serg't	G	8th N H Inf
Stockbridge, Chas H	Corporal	A	12th N H Inf
Foroha, William H‡	Private	D	12th Ohio Cav
Milner, Amos O‡	Corporal	C	68th Indiana Inf
Thayer, Wm F	Sergeant	A	4th Iowa Inf
Nickle, Thos N	Private	B	6th Missouri Cav
Davis, Henry‡	Sergeant	C	1st Kan Col'd R
Sutter, Samuel‡	Private	K	8th New York Inf
Crawford, James H	1st Lieu't	E	7th Mo S M Cav
Schaffnit, Henry	2d Lieu't	F	10th Illinois Inf
Inbody, Aaron	Private	E	30th Indiana Inf
Suttle, Horace H	Corporal	H	2d Kansas Inf
Graham, C C	Q M		52d Wisconsin Inf
Geil, John	Private	F	2d Colorado Cav
Thayer, Leo	"	K	5th Michigan Cav
Parkinson, F W	Corporal	F	2d Missouri Cav
Leckenby, A J	Q M S'g't		2d Missouri Cav
Wainwright, Thomas	Private	H	4th Pa Cav
Hutchinson, F D‡	"	C	17th Michigan Inf
O'Neal, E H	Sergeant	F	73d Ohio Inf
Turner, H E	1st Lieu't	K	15th Kansas Cav
Dubeau, Edward	Corporal	H	43d Wisconsin

GENERAL SHIELDS POST No. 78,
NEW CASTLE, COLORADO.

Meetings, 2d Saturday of each month, at 7:30 p. m.

PAST POST COMMANDERS

C N A Hahn	1890	P Urquhart	1893
Geo Yule	1891	L M Chase	1894
W H Trimble	1892		

OFFICERS FOR 1895

Commander......................Henry Schmeiser
Sr. V.-Commander..................S W Stout
Jr. V.-Commander.............Daniel F Webster
Surgeon ....Joe Yule
Chaplain..........................Robert Smith
Quartermaster......................C N A Hahn
Officer of the Day ....Roderick Lake
Officer of the Guard..............Seth Williams
Adjutant ....W H Trimble
Sergeant Major.......................Geo Yule
Quartermaster Sergeant...............Joe Yule

MEMBERS

NAME	RANK	CO.	REGIMENT
Bennett, A‡	Private	C	34th New York Inf
Currier, D A†	"	L	2d Illinois Cav
Chase, L M	"	D	12th Illinois Inf
Coe, Corodon, H‡	"	H	39th Wisconsin Inf
Hahn, C N A	"	K	87th Pennsylvania
Hibschle, Harman*	"	B	83d New York
Hamp, Clark‡	"	H	4th Michigan
Hall, William	"	F	3d U S Inf
Helm, Leaman D			
Kirby, J P‡	Private	D	21st New York
Kellogg, Mathew‡	"	D	3d Iowa
Lyke, M D‡	"	D	149th New York Inf
Lake, Roderick	Corporal	D	120th New York Inf
Morris, J H*	Private	K	46th Iowa
Monzella, Rose‡	"	I	11th Illinois
Mason, Thos L‡	"	C	23d Ohio Inf
Nott, M A			
Roseberry, Washingt'n			
Phillips, S H			
Stout, S W	Private	I	8th Illinois
Snider, B W‡	"	G	36th Iowa Inf
Schmeiser, Henry	"	F	51st Ohio Inf
Smith, Robert	"		1st B L A

NAME	RANK	CO.	REGIMENT
Trimble, W H	Private	K	45th Iowa
Tibbitts, C H‡	"	A	15th Maine
Urquhart, P‡	"	E	125th Illinois
Van, J G‡	"	K	6th Kansas
Williams, Seth	"	I	85th Indiana
Walker, J M	"	B	3d Iowa Cav
Webster, Daniel F			
Yule, Geo	2d Lieu't	I	40th Iowa
Yule, Joe	Private	I	40th Iowa

MULLIGAN POST NO. 79,
Springfield, Colorado.

Meetings, last Saturday in each month, at 2 p. m.

PAST POST COMMANDERS

NAME	YEAR	NAME	YEAR
James O Van Orsdal	1891	S W Cole	1893
James O Van Orsdal	1892	James O Van Orsdal	1894

OFFICERS FOR 1895

Commander........................James O Van Orsdal
Sr. V.-Commander............................N J Bray
Jr. V.-Commander............................B A North
Surgeon......................................Ed Shields
Quartermaster................................W H Smart
Officer of the Day.........................Lewis Brook
Officer of the Guard......................Geo Robertson
Adjutant......................................S W Cole

MEMBERS

NAME	RANK	CO.	REGIMENT
Samuel Apt*			
John B Anderson‡	Private	B	8th Indiana
B L Adington	"	G	4th Iowa
George Brown			Steamship Vixon
Lewis Brook	Private	K	38th Illinois
N J Bray	"	C	36th Iowa
T P Carter‡	Sergeant	K	80th Illinois
S W Cole	Corporal	A	47th Illinois
Henry C Chaplain*	Private	K	10th Wisconsin
Michael Devine*	"	L	2d New York Cav
A B Gardiner*	"		2d Kansas Cav
T P Gordon§	"	G	31st Illinois
Wesly M Hails§	Corporal	I	97th Indiana
William Hooker	Private	A	18th Missouri Inf
Franklin Hall	"	G	182d Ohio
G W Helm‡	"	K	85th Indiana
H C Hamilton*	Corporal	I	119th Indiana
G H McIntire‡	"	C	11th Kansas
W J McCosh‡	"	K	1st Missouri
E F Martin	1st Serg't	F	17th Iowa Inf
W A Malony‡	Sergeant	C	11th Missouri Cav
C C Marsh*	Private	C	88th Illinois Inf
A G McKindre	"	H	5th Iowa Cav
M M Myers	"	C	118th New York
N M Miller‡	"	K	25th Kentucky

13

MULLIGAN POST NO. 79.

NAME	RANK	CO.	REGIMENT
B A North............	Private....	H	............50th Illinois
Henry Oxenreider.....	"	G	.............10th Iowa
A A Penny	Corporal...	E	........2d Illinois Cav
A J Ross*.............	Private....	K	.... 41st Indiana
G W Robertson........	"	H	.... 3d Missouri Cav
Charles Smith‡........	"	I	............9th Illinois
W H Smart...........	"	D	........35th Missouri
Ed Shields...........	"	A	.......104th New York
Peter Slider‡..........	"	E	........54th Indiana
James O Van Orsdal...	1st Lieu't .	K	.... 4th Iowa Cav
J A Woodard‡.........	Private....	D	..............4th Iowa
Van S Waugh.........	"	I	..........125th Illinois
James W Wilson......	" ...	E	.......9th Kansas Cav
Wm H Curtis.........	....	....	....
W S Stewart..........	Lieu't Col.	...	...... 11th Missouri Inf
Joseph J Wordell	Sergeant ..	B	.... 114th Ohio Inf

GEORGE CROOK POST No. 80,
Tie Siding, Wyoming.

(Disbanded, 1893.)

PAST POST COMMANDERS.

NAME	YEAR	NAME	YEAR
Geo W Shelton		Tunis Blodgett	1893
L M Davis			

MEMBERS

NAME	RANK	CO.	REGIMENT
Blodgett, Tunis	Private	H	11th Illinois Inf
Collins, David S	Corporal	K	8th Tennessee
Clark, E J	Private	H	13th Iowa
Christman, Fred	"	A	5th West Virginia
Davis, Lowell M	"		2d Bat V R C
Fuller, B F	"	I	5th Missouri
Gates, James H	1st Serg't	B	26th Massachusetts
Huckins, Harrison	Corporal	K	6th Maine Inf
Hawks, Wm H	Private	A	52d Wisconsin
Knight, Noah M	"	I	4th Mass Cav
Pennock, Morrison	"	H	144th Indiana Inf
Phillips, C A	"	A	16th Indiana Inf
Rhoads, E G	"	H	94th Illinois Inf
Sage, Henry	"	H	1st Nebraska Cav
Shelton, George	2d Lieu't	H	17th Kentucky Cav
Schorer, Casper H	Private	I	5th Missouri
Southerland, A L	Seaman		U S S Pawnee
Trees, Daniel C	Private	H	144th Indiana
Young, Anderson	"	H	4th Iowa Inf
Young, S A	"	H	29th Iowa Inf

M. M. CROCKER POST No. 81,

DENVER, COLORADO.

Meetings, every Saturday evening at Union Hall.

PAST POST COMMANDERS

NAME	YEAR	NAME	YEAR
August Rische	1890	W H Hassen	1893
Hanson H Crews	1891	J S LeFevre	1894
Isaiah Larkins	1892		

OFFICERS FOR 1895

Commander.......................... M N Campbell
Sr. V.-Commander................... W N Waldo
Jr. V.-Commander................... A K Blanchard
Surgeon............................ G W Curfman
Chaplain........................... G N Manchester
Quartermaster...................... D M Woodmansee
Officer of the Day................. J S LeFevre
Officer of the Guard............... Frederick Fisher
Adjutant........................... E J Emmons
Sergeant Major..................... Henry P Merrill
Quartermaster Sergeant............. David Bruce

MEMBERS.

NAME	RANK	CO.	REGIMENT
Aggers, Geo L	Private	C	170th Ohio Inf
Alley, Frederic*	"	B	40th Wisconsin Inf
Bates, Wesley E*	Bugler	D	10th New York Art
Bell, Hiram T*	Private	H	7th Ohio Inf
Bales, Alfred‡	"	C	29th Iowa
Bruce, David R	"	G	45th Iowa
Babbitt, W B‡	"	K	2d Illinois Cav
Bovee, Matt J‡	"	A	24th Wisconsin Inf
Blanchard, Aaron K	Corporal	K	12th Iowa
Clark, Charles J	Lieu't	A	10th Iowa Inf
Crews, Hanson H†	Captain	F	64th Illinois Inf
Collins, Jesse	Private	K	103d Ohio Inf
Campbell, Milton N	Musician		23d Ohio Inf
Childers, Joseph W	Private	E	7th Indiana Inf
Childers, Ezekiel†	"	I	37th Indiana Inf
Chipman, G H‡	"	K	13th New York H A
Crabb, Chas R	Corporal	G	142d Indiana Inf
Curfman, G W	Private	F	3d Iowa Cav
Clark, Edgar†	"	C	78th Ohio Inf
Cooper, Ephraim*	"	C	2d Nebraska
Chalfant, Johnson	"	K	1st Virginia Inf

M. M. Crocker Post No. 81.

NAME	RANK	CO.	REGIMENT
Cowan, James A*	Corporal	H	29th Illinois
Doolittle, Samuel*	Private	H	2d Mass Inf
Denton, Eugene H*	"	C	9th Kansas Cav
Dodd, Amos	"	I	50th Illinois Inf
Dade, Geo W	Musician	F	19th Mass Inf
Davidson, Rob R‡	Trumpeter	F	13th Kentucky Cav
Dudley, A J	Private	I	11th Vermont Inf
Emmons, E J	"	E	44th New York Inf
Fox, Thomas‡	"	A	175th Ohio
Fletcher, Matthew‡	"	F	93d New York Inf
Friend, Emri A‡	"	K	17th Ohio Inf
Field, Leonard D*	"	F	11th Vermont Inf
Fair, Josiah‡	"	A	42d Missouri Inf
Fisher, Frederick	"	I	23d Mass Inf
Gould, Jeremiah M	"	L	3d R I Cav
Goodell, M B‡	Corporal	C	6th New York H A
Gillespie, J H‡	Private	I	3d Michigan Cav
Gamby, Morgan‡	"	L	1st Ohio L A
Grey, Wm J	Major		6th Ohio Cav
Grimes, David S	Private	B	23d Iowa Inf
Goss, R C	Corporal	G	101st Illinois
Harris, Wm E‡	Private	E	1st Conn H A
Hassen, W H*	"	H	11th Wisconsin Inf
Hannawald, Leonard‡	"	D	10th New York Cav
Hill, Richard‡	"	C	47th Pennsylvania
Hoover, Carbrey J	"	H	29th Iowa Inf
Hutton, James‡	"	H	10th Kentucky Cav
Hare, James‡	"	B	112th Illinois Inf
Jewitt, F D	"	G	3d Iowa Cav
King, H C*	"	D	137th Illinois
Kramer, Henry	"	H	20th New York Inf
Langton, James C	Corporal	D	49th Pa Inf
LeFevre, J S	Private	I	4th Indiana Cav
Lightfoot, Benj C†	Corporal		62d Bat V R C
Lumbeck, J R‡	Hos St'd		26th Pa Inf
Larkins, Isaiah	1-t Lieu't	I	175th Ohio Inf
Logan, Lewis*	Private	F	22d Iowa Inf
Langebrake, Henry‡	"		1st Indiana Bat
Maleny, Wm	"	B	1st Colorado Inf
Moore, Alex‡	Sergeant	E	144th New York Inf
Morehead, D B‡	Private	G	83d Illinois
Montgomery, Geo‡	Drummer	K	50th Illinois Inf
McDonald, Thomas‡	Private	L	6th Kentucky Cav
Manning, W H‡	Sergeant	I	20th Pa Inf
Macomber, Wm	Private	A	McClellan Drag
Marshall, Geo R‡	"	A	87th Ohio Inf
Manchester, G N	"	C	1st New York Art
Minton, Albert	"	H	14th Illinois Cav
Merrill, Henry P	Lieu't	E	108th New York
Norman, Frank A‡	Private	H	80th Ohio Inf
Phelps, James M‡	Corporal	A	105th Illinois Inf
Payne, David M†	Private	B	1st Illinois Cav
Purcell, James R	"	I	10th New York
Peterson, John	"	C	43d Illinois Inf
Peterson, Angustus L	"	D	116th Indiana
Rische, August	"	F	4th Missouri Inf

M. M. Crocker Post No. 81.

NAME	RANK	CO.	REGIMENT
Robertson, John B	Private	E	51st Illinois Inf
Reynolds, Eli H	"	K	4th Minnesota
Richardson, Loring S*	Captain	D	3d Mass H A
Sarwash, A M‡	Private	B	98th Ohio Inf
Shannon, John N‡	"	H	93d Pa Inf
Shirland, Albert‡	2d Lieu't	I	123d New York
Stephenson, James	Private	B	154th Indiana Inf
Smith, A J‡	Corporal	A	1st New York N G
Sample, Philander‡	Private	G	3d W Va Cav
Saunders, John K‡	Sergeant	C	3d Iowa Inf
Sacia, David H	Private	C	74th Illinois Inf
Shanks, W W	"	B	62d Illinois Inf
Tesh, James G‡	"	K	27th Missouri
Tipton, Bryant‡	"	I	7th Illinois Inf
Whitney, S B	"	E	32d Iowa Inf
Woodmansee, D M	"	F	14th Ohio Inf
Warnty, Jonathan	"	A	12th U S Inf
Waldo, W N	"	B	10th Minnesota Inf
Wheeler, Chas	"	C	1st Colorado Inf
Weatherbee, Erville L.	"	G	4th Mass H A
Wallace, Chas‡	Musician	I	120th Ohio Inf
Whittaker, A S‡	Private	H	10th New York Cav
Wilson, E C‡	"	F	10th New York Art
Wahl, William‡	"	G	1st Delaware Inf
Wolfer, R‡	"	C	1st D C Cav
Wellman, Kelson‡	Seaman		Miss Squadron
West, John	Private	H	9th New York Cav
Yelton, John W	"	H	38th Illinois
Young, M C*	"	K	126th Ohio Inf

FLEMING POST No. 82,
Fleming, Colorado.

Meetings, Saturdays every 2d week, at school house.

PAST POST COMMANDERS

NAME	YEAR	NAME	YEAR
J H Colman	1890	Joseph Rhoads	1892
Joseph Cramer	1891	Samuel Morris	1893-4

OFFICERS FOR 1895.

Commander .... Samuel Morris
Sr. V.-Commander .... J Cramer
Jr. V.-Commander .... T Farley
Surgeon .... J D Trobridge
Chaplain .... O Stowell
Quartermaster .... Wm H Ammerman
Officer of the Day .... H Ellson
Adjutant .... C Griswold
Sergeant Major .... J B Linn

MEMBERS

NAME	RANK	CO.	REGIMENT
Ammerman, W H	Private	M	15th New York Inf
Anderson, H B	"	D	104th Illinois Inf
Ackerman, S W*	"	C	12th Illinois Cav
Colman, J H*	"	I	91st Illinois Inf
Crab, Eli			
Cramer, Joseph	Major		4th Iowa Inf
Duncan, V S	Private	D	5th Iowa Cav
Farley, Thomas	"	B	102d New York Inf
Elson, H	"	E	47th Illinois Inf
Griswold, C	"	C	18th Michigan
Harter, R	"	A	69th Indiana Inf
Linager, Henry	"	E	16th Wisconsin Inf
Linn, J B	"	H	143d Ohio
Morris, Samuel	"	E	8th Minnesota Inf
Morris, Jonathan	Teamster	B	8th Minnesota Inf
Prusher, J D*	Private	G	22d Wisconsin Inf
Rhoads, Joseph†	Sergeant	B	2d Mo S Mil
Spencer, C†	Private	C	58th Indiana Inf

JOHN C. FREMONT POST No. 83,
LITTLETON, COLORADO.

Meetings, 1st and 3d Wednesday of each month, at 1:30 p. m.

PAST POST COMMANDERS

| Nelson Z Cozens | 1890-1 | Jesse B Markle | 1894 |
| Nelson Z Cozens | 1892-3 | William Stewart | 1891 |

OFFICERS FOR 1895

Commander........................... Frank A Casort
Sr. V.-Commander................... John J Stuart
Jr. V.-Commander................... A W Browning
Surgeon .... Robert S Moore
Chaplain............................. Wm M Misner
Quartermaster....................... Wm A Powers
Officer of the Day .... Nelson Z Cozens
Officer of the Guard................ E L Chatfield
Adjutant .... William Stewart
Sergeant Major...................... Jesse B Markle
Quartermaster Sergeant............ John K Walker

MEMBERS

NAME	RANK	CO.	REGIMENT
Barr, Joseph	Corporal	E	11th Indiana Inf
Barnes, Hiram	"	D	1st Colorado Cav
Browning, A W	"	F	23d Indiana Inf
Cozens, Nelson Z	1st Lieut	H	16th New York Inf
Cochran, A Z	Private	D	8th Indiana Inf
Casort, Frank A	"	F	1st New York L A
Carey, Francis	Musician	A	32d U S Inf
Compton, DeWitt	Private	D	43d Wisconsin Inf
Collier, David	Corporal	H	33d Indiana Inf
Chatfield, Edward L	Private	B	113th Illinois Inf
Davis, John	Corporal	A	1st N H H A
Haight, Robert D‡	"	E	21st New York Cav
Hall, Hendricks	Private	E	81st Indiana Inf
Johnston, John C	1st Lieu't	A	27th Missouri Inf
Markle, Jesse B	Private	C	13th Wisconsin Inf
Misner, Wm M	Corporal	F	1st Michigan L A
Moore, Robert S	Colonel		85th Illinois Inf
Miller, Peter	Private	H	73d New York Inf
Mayers, John B‡	"	E	71st Ohio Inf
Powers, Wm A	"		44th Wisconsin Inf
Payne, Henry G	"	K	32d Iowa Inf
Robinson, James A	"	G	6th W Va Cav
Stocks, William	"	H	1st Colorado Cav
Sutton, A G	"	C	166th Ohio Inf
Stuart, John J	Musician	B	11th Illinois Inf
Stewart, William	Bugler	M	2d Colorado Cav
Towle, Dixon M	Private	C	8th Indiana Cav
Walker, John K	Corporal	H	83d Illinois Inf

PORTER POST No. 84,
NEWCASTLE, WYOMING.

Meetings, 1st and 3d Saturdays of each month at 8 p. m.

PAST POST COMMANDERS

NAME	YEAR	NAME	YEAR
F H Fall	1892	L T Griggs	1894
L T Griggs	1893		

OFFICERS FOR 1895

Commander.................................L T Griggs
Sr. V.-Commander........................F H Fall
Quartermaster...........................F Allabach
Officer of the Day....................A M Nelson
Adjutant ....B A Deitken
Sergeant Major.........................J H Wheeler

MEMBERS

NAME	RANK	CO.	REGIMENT
F H Fall			
Thos P Sweet			
F E Henson			
Samuel Kise	Private	K	4th Ohio Inf
Frank Allabach	Lieu't	I	48th Pa Inf
B A Deitken	Private	I	2d Pa Cav
L R Davis	"	C	30th Wisconsin Inf
A M Nelson	"	B	29th Iowa Inf
J H Wheeler			
L T Griggs	Lieu't	A	11th Indiana Cav

GEO. WASHINGTON POST No. 85,
DENVER, COLORADO.

Meetings, every Monday evening at 8 o'clock.

PAST POST COMMANDERS

NAME	YEAR	NAME	YEAR
R W Cline	1891	H L Gardiner	1893
R W Cline	1892	J H Moser	1894

OFFICERS FOR 1895

Commander..................................J M Bagley
Sr. V.-Commander........................A A Wright
Jr. V.-Commander................David J Elsworth
Surgeon..M F Barton
Chaplain.......................................S D Raymond
Quartermaster...................................J I Wallace
Officer of the Day....................Chas H Frary
Officer of the Guard..................A T Walrath
Adjutant...................................Jos A Phillips
Sergeant Major..........................Wm H Rogers
Quartermaster Sergeant..........James H Moser
C of A..................J A Phillips, Sidney Phillips

MEMBERS

NAME	RANK	CO.	REGIMENT
Aiken, H T	Private	F	15th New York Cav
Brewster, T C	"		Ind Colorado Bat
Bagley, J M	Captain	B	87th New York Inf
Beck, A N*	Sergeant	C	1st Ohio Inf
Barton, M F	Private	H	54th New York Inf
Beach, H H	"	D	133d Illinois Inf
Bozold, Theo	"	C	17th Indiana Inf
Brown, H F	Sergeant	H	3d New York Bat
Bennett, Hiram	Private	I	45th Illinois Inf
Boyd, James O*	"	I	7th Illinois Inf
Bernheisel, Emanuel	"	A	18th Wisconsin Inf
Betts, R D	Sergeant	C	9th New York H A
Brinkley, Robert V	Private	H	155th Indiana Inf
Chess, R R	"	A	18th U S Inf
Cline, R W	"	B	62d Pa Inf
Clark, D A	"	E	148th Illinois Inf
Carter, Jacob W	"		1st Indiana Art
Cole, Charles	"	M	2d Colorado Cav
Coon, Eli	"	D	45th Wisconsin Inf
Chrever, W D	Q M S	K	10th New York Cav
Clark, William C	Private	G	15th Iowa Inf

Geo. Washington Post No. 85.

NAME	RANK	CO.	REGIMENT
Clute, Sanford	Private	C	140th New York Inf
Chambers, Thomas J.	"	B	1st Ohio H A
Chandler, Lyman W	"	I	98th New York Inf
Cook, Henry S	Corporal	G	11th Vermont Inf
Domire, Henry	Private	D	4th Missouri Inf
Devlan, Wm S	Seaman		Warship Pensacola
Dewey, W J	Private	E	3d Illinois Cav
Dean, J S	"	D	14th New York Inf
Downs, John H	"	A	1st Conn Cav
Douglas, Tracy W	"	I	17th Illinois Cav
Edom, W E	"	L	3d Colorado Cav
Elsworth, David J	"	G	16th Michigan Inf
Faust, C S	"	I	166th Ohio Inf
Forsha, W H§	"	D	12th Ohio Cav
Frary, Charles H	"	B	53d Illinois Inf
Flisher, John	"	D	156th Illinois Inf
Graves, John B	"	B	15th Kentucky Cav
Gifford, George	"	B	184th New York Inf
Gardiner, H L	Bugler	K	3d New York Art
Gardiner, Theron	Private	F	57th New York Inf
Grantier, C B	"	I	191st Pa Inf
Hotten, Richard	"	G	9th Light Bat
Hixon, John*	2d Lieu't	K	43d Indiana Inf
Houston, Charles	Corporal	B	79th U S Col'd Inf
Hemingway, W D	Private		12th Wisconsin Bat
Huebner, Lewis B	"	D	44th Iowa Inf
Hand, George W	"	C	42d Illinois Inf
Hare, John	"	G	30th Illinois Inf
Harris, S E	"	B	40th Iowa Inf
Handly, Samuel	"	H	6th Missouri Inf
Hopkins, George E	"	E	13th Iowa Inf
Hawley, Levi P	Corporal	B	14th Iowa Inf
Hill, Algie S	Private	F	3d Wisconsin Inf
Jones, Samuel M	"		2d Indiana Bat
Johnston, Wm	"		18th Ohio Bat
Jones, W W W	Corporal	C	139th Illinois Inf
Korfhage, Henry	Private	K	8th Minnesota Inf
Kams, Samuel D	1st Lieu't	I	123d Pa Inf
Kinsman, D C	Private	E	58th Pa Inf
Knowles, Hosea	Sergeant	C	1st Maine Cav
Kittennan, John H	Private	I	1st Iowa Cav
Kauffman, George	"	D	4th Missouri Cav
Lynds, George W†	"	E	29th Maine Inf
Long, John	Sergeant	I	87th New York Inf
Lehmann, John	Private	D	165th Ohio Inf
Lacy, James O	1st Lieu't	B	82d Ohio Inf
Monteith, H L	Private	E	1st Michigan Cav
Mann, J H	Sergeant	B	16th Wisconsin Inf
Mathers, John	Private	G	10th Iowa Inf
McMillen, J C	"	D	11th Illinois Cav
Mickley, Uriah	Artificer	B	24th Indiana Bat
Mills, Jacob	Private	K	133d Pa Inf
McKee, Joseph	Surgeon		13th Iowa Inf
McLaughlin, James	Private	G	85th Illinois Inf
Moody, Bruce	Corporal	K	43d Illinois Inf
Moser, James H	Private	F	23d Ohio Inf

Geo. Washington Post No. 85.

NAME	RANK	CO.	REGIMENT
Markham, William A.	Corporal	C	32d Wisconsin Inf
McDonnall, James	Private	B	3d Maryland Inf
Millar, Charles H	Captain	F	34th Iowa Inf
McLean, S C	Private	D	13th Iowa Inf
Manly, Foster W	Corporal	B	157th Ohio Inf
Mitchel, Freeman	Private	K	2d Mass H A
Neely, George W	"	C	2d Nebraska Cav
Phillips, Sidney	Corporal	F	137th Ohio Inf
Phillips, Joseph A	Private	H	107th Pa Inf
Pierce, Arthur A	Coms Sgt		Missouri Inf
Raymond, George S	Captain	F	65th New York Inf
Ross, William	Private	B	49th Mo Militia
Raser, W W	"	K	139th Illinois Inf
Russell, T D	Corporal	G	2d Maryland Inf
Rhodes, Daniel	Private	A	1st Virginia Cav
Raymond, S D			1st Colorado L A
Ramsey, Samuel W	Private	K	31st Iowa Inf
Richards, Daniel F	"	B	31st Missouri Inf
Rogers, William	"	A	14th Iowa Inf
Stoutenburgh, I J	"	G	6th New York Cav
Sankey, James A	"	E	60th Pa Inf
Starrett, Robert	"	H	37th Illinois Inf
Schmutz, Joseph	"	B	102d Ohio Inf
Simmonds, J B	"	F	53d Illinois Inf
Shreve, Thomas C	Sergeant	D	106th Illinois Inf
Snider, Ferdinand	Private	K	208th Pa Inf
Smith, Louis N	Corporal	C	124th Illinois Inf
Smith, F A	Landsman		Navy
Smith, Asheal	Sergeant	A	13th Missouri Inf
Smith, W N	Private	G	55th Illinois Inf
Stephenson, George C	"	H	31st Ohio Inf
Snyder, Wm W	"	E	116th Indiana Inf
Stone, Moses	"	G	28th New York Inf
Telford, Jacob*	Corporal	B	15th Indiana Inf
Thompson, W P	"	G	12th Illinois Inf
Thorpe, C G	Private	G	2d Colorado Cav
Thayer, Alanson	"	C	7th Michigan Cav
Vanarnberge, A	"	D	7th Minnesota Inf
Veatch, Benjamin F	Corporal	L	3d Iowa Cav
Varnum, John	Captain	D	82d U S Col'd Inf
Wright Amasee A	Musician	G	114th New York Inf
Whitmore, Asa D	Corporal	C	3d New York Art
Williams, John C	Musician	B	14th Vermont Inf
Walrath, Abel T	Corporal	F	4th Pa Res
Webb, John T	Private	F	8th Minnesota Inf
Wood, John	"	K	40th New York Inf
Wallace, John I	"	C	3d Missouri Cav
Woodward, John	"	G	6th Illinois Cav
Wetherbee, Aaron F	"	A	36th Mass Inf
Weedman, J F	"	I	39th Illinois Inf
Welser, Edwin H	"	C	3d Pa Cav
Yetter, John G	"	G	12th Illinois Cav

NORTH FORK POST No. 86,
HOTCHKISS, COLORADO.

Meetings, 4th Saturday in each month.

OFFICERS FOR 1895

Commander	W F Sheek
Sr. V.-Commander	L D Wilmot
Jr. V.-Commander	C W Pace
Surgeon	Geo W Miller
Chaplain	Amos Reynolds
Quartermaster	J T Ashbaugh
Officer of the Day	David Stephens
Officer of the Guard	J J M Rose
Adjutant	Theodore Roeber
Sergeant Major	Z F Rawson

MEMBERS

NAME	RANK	CO.	REGIMENT
Ashbaugh, J T	Corporal	G	—— Missouri S M
Campbell, A B	Private	K	24th Ohio
Dunn, Clark	Lieu't	C	1st Colorado Cav
Fluallen, Joseph	Private	C	150th Indiana
Fluke, H D	"	G	35th Missouri
Filener, J A	"	H	2d Kansas Cav
Fisher, Simon	"	D	7th West Virginia
Hollister, Isaac	"	B	29th Iowa Inf
Lewis, Robt	"	D	145th Pa Inf
Mattax, L S	"	G	21st Illinois Inf
Miller, Geo W	Sergeant	H	4th Iowa Cav
Meek, Joseph	Private	E	172d Ohio
Marefield, W F	Wagoner	I	100th New York Inf
Mayo, J R	Private	H	26th Illinois Inf
Make, Caleb	"	E	37th Illinois Inf
McKee, D Webster	"	K	102d Illinois Inf
Niles, H E	"	H	5th Kansas Cav
Pace, C W	Captain	C	11th Missouri Cav
Parker, S D	Private	C	8th Iowa Inf
Quackenbush, Ed	"	I	144th New York
Rose, J J M	"	D	14th Iowa Inf
Roeber, Theodore	"	D	9th Illinois Cav
Reynolds, Amos	Sergeant	H	186th New York Inf
Rawson, Z F	"	G	44th Indiana Inf
Rogers, Calin	Private	E	10th Missouri Inf
Robertson, Thos	Corporal	A	7th Mo S M Inf
Swan, John R	Sergeant	K	1st Tenn Mtd Inf
Savage, W L	Private	B	1st Missouri S M
Stephens, David	"	L	1st Wisconsin Art
Sheek, W F	"	K	60th East Mo Mil
Sheppard, W A	"	K	60th Ohio Inf
Smith, J S	"	G	44th Iowa Inf
Seaman, Andrew	"	H	9th Mo S M Cav
Wood, Harrison	"	D	4th Mo S M Cav
Wilmot, L D	Sergeant	G	47th Illinois Inf

ASPEN POST No. 87,
Aspen, Colorado.

Meetings, 2d and 4th Wednesdays in each month, at 7:30 p. m.

PAST POST COMMANDERS

NAME	YEAR	NAME	YEAR
Eugene Cole	1892	Wm Youngson	1891
John McNiell	1893	R M Daniels	
W H H Cope	1894		

OFFICERS FOR 1895

Commander .... A M Park
Sr. V.-Commander .... S W Simeral
Jr. V.-Commander .... H La Moy
Surgeon .... Julius Masters
Chaplain .... Wm Emery
Quartermaster .... John McNiell
Officer of the Day .... Jas C Kinney
Officer of the Guard .... Wm Fagan
Adjutant .... Wm Youngson
Sergeant Major .... J B Fuller
Quartermaster Sergeant .... H G Wilson
C. of A ....Wm Emery, A M Park, G L Sanborn

MEMBERS

NAME	RANK	CO.	REGIMENT
Allen, H H	Private	H	6th Mass Inf
Burke, Jas T	"	I	119th Illinois Inf
Bennett, C H	"	G	138th Illinois Inf
Backes, Jas	"		1st Colorado Cav
Cole, Eugene	"	B	10th Michigan Inf
Cope, W H H	"	D	43d Ohio Inf
Cole, Jos‡	"	B	100th Pa Inf
Callicut, Wm‡	"	K	25th Missouri
Cook, John B	"	G	4th —— Art
Daniels, R M	"	M	1st Colorado Cav
Emery, Wm	"	H	77th Pa Inf
Fagan, Wm M	"	D	33d Iowa Inf
Fuller, J B	"	F	1st Missouri Cav
Godat, G A	"	F	12th Illinois Inf
Kinney, Jas C	"	K	1st Michigan Eng
Laughlin, P H	"	D	184th Ohio Inf
Leonard, Benton	"	A	1st Iowa Inf
La Moy, Henry	Sergeant	K	118th New York Inf
McClimont, J J‡	Private	D	1st U S Cav
McNiell, Jno	"	G	U S S S

Aspen Post No. 87.

NAME	RANK	CO.	REGIMENT
Millman, J B	Private	H	115th Indiana Inf
Moore, D A‡	"	I	1st Maine Cav
Masters, Julius	"	B	59th Indiana Inf
O'Connell, Chas‡	Lieu't	A	32d Illinois Inf
Park, A M	Private	C	—— W Va Inf
Place, John H	"	B	156th New York Inf
Rahrer, John	"	A	131st Pa Inf
Sanborn, Geo L	Captain	H	1st Colorado Cav
Steadman, J S*	Private	G	13th Ohio Inf
Simeral, S W	"	B	21st Missouri Inf
Thompson, H B‡	"	A	86th Ohio Inf
Wilson, Harvey G	"	A	96th Illinois Inf
White, D A	"	D	22d Pa Cav
Youngson, Wm	1st Lieu't	C	93d Illinois Inf

The Rocky Mountain Herald

Is the only
G. A. R. paper
in Colorado.
$1. per Year.

Comrade
   HALSEY M. RHOADS,
      Co. A, 23d Iowa,
         EDITOR AND PROPRIETOR,

1633 Champa Street,
DENVER, COLO.

MAJOR ANDERSON POST No. 88,
HARRIS, COLORADO.

Meetings, 1st and 3d Saturdays in each month, at 1 p. m.

PAST POST COMMANDERS

NAME	YEAR	NAME	YEAR
J H Williams	1892	R H Hurlburt	1894
David Crowfoot	1893		

OFFICERS FOR 1895

Commander .... J P Rogers
Sr. V.-Commander .... R H Millette
Jr. V.-Commander .... David Crowfoot
Surgeon .... Josiah Wolf
Chaplain .... W W Whipple
Quartermaster .... B C Johnson
Officer of the Day .... J H Williams
Officer of the Guard .... J H Fishback
Adjutant .... R H Hurlburt
Sergeant Major .... John Dickey
Quartermaster Sergeant .... M S Cummings
C. of A .... J H Fishback

MEMBERS

NAME	RANK	CO.	REGIMENT
Crowfoot, David	Private	C	5th Minnesota Inf
Cummings, M S	1st Lieu't	E	10th Iowa
Englebeck, Jno	Sergeant	K	139th Ohio Inf
Fishback, J H	Private	A	2d Ohio H A
Hurlburt, R H	Corporal	E	29th Ohio Inf
Hopkins, I K	Private	E	11th Illinois Inf
Johnson, B C	Corporal		10th Ohio Bat
Morrison, T C	Private	K	3d Colorado
Millette, R H	Seaman		U S Navy
Rogers, J P	Private	M	1st Michigan Cav
Williams, J H	"	G	10th-58th Indiana
Whipple, W W	Sergeant	B	3d Colorado
Wrockloff, F B	1st Lieu't	I	49th Missouri
Wolf, Josiah	Private	E	2d-206th Pa
Dickey, John	"	F	67th Pa Inf

WARREN POST No. 89,
Cortez, Colorado.

PAST POST COMMANDERS

NAME	YEAR	NAME	YEAR
E H Cooper	1893	John R Curry	1894

OFFICERS FOR 1895

Commander .... A L Thompson
Sr. V.-Commander .... A P Edmanson
Jr. V.-Commander ... . S F French
Surgeon .... Porter Mitchell
Chaplain .... Anthony Barrett
Quartermaster .... Harvey Benson
Officer of the Day .... Uldouch Micheals
Officer of the Guard .... Stout Atherton
Adjutant .... D H Sayler
Sergeant Major .... A J Hanna
Quartermaster Sergeant .. .. Chas A Cooley

MEMBERS

NAME	RANK	CO.	REGIMENT
Atherton, Stout		G	1st Iowa Cav
Barrett, Anthony	Private	F	1st Bat Nev Cav
Booze, Henry	"	E	88th Pa Inf
Benson, Harvey	"	A	61st Illinois Inf
Cooper, E H*	Major	D	1st Illinois Art
Carpenter, J Y	Captain	C	11th Indiana Cav
Clark, John	Private	H	2d Kansas Inf
Campbell, Joshua	"	L	2d Nebraska Cav
Cox, George E			8th Missouri Inf
Curry, John R	Private	G	13th Iowa Inf
Cooley, Chas A	"	H	— New York Inf
Campbell, Edward	"	A	90th Pa Inf
Eleimayer, Carl A	"	G	6th Iowa Cav
Edmanson, A P	"	I	2d Missouri L A
French, S F	Corporal	B	1st Vermont Cav
Hayes, Wm H	"		11th Missouri Cav
Hambleton, Ezra	Sergeant	C	21st Missouri Inf
Hanna, A J	"	G	2d Kansas Cav
Hamilton, Daniel V	Private	B	31st Ohio Inf
Hammond, Benona	"	H	6th Michigan Cav
Micheals, Uldouch	"	H	2d Pa Cav
Morton, Geo W	"		13th Michigan Inf
McQuay, Malcolm	"	F	3d Bat 18th Regs
Mitchell, Porter	"	K	8th Mo S M Cav
Morfield, J J	"	G	111th Illinois Inf

14

Warren Post No. 89.

NAME	RANK	CO.	REGIMENT
Owings, T J	Private	F	—— Iowa Cav
Parker, Albert	2d Serg't	F	21st Ohio Inf
Routt, Wm S	Private	B	75th Ohio Inf
Sayler, Davis H	"	B	7th Maryland Inf
Sterling, Daniel G	"	A	111th New York Inf
Thompson, A L	1st Lieu't	K	2d Iowa Inf
Winn, Ralph M	Private	B	3d Michigan Cav
Wason, Walter†	"	H	48th Wisconsin Inf
Wattles, T W	1st Serg't	D	5th Kansas Cav
Wells, David J	Private	A	2d Illinois Cav

The Rocky Mountain Herald

Is the only
G. A. R. paper
in Colorado.
$1. per Year.

Comrade
HALSEY M. RHOADS,
Co. A, 23d Iowa,
EDITOR AND PROPRIETOR,

1633 Champa Street,
DENVER, COLO.

JIM BOWIE POST No. 92.
Creede, Colorado.

Meetings, every Tuesday in each month, at 3 p. m.

PAST POST COMMANDERS

NAME	YEAR	NAME	YEAR
W A Gipson	1893	R J McNutt	1894

OFFICERS FOR 1895

```
Commander ........................... H C Bostwick
Sr. V.-Commander............... Ferdinand Sander
Jr. V.-Commander..................... Elias Veatch
Surgeon................................... H H Wales
Chaplain............................... Haskell Rider
Quartermaster .......................... W A Gipson
Officer of the Day................. Wm H Boucher
Officer of the Guard................Chas Duncan
Adjutant............................... Chas O Brown
C. of A..................E Veatch and F Sander
```

MEMBERS

NAME	RANK	CO.	REGIMENT
Brown, Chas O	Private	F	5th Wisconsin
Boucher, Wm H	"	M	5th Kansas
Bostwick, Henry C	Q M Serg't	F	9th Illinois Cav
Beatty, Samuel G	Musician		101st Illinois Inf
Covey, Wm R	Private		
Duncan, W L	"	H	36th Ohio Inf
Gipson, W A	"	K	15th Iowa Inf
Hilton, E F	"	F	14th Missouri S M
Huftalen, Chas J	"	H	193d New York Inf
Judd, Alexander	"	G	Merrill's Horse
Johnson, Richard	"	B	142d Indiana Inf
Meredith, W N	"	A	73d Illinois
McNutt, R J	"	H	5th California Inf
Motz, Daniel L	"	C	4th Iowa Inf
Mollett, Jacob S*	"	B	16th Wisconsin Inf
McClarren, Wm	"	I	Pa Vol Res Corps
McNeil, Horace	"	B	116th Ohio
Reynolds, L A	"	F	11th Michigan
Rider, Haskell	"	A	12th Wisconsin
Roundtree, W J	"	F	14th Missouri
Sander, Ferdinand	"	A	7th New York
Teft, Fay	"	G	7th Kansas
Veatch, Elias	"	K	1st Colorado
Wales, H H	"	G	132d Illinois

WADSWORTH POST No. 93,

Rocky Ford, Colorado.

Meetings, 2d and 4th Friday evenings at 7:30 o'clock.

PAST POST COMMANDERS

NAME	YEAR	NAME	YEAR
Isaiah Dennis	1893	C C Washburn	1894

OFFICERS FOR 1895

Commander.................................C W Fenlason
Sr. V.-Commander ....George Todd
Jr. V.-Commander ....William Green
Surgeon......................................C C Washburn
Chaplain ....Milton Reynolds
Quartermaster.............................Isaiah Dennis
Officer of the Day........................A B Webster
Officer of the Guard......................John Lane
Adjutant ....C M Robins
Sergeant Major.................................J J Guthrie
Quartermaster Sergeant................Wm A Knock
C. of A....C C Washburn, J J Guthrie, C M Robins

MEMBERS

NAME	RANK	CO.	REGIMENT
Atkinson, G W		B	40th New York Inf
Baker, Chas C	Private	I	84th Ohio Inf
Badger, Milton	"	C	57th Indiana Inf
Clark, Wm H	"	K	124th Indiana Inf
Dennis, Isaiah	1st Lieu't	H	38th Illinois Inf
Denny, Thomas L*	2d Lieu't	K	42d Indiana Inf
Fenlason, C W	Private	G	4th Wisconsin Cav
Green, William	"	D	140th New York Inf
Guthrie, J J	"	B	92d Illinois Inf
Gerbing, G T	"	E	101st Illinois Inf
Hills, E J	"	C	95th Illinois Inf
Kain, John C	"	F	42d Indiana Inf
Knock, Wm A	"	F	84th Illinois Inf
Lane, John	"	G	9th Indiana Cav
Marshall, Thebaut‡	"	I	93d Ohio Inf
Nichols, Andrew	"	E	51st Illinois Inf
Phenicie, John W	"	H	74th Indiana Inf
Reynolds, Milton	"	B	38th Indiana Inf
Robins, Charles M	1st Lieu't	A	1st Conn H A
Roberts, H J	Private	C	2d California Inf
Spargar, J W	"	B	1st Ohio
Washburn, C C	"	B	2d Wisconsin Inf
Webster, A B	"	I	1st Indiana Inf

THE Union Pacific

Has the Best Track,
Finest Equipment,
And the Fastest Trains
Of any line West of

KANSAS CITY or OMAHA

GEO. ADY,
General Agent,
DENVER, COLO

THE
U. P. and C. & N. W.

Railroads
Are the
DIRECT ROADS
between

CHICAGO AND DENVER,

And All Points in the West.

HEMAN WHEELER,
Agent C. & N. W. R. R.,
DENVER, COLO

www.ingramcontent.com/pod-product-compliance
Lightning Source LLC
Chambersburg PA
CBHW021828230426
43669CB00008B/902